中国学位与研究生教育40年
（1978—2018）

王战军　主编

中国科学技术出版社
·北　京·

图书在版编目（CIP）数据

中国学位与研究生教育40年：1978—2018 / 王战军主编．—北京：中国科学技术出版社，2018.12

ISBN 978-7-5046-8098-3

Ⅰ.①中… Ⅱ.①王… Ⅲ.①学位教育－教育史－中国－1978—2018 ②研究生教育－教育史－中国－1978—2018 Ⅳ.①G649.29

中国版本图书馆CIP数据核字(2018)第291042号

策划编辑	王晓义
责任编辑	王晓义
装帧设计	中文天地
责任校对	杨京华
责任印制	徐 飞

出　　版	中国科学技术出版社
发　　行	中国科学技术出版社发行部
地　　址	北京市海淀区中关村南大街16号
邮　　编	100081
发行电话	010-62173865
传　　真	010-62179148
网　　址	http://www.cspbooks.com.cn

开　　本	710mm×1000mm　1/16
字　　数	300千字
印　　张	21
版　　次	2018年12月第1版
印　　次	2018年12月第1次印刷
印　　刷	北京盛通印刷股份有限公司
书　　号	ISBN 978-7-5046-8098-3 / G·794
定　　价	98.00元

内容简介

本书是中国（不含港澳台地区）第一幅全面描绘改革开放 40 年学位制度的历史画卷，呈现了改革开放 40 年中国学位与研究生教育恢复、建立与发展的历程，展现了改革开放 40 年中国学位与研究生教育取得的瞩目成就，展望了未来中国学位与研究生教育发展的趋势。全书共七章，重点围绕中国学位制度的产生、恢复和发展，学位与研究生教育管理体系的建立与完善，质量保障体系建设，培养模式的改革与发展，大学学科建设，国际交流与合作，以及中国学位与研究生教育对社会经济发展的重大贡献等方面做了详细的梳理和总结。除此之外，本书还附有中国学位与研究生教育 40 年大事记。

本书收集和整理了改革开放 40 年中国学位与研究生教育的大量数据与文献资料，内容丰富、史料翔实，对国内外学位与研究生教育战线上的工作者和从事教育科学研究的人员都具有较高的参考价值和实用意义。既可以用于广大研究生教育管理人员的培训，也可以作为研究生教育学专业和高等教育学专业研究生的参考教材。

Introduction

As the first comprehensive historical review of the restoration, reform and development of graduate education and of the development of academic degrees of China (HK, Macau and Taiwan excluded) during the past 40 years since the opening up, this book, taking a historical perspective, expounds on the history of graduate education of China in the following aspects: educational reforms with Chinese characteristics, achievements in institutional formalization, talent cultivation system, management system and the quality assurance system, development of academic disciplines, international collaboration, the significant contributions made to the social and economic development of the Chinese society. The future prospect of the development of graduate education in China is also discussed. A chronicle of events of Chinese academic degrees and postgraduate education for the past 40 years is also presented.

With a large amount of data and literature on China's academic degree and postgraduate education in the past 40 years collected and reviewed, this book is of great reference value and practical significance to both domestic and foreign practitioners and researchers engaged in postgraduate education and could also be used as a textbook for graduate students majoring in higher education or graduate education.

编委会

序　言

2018 年，是中国实行改革开放国策 40 周年，也是中国恢复研究生招生的第四个 10 年。40 年，中国的研究生教育走过了从小到大、从弱到强、快速发展的不平凡历程。中国研究生教育实现了跨越式发展，对经济社会发展发挥了重要的支撑、引领作用。

一直以来，研究生教育作为培养高层次人才的主要途径，成为世界各国高等教育发展的重心。纵观世界高等教育发展历史可以发现，自 1088 年世界上第一所正规大学博洛尼亚大学在意大利成立至今，世界高等教育已经走过了近 10 个世纪。而现代意义的大学，始于 19 世纪初，以德国洪堡创办的柏林大学为代表。就研究生教育而言，19 世纪末，美国的约翰·霍普金斯大学第一个将研究生培养放在学校发展的首要位置以来，西方国家的研究生教育已经走过了一百多年的发展历程。

相对于西方国家较长的高等教育发展历史，中国的高等教育发展时间相对较短且规模较小。中华人民共和国成立后，国家开始重视高等教育的发展，主要以本科教育为主，研究生教育未得到充分发展。中华人民共和国成立至 1966 年的 17 年共招收研究生 2.34 万人，毕业研究生数为 1.64 万人。受“文化大革命”的影响，中国的研究生教育发展遭受到了严重挫折。

1978 年中国实行改革开放的国策，为中国的研究生教育迎来了发展的春天。1977 年 9 月，原国家教委在北京召开全国高等学校招生工作会议，停摆了十余年的高等学校招生考试重新启动。1978 年 1 月，原国家教委发布《关于高等学校 1978 年研究生招生工作安排意见》，决定将 1977 年与 1978 年两年研究生招生计划合并。1978 年，国家正式恢复招收研究生，当年共招收研究生 1.07 万人。1980 年 2 月 12 日，中国第一个高等教育领域的法规《中华人民共和国学位条例》颁布，正式建立学位制度，并开始积极发展研究生教育，使中国的高等教育特别是研究生教育步入了与国际同步的现代化阶段。

自恢复研究生招生以来，中国的研究生教育不断加强自身能力建设，不断提升自身服务水平，为国家社会发展、经济建设、科技进步和国防安全等各项事业做出了重大贡献。经过 40 年的改革和发展，中国研究生教育逐步形成了中国模式，并为世界研究生教育发展探索出一条崭新道路。

1. 建成了具有中国特色的学位制度体系

1980 年，第五届全国人民代表大会常务委员会第十三次会议审议通过的《中华人民共和国学位条例》，以及国务院学位委员会先后出台的《国务院学位委员会关于审定学位授予单位的原则和方法》《中华人民共和国学位条例暂行实施办法》，基本形成了现有研究生培养制度的构架，初步形成了中国特色的学位制度。1991 年，国务院学位委员会批准清华大学等 9 所高校试办 MBA 专业学位，同时出台了《工商管理硕士试行培养方案》，正式建立了中国的专业学位制度。经过 40 年的发展，中国已经建立了较为完备的学位制度和学位授权体系。截至 2017 年，中国共有研究生培养单位 815 个。其中，普通高校 578 所，科研机构 237 所。与此同时，经过 40 年的改革与发展，中国建立了完善的中央政府主导、省级统筹、研究生培养单位为主体的三级管理体制，形成了具有中国特色的研究生教育制度体系，并为世界其他国家提供了经验借鉴。

2. 实现了立足国内培养高层次人才的战略目标

独立自主培养研究生，以满足国家经济社会发展高层次人才需求，是中国研究生教育发展的战略目标。自 1981 年国家授予第一批硕士学位以来，截至 2015 年，中国共授予硕士及以上学位人数为 671.9 万人。其中，授予博士学位人数达 66.3 万人，授予硕士学位人数为 605.6 万人。目前，中国自主培养的研究生分布在国家建设的各行各业，成为领军人物和骨干力量。以 2017 年新增的

67 位中国工程院院士为例，中国自主培养的博士人数达 48 人，占新增院士中拥有博士学位总人数的 87.27%。同时，为有效满足西部和少数民族对高层次人才的需求，国家采取少数民族高层次骨干人才计划等一系列特殊措施，为西部和少数民族地区培养了一大批党政干部和各类专业人才，有效地解决了区域发展对高层次人才的需求，为促进区域经济发展与社会和谐稳定做出了重要贡献。

3. 建立了完整的研究生培养体系

自 1978 年中国恢复研究生招生以来，经过 40 年的改革与发展，目前中国已经形成了涵盖 13 个学科门类，111 个一级学科，包括博士与硕士两个层次、学术学位与专业学位两种类型的研究生培养体系。2017 年，在读研究生共计 263.96 万人。其中，博士研究生 36.20 万人，占比 13.71%；硕士研究生 227.76 万人，占比 86.29%。按学位类型区分，学术学位研究生共计 128.9 万人，占比 48.83%；专业学位研究生 135.05 万人，占比 51.17%，专业学位研究生首次在研究生总体中占比超过 50%。在读研究生中，学术学位博士研究生占 13.35%，专业学位博士研究生占 0.36%；学术学位硕士研究生占 35.48%，专业学位硕士研究生占 50.80%。截至 2017 年，中国共有硕士专业学位 40 个、专业博士学位 6 个，涵盖了中国经济社会的主要领域和部门，基本满足了经济建设和社会发展对大批应用型人才的急迫需求。

4. 形成了具有中国特色的研究生质量保障体系

改革开放 40 年，为提高研究生教育质量，中国研究生教育持续完善质量保障体系建设，质量保障政策工具日趋丰富，为研究生教育步入“质量时代”，实现研究生教育由外延式扩张向内涵式发展提供了有力保障。40 年，中国研究生教育一方面加强内部质量监督体系建设，通过开展学位授予单位自我评估等，确立以高校为主的质量建设主体。另一方面，通过制定博士硕士学位基本要求，建立质量保障标准，不断完善外部监督机制，加强国务院教育督导委员会，扩大省级学位委员会权限等，加强研究生教育质量的外部监督，形成了多元主体参与、内外结合、多样并举的中国特色研究生教育质量保障体系。

5. 提升了中国研究生教育的国际影响力

改革开放至今，中国研究生教育正从国际边缘逐渐走到舞台中心，成为世界研究生教育国际留学生的输出和输入大国，国际影响力日益提高，引领作用逐渐凸显。截至 2016 年，中国招收来华硕士研究生 4.58 万人、博士研究生 1.81 万人。目前，中国已经成为亚洲第一、世界第三大留学生目的地。中国研究生教育在“引进来”和“走出去”的同时，在研究生教育国际合作、学历认证等方面作了积极探索，极大地提高了中国研究生教育的国际地位和影响力。截至 2017 年 8 月，经教育部批准的硕士及以上教育层次的中外合作办学机构已达到 12 个，中外合作办学项目达到 129 个。1988—2017 年，中国已经先后与 46 个国家（地区）签订了学历学位互认协议，标志着中国学历学位教育获得了国际社会的认可。经过 40 年的发展，中国研究生教育的发展得到了国际社会的广泛认同，引起了普遍关注。

当前，中国研究生教育发展迈入了新时代。进入新时代的中国，对高层次人才的需要比以往任何时候都更为迫切，对高等教育办学质量提出了更高要求。适应新时代的要求，统筹推进“双一流”建设，加快推动中国研究生教育内涵式发展，必须既要扎根中国大地，更要面向世界，坚持特色办学、融通中外，使之更好地服务于国家现代化建设，更好地服务于人类文明进步。为此，新时代的中国研究生教育改革和发展必须做到三点：一是要以服务需求、提高质量为主线，不断加强自身能力和水平，培养更多具备全球视野、担负社会责任、秉持科学精神的优秀人才，使之更好地为国家乃至世界发展做出贡献。二是要加强研究教育规律探索，使中国的研究生教育更加符合教育的办学规律、教育的发展规律、教育的育人规律，近而为世界研究生事业的改革和发展提供理论指导。三是要积极建立研究生教育学。建立研究生教育学既需要不断加强理论研究，也需要实践指导，更需要我们探索、求真、创新，才能真正构建中国特色的研究生教育学学科体系。

回望过去，我们充满自豪，展望未来，我们信心满满。为此，需要全体研究生教育战线的同志一起努力，为把中国建设成为世界高等教育强国，实现中华民族的伟大复兴而奋斗。

赵沁平

2018 年 9 月

目录

CONTENTS

第一章

中国学位制度实施与改革

1978年，中国恢复了中断12年的研究生招生。1980年，第五届全国人民代表大会常务委员会第十三次会议审议通过《中华人民共和国学位条例》。改革开放40年，中国学位与研究生教育经历了从小到大的发展历程，学位工作不断改革创新，逐渐形成了中国特色的学位制度体系，为中国学位与研究生教育的科学发展提供了制度保障，在支持国家经济社会发展、服务国家战略方面发挥了重要作用。本章旨在回顾中国学位制度的历史变革，总结经验，探索中国学位制度的发展趋势。

第一节　学位制度的产生与发展

一、中国学位制度的萌芽

经过两次鸦片战争，中国的国门被迫洞开，清朝部分开明官僚逐渐认识到西方的先进，开始探索富国强兵之路。西方教会大学的创办为学位制度在中国的扎根提供了土壤。1890年，北京汇文大学获得美国政府颁发的学位授予权特许状，开启了教会大学在华授予学位的先河。西方国家在教育实践中对学位授予权极其重视，这对中国传统教育理念产生了强烈冲击，引发了教育理念、实践和制度的变革。随着“洋务运动”的深入，一些主张“师夷长技以自强”的有识之士开始仿效西方国家进行学制改革，各类语言、技艺等专科学校纷纷建立，同时清廷大力推进对外留学教育，选派了一批学生赴西方接受先进教育。1854 年，广东省香山县南屏村人容闳在赴美 7 年之后获得了耶鲁大学授予的文学学士学位，成为中国“海归”第一人。他在自传《西学东渐记》中写了对大学学位的理解：“至大学之给学位，亦非有金钱之效用。惟己造就一种品格高尚之人才，使其将来得有势力，以为他人之领袖耳。大学校所授之教育，实较金钱尤为宝贵。”容闳归国后提出应当由朝廷派遣“官费”留学生赴西方国家接受教育。他的提议被洋务派采纳。这项举措开创了打破中国传统教育藩篱的先河，洋务运动在教育领域的改革，为学位制度在近代中国的建立奠定了基础。1903 年，清朝首次将学位制度与科举制度结合起来，实施了“奖励学堂出身制”，根据学堂层级和考生成绩来授予不同的“功名”。尽管“奖励学堂出身制”未能完全脱离科举制度的桎梏，但在学科内容上已经基本取代了传统科举的知识划分，并初步勾勒出学位制度的框架。“学位制度不仅是教育形式上的改革，而且是一场全球化领域内知识观念的革命”①，因此“奖励学堂出身制”可以称作中国近代学位制度的滥觞。

1912 年，民国政府颁布《大学令》，重新设计并规定了学位的名称、授予资格、授予机构等方面的内容，但并没有制定学位实施细则，是不完备的学位法。直到 1935 年，民国政府颁布《学位授予法》对学位层级结构、学位授予的主题和程序作出了规定，同时颁布《学位分级细则》在《学位授予法》的基础上对各科学位的分级及名称给予了具体规定，实际上明确了学位授予的学科目录，还对学位证书的内容和格式做了统一要求。《学位授予法》和《学位分级细则》的颁布，标志着我国近代学位制度的正式建立。②

①② 张陈. 我国当代学位制度的传统与变革［D］. 重庆：西南大学，2011.

二、《中华人民共和国学位条例》的颁布与实施

早在中华人民共和国建立之初，中央政府对高等院校进行了大规模的调整。随着高等教育规模的增长，国家又先后在建立学位制度方面进行过两次探索。最早的一次是 1964 年，在聂荣臻的推动下制定了《中华人民共和国学位授予条例（草案）》，但由于种种原因未能真正实施。1977 年 9 月，教育部在北京召开全国高等学校招生工作会议，中断多年的高考招生启动。1978 年 4 月，邓小平在全国教育工作会议上指出："学校和科学研究单位培养、选拔人才的问题，要建立学位制度，也要搞学术和技术职称。"[①] 伴随着当年改革开放的春风，研究生教育恢复招生，高等教育走上了正常轨道，为中国学位制度的重建奠定了现实基础和政治基础。

1979 年 3 月，教育部、国务院科技干部管理局成立工作组，由时任教育部部长蒋南翔担任工作组组长，着手研究学位制度的重建工作。工作组广泛征求了各方意见，在充分吸收 1964 年完稿的《中华人民共和国学位授予条例（草案）》基础上，拟定了《中华人民共和国学位条例（草案）》。1980 年 2 月，第五届全国人民代表大会常务委员会第十三次会议表决通过《中华人民共和国学位条例》（以下简称《学位条例》），并自 1981 年 1 月起施行。表决现场见图 1-1。此后，国务院根据

图 1-1　1980 年 2 月 12 日，中华人民共和国第五届全国人民代表大会常务委员会第十三次会议一致通过《中华人民共和国学位条例》

① 邓小平. 邓小平文选（第 2 卷）[M]. 北京：人民出版社，1944：109.

《学位条例》的有关章程制定并颁布了《中华人民共和国学位条例暂行实施办法》等一系列配套文件，我国的学位制度得以正式建立。

《学位条例》实施以后，学位授予工作迅速展开。1981 年，首批硕士学位申请者中共有 8665 人通过论文答辩，其中部分优秀硕士申请了博士学位。1983 年，国务院学位委员会和北京市人民政府在人民大会堂举办了首批博士、硕士学位授予大会，来自中国科学技术大学、中国科学院、复旦大学等高校的 18 名学生被授予博士学位，填补了中国自主培养博士的空白。首位博士学位获得者证书见图 1–2。此后，中国研究生教育走上了快速发展的道路，到 1991 年《学位条例》施行 10 周年时，全国研究生招生人数增至 29679 人，与 1981 年的 9636 人相比增加了 2 倍多，这一切都离不开《学位条例》的保障。

第一,《学位条例》详细划定了学位结构。在层次结构上，沿用了学士、硕士、博士三级学位体系；在类型结构上,《学位条例》并未明确规定授予学位的类型，实际上当时学术学位是唯一的学位类型；在学科结构上，1981 年 5 月 20 日国务院批准实施的《中华人民共和国学位条例暂行实施办法》明确了学位按学科门类授予，包括哲学、经济学、法学、教育学、文学、历史学、理

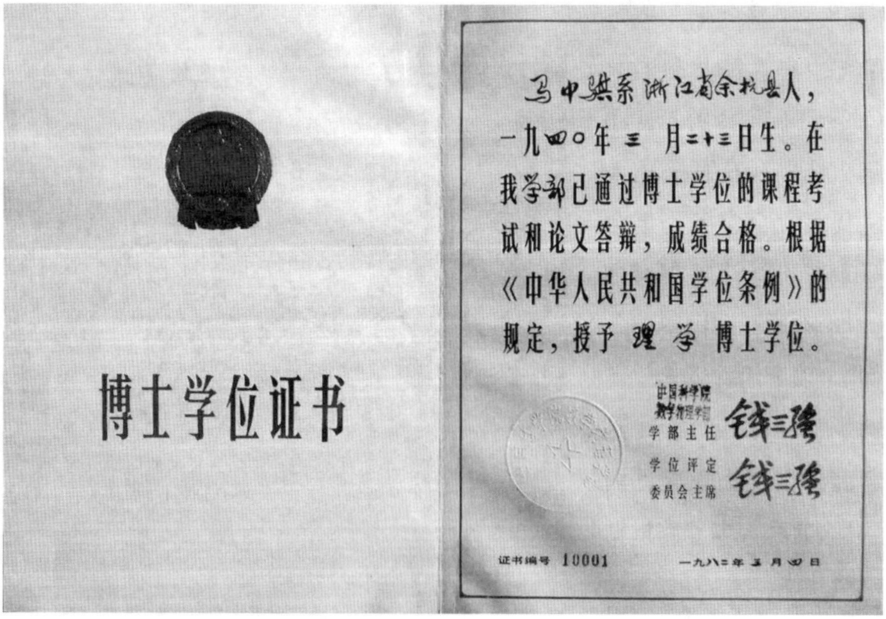

图 1–2　中国首位博士学位获得者马中骐的博士学位证书

学、工学、农学和医学共 10 个学科门类。

第二,《学位条例》规定了学位授予程序。学位授权审核是国家对学位授予质量监督管理的主要形式。《学位条例》明确了学位授予单位的基本条件，要求培养单位按照学科、专业的划分，从学术力量、教学质量、科研基础等方面保障学生培养的环节和质量，规定硕士学位授予单位及学科、专业名单有严格的审核程序，需经有关部门上报国务院学位委员会，由国务院学位委员会召集学科评议组复核；博士学位授予则由国务院学位委员会学科评议组审核。为保障学位质量,《学位条例》还规定了研究生学位申请人在课程学习、论文答辩、学位评定等方面工作的程序和要求，学位授予工作由获得国务院授权的学位授予单位授予，学位授予单位在学位评定委员会作出授予学位的决议后，国家颁发给学位获得者相应的学位证书。2015 年，国务院学位委员会、教育部印发《学位证书和学位授予信息管理办法》规定：从 2016 年 1 月 1 日起，学位证书由各学位授予单位自行设计印制，国务院学位委员会办公室印制的学位证书不再使用。

三、学位制度的发展与沿革

随着《学位条例》及其配套文件的颁布与实施，中国学位制度迈入了有法可依、有章可循的规范性发展道路，奠定了中国当代学位制度的基础，宏观上指明了中国研究生教育的发展走向。中国学位制度 40 年的沿革，实际上继承并发展了《学位条例》，其变迁的过程也是逐渐优化学位结构、下放学位授权、完善学位授予制度的过程。

首先，学位类型结构逐渐完善。《学位条例》实施之初实际上只有单一的学术学位类型，并未涉及专业学位类型设置。为了适应社会经济发展对研究生教育结构转变的需求，1990 年国务院学位委员会发布《关于设置和试办工商管理硕士学位的几点意见》。1991 年清华大学等 9 所高校试点工商管理硕士学位，拉开了专业学位的发展帷幕。国务院学位委员会第十次会议批准设置和试办法律硕士、工程硕士、教育硕士、工商管理硕士等 6 种专业学位。自此以后，专业学位的种类、招生比重不断增加，到了 2009 年共有 19 种专业硕士学位、5 种专业博士学位、1 种专业学士学位。从 2009 年开始，教育部决定除工商管理硕士等管理类专业和少数不适宜应届毕业生就读的专业学位外，其他专业学位均面向应届毕业生招生，实行全日制培养。仅 2010 年国务院学位委员会就批准了金融硕士等 19 种专业学位的设置方案，2015 年通过了中医专业学位的设置方案。截至 2016 年 5 月，中国已有 40 种硕士专业学位、6 种博士专业学位、1 种学士专业学位，基本覆盖了国民经济和社会发展的主干领域，形成了与学术学位培养目标、培养方式截然不同的学位类型。

其次，学习方式增加非全日制。一是在职研究生教育方面，1983 年国务院学位委员会办公室在部分高校启动了在职人员申请学位的试点工作，并于 1985 年前后下发了《关于扩大在职人员申请硕士、博士学位试点工作的通知》等一系列文件，陆续拉开了同等学力申请硕士、博士学位工作的帷幕，在职研究生培养开始蓬勃发展。2016 年 9 月，教育部办公厅下发了《关于统筹全日制和非全日制研究生管理工作的通知》，对非全日制研究生概念内涵上的全新界定，使非全日制研究生成为与全日制研究生功能互补的全新学位类型，标志着非全日制研究生迈上了新的发展阶段。

再次，授予学位的学科目录不断调整。1983 年颁行的学科目录结构脱胎于 20 世纪 60 年代的学位授予条例，共划分了 10 个学科门类，1985 年增加了军事学门类，学科门类增加到 11 种。从 1982 年开始国家先后 4 次对学科专业目录进行了修订调整。2011 年学科目录调整幅度较之以往并不大，只在上一版学科目录的基础上适当增加了学科门类和一级学科，新增了艺术学学科门类，使学科门类由原来的 12 个增至 13 个，一级学科由 89 个增加到 110 个。该版本学科目录改革的最显著特色是并未公布二级学科，而是对相应的管理办法进行了设定，二级学科则由各学位授予单位自行确定。

最后，名誉博士学位授予制度逐步确立。20 世纪 60 年代制定的《中华人民共和国学位授予条例（草案）》中对名誉博士学位作了规定："对卓越的学者和社会活动家，可以授予名誉博士学位。……外国学者可以依照本条例的规定，申请我国学位称号，对于具有本条例所规定的学术水平的，授予相应的学位称号。”这对中国高等教育发展无疑具有重要的意义。1983年8月5日，中国首次名誉博士学位授予仪式在北京大学举行。北京大学授予联合国教科文组织总干事阿马杜－马赫塔尔·姆博先生名誉博士学位。中国首位名誉博士见图1-3。阿马杜－马赫塔尔·姆博是塞内加尔的著名学者，曾任该国国民教育部部长，学识广博，成绩卓著。1974年他当选为联合国教科文组织总干事，任职期间，为扩大联合国教科文组织和中国的合作，为世界各国教育、科学、文化的交流和合作，为维护第三世界各国的利益和世界和平，为促进人类的进步事业，做出了卓越的贡献。截至2017年，中国一共授予了331名荣誉博士。[①]

图1-3　中国首位名誉博士阿马杜－马赫塔尔·姆博先生

此外，国务院学位委员会在20世纪80年代后期开始对学位制度的其他部分进行修订，凸显出权力下放的特征，集中体现在几点：一是在学位授权审核制度上开始下放权力的探索。1985年召开的国务院学位委员会第六次会议上决定：要逐步试行下放已有博士学位授权学科增列指导教师的审批权，逐步试行下放在一定学科范围内硕士学位授权学科的审批权。1986年，第三批学位授予单位和学科审核工作启动，29个研究生院进行了导师资格审批的试点工作。二是建立并完善国家、省、学位授予单位组成的三级学位管理体制。1991年，国务院学位委员会发布《关于试行建立地方学位委员会的几点意见》，规定了地方学位委员会的职责和应具备的条件，江苏、陕西、上海、四川、湖北、广东6省、直辖市成立了省级学位委员会并履行职能。

① 2009—2017年名誉博士授予名单[EB/OL].(2018-02-28)[2018-08-07]. http://www.moe.gov.cn/s78/A22/xwb_left/moe_829/201802/t20180228_328136.html.

第二节　学位管理体制

学位条例的颁布和实施表明中国学位制度改革迈出了历史性的一步，自此学位管理有了规范的法律依据和制度保障。改革开放以来，经过40年发展，中国学位制度经历了恢复阶段、探索发展阶段、深化改革阶段和日趋完善阶段，逐渐形成了体系完备、结构合理、制度完善的学位管理体制。目前，已经建立由国家、省级政府和学位授予单位共同组成的三级学位管理体系。

一、学位管理体制的结构

中国学位工作实行国家、省级政府和学位授予单位共同管理的三级管理体制。国务院学位委员会、省级学位委员会、学位授予单位学位评定委员会是学位管理的主要部门。自从学位条例实施以来，三级学位管理机构的权限和职能都处于不断的调整和完善中。随着教育体制的深入改革和教育行政机构的“简政放权”，学位管理的重心逐步转移到地方政府和学位授予单位，国家机构主要是政策指引、宏观监控，地方政府统筹本地区学位与研究生教育工作、培养单位负责具体工作的落实。

1. 国家学位管理机构

国务院学位委员会是由国务院设立的国家级学位管理机构，负责领导全国学位工作。国务院学位委员会设主任委员、副主任委员和委员若干。主任委员、副主任委员和委员由国务院任命。国务院学位委员会办公室是国务院学位委员会的日常办事机构。国务院学位委员会的工作任务是，制定和修改学位条例实施办法报国务院批准后组织实施并制定有关规章制度，组织并指导国务院学位委员会学科评议组工作，组织制定授予博士、硕士学位的学科、专业目录，组织审定授予博士、硕士学位的单位及其学科、专业，指导和检查博士、硕士学位授予工作，负责名誉博士学位的授予工作，负责学位工作的国际交流与合作，推动学位工作的改革，提出修改《学位条例》的建议。历届国务院学位委员会组成人员名单见表 1-1。

表 1-1　历届国务院学位委员会组成人员名单

第一届国务院学位委员会全体委员（1980—1988 年）	
职　务	姓　　名
主任委员	方毅（1980.12—1983.01）　胡乔木（1983.02—1988.09）
副主任委员	周　扬　蒋南翔　武　衡　钱三强
	1983 年 3 月 7 日调整为：何东昌　武　衡　钱三强　张光斗
委　员	于光远　王淦昌　石美鑫　冯　至　冯　康　冯德培　白寿彝　朱云谦　华罗庚　孙俊人　苏步青　李国豪　严济慈　沈　元　何　康　吕叔湘　张文佑　张文奇　张友渔　张　维　季羡林　周培源　周惠久　金善宝　侯祥麟　费孝通　夏　鼐　高景德　唐敖庆　钱信忠　钱学森　陶亨咸　黄辛白　黄家驷　黄　葳　梅　益
秘书长	黄辛白（兼）
第二届国务院学位委员会全体委员（1988—1995 年）	
职　务	姓　　名
主任委员	何东昌
副主任委员	张光斗　胡　绳　周光召　朱开轩
委　员	丁石孙　朱德熙　季羡林　黄　达　高景德　潘际銮　张文奇　李　未　阎龙飞　方福康　唐敖庆　马祖光　谢希德　李国豪　石美鑫　曲钦岳　路甬祥　赵鹏大　卢永根　康振黄　史维祥　冯　康　黄维垣　涂光炽　邹承鲁　干福熹　汝　信　刘国光　王叔文　李学勤　戴传曾　吴阶平　韩怀智　郭树言　曾培炎　朱光亚　任新民　潘家铮　何　康　陈敏章　吴本厦
秘书长	朱开轩（兼）
第三届国务院学位委员会全体委员（1995—1999 年）	
职　务	姓　　名
主任委员	李岚清
副主任委员	朱光亚　周光召　张孝文　汝　信
	1996 年 7 月调整为：朱光亚　周光召　朱开轩　张孝文　汝　信　周远清

续表

委　员	张恭庆　杨芙清　袁行霈　黄　达　王大中　李衍达　杨天钧　李　未　石元春 巴德年　方福康　孙家钟　马祖光　杨福家　翁史烈　陈中伟　曲钦岳　齐　康 潘际銮　赵鹏大　卢永根　康振黄　史维祥　路甬祥　张存浩　杨　乐　张新时 干福熹　孙鸿烈　王叔文　李学勤　张卓元　王乃彦　曾培炎　朱丽兰　刘积斌 潘家铮　刘　江　陈敏章　李　景　于景元　王忠烈
	1996年7月调整为： 张恭庆　杨芙清　袁行霈　王忠烈　黄　达　王大中　李衍达　杨天钧　李　未 石元春　巴德年　方福康　孙家钟　马祖光　杨福家　翁史烈　陈中伟　曲钦岳 齐　康　潘际銮　赵鹏大　卢永根　康振黄　史维祥　路甬祥　张存浩　杨　乐 张新时　干福熹　孙鸿烈　王叔文　李学勤　张卓元　王乃彦　曾培炎　朱丽兰 刘积斌　潘家铮　刘　江　陈敏章　吴铨叙　于景元　赵沁平
秘书长	张孝文（兼）
副秘书长	王忠烈（兼）
	1996年7月调整为：赵沁平　王忠烈
第四届国务院学位委员会全体委员 **（1999—2003年）**	
职　务	姓　　名
主任委员	李岚清
副主任委员	宋　健　陈至立　路甬祥　周远清　王洛林
	2000年12月调整为：宋　健　陈至立　路甬祥　吕福源　王洛林
委　员	巴德年　王大中　左铁镛　白春礼　石元春　刘中树　刘应明　向仲怀　曲钦岳 朱丽兰　朱清时　齐　康　吴　林　吴启迪　吴有生　吴铨叙　张文康　张存浩 张孝文　李　未　李　明　李学勤　李衍达　杨　乐　杨天钧　杨芙清　杨叔子 杨福家　陆善镇　陈耀邦　郑南宁　胡之璧　赵沁平　赵鹏大　徐颂陶　翁史烈 袁　卫　袁行霈　顾玉东　梁慧星　曾培炎　温熙森　楼继伟　潘云鹤
	2000年12月增补：郑必坚　江泽慧
秘书长	周远清（兼）
	2000年12月调整为：吕福源（兼）
副秘书长	赵沁平（兼）
第五届国务院学位委员会全体委员 **（2003—2008年）**	
职　务	姓　　名
主任委员	陈至立
副主任委员	路甬祥　徐匡迪　陈奎元　周　济　赵沁平
	2004年7月增补：吴启迪

续表

委　员	马　凯　巴德年　王树国　王晓初　韦　钰　左铁镛　白春礼　石泰峰　刘应明　向仲怀　孙家广　朱清时　江泽慧　纪宝成　许智宏　吴启迪　吴铨叙　张文显　张华祝　张海鹏　李　未　杜青林　杨　乐　杨天钧　陈进玉　陈佳洱　陈章良　周远清　周其凤　郑南宁　洪家兴　钟秉林　高　强　袁行霈　顾玉东　顾秉林　殷鸿福　梁慧星　温熙森　程津培　蒋树声　谢绳武　楼继伟　霍虎渠　樊明武　潘云鹤
	2004 年 11 月增补：杨　卫
	2006 年 1 月国务院批准：张华祝调整为陈求发　吴铨叙调整为许其亮
	2006 年 12 月增补：杨玉良
	2007 年 3 月国务院批准：陈进玉调整为项兆伦
秘书长	赵沁平（兼）
	2004 年 7 月调整为：吴启迪（兼）
副秘书长	周其凤（兼）
	2004 年 11 月调整为：杨　卫（兼）
	2006 年 12 月调整为：杨玉良（兼）
第六届国务院学位委员会全体委员（2008—2013 年）	
职　务	姓　　名
主任委员	刘延东
副主任委员	路甬祥　徐匡迪　陈奎元　周　济　赵沁平
	2008 年 12 月增补：陈　希
	2009 年 11 月增补：袁贵仁
	2011 年 1 月增补：杜占元
委　员	王树国　王晓初　韦　钰　左铁镛　白春礼　石泰峰　刘应明　刘德培　刘镇武　向仲怀　孙政才　孙家广　朱之鑫　朱清时　纪宝成　许智宏　吴启迪　张　杰　张少春　张海鹏　李　未　李培根　杨　卫　杨玉良　陈　竺　陈　骏　陈求发　陈宜瑜　周远清　周其凤　郑时龄　郑南宁　金　力　柯　杨　柯炳生　钟秉林　项兆伦　徐金梧　殷洪福　袁行霈　郭　雷　顾玉东　顾秉林　曹健林　梁慧星　储富祥　温熙森　翟虎渠　潘云鹤
	2009 年 3 月国务院批准：刘镇武调整为孙建国
	2009 年 7 月增补：张尧学
	2009 年 11 月国务院批准：孙建国调整为陈勇
秘书长	赵沁平（兼）
	2008 年 12 月调整为：陈　希（兼）
	2011 年 1 月调整为：杜占元（兼）

续表

副秘书长	杨玉良（兼）
	2009年7月调整为：张尧学（兼）
第七届国务院学位委员会全体委员 （2013—至今）	
职　务	姓　　名
主任委员	刘延东
副主任委员	袁贵仁　白春礼　周济　王伟光　杜占元
委　员	万立骏　马兴瑞　王　巍　王文章　王树国　王晓初　王恩哥　王焰新　邓秀新 付贤智　冯守华　朱之鑫　刘　伟　刘　谦　江小涓　杨　卫　杨玉良　杨学军 李书磊　李家洋　李培林　李培根　怀进鹏　吴启迪　吴朝晖　余蔚平　张　杰 张尧学　张欣欣　张桃林　陈　勇　陈　骏　陈以一　陈吉宁　陈雨露　林蕙青 赵沁平　金　阳　郑南宁　柯　杨　柯炳生　钟秉林　侯建国　桂永浩　顾秉林 袁曙宏　高　峰　郭　雷　郭新立　黄友义　曹卫星　曹健林　龚　克　程东红 储富祥　谢和平　曾益新　潘云鹤
秘书长	杜占元（兼）
副秘书长	郭新立（兼）

2. 省级学位管理机构

省级学位委员会是由省级政府设立，主管地方学位工作学位的机构。省级学位委员会接受省、自治区、直辖市人民政府的指导，同时业务上接受国务院学位委员会的领导，按照国务院学位委员会授权承担相应工作，结合本地区情况统筹规划本地区的学位工作。省级学位委员会的建立是中国三级学位管理体制逐步走向完善的标志。除地方外，中国人民解放军也建立了学位委员会。

3. 学位授予单位学位管理机构

学位授予单位学位管理机构是指拥有学位授予权的高校或科研院所成立的校级学位评定委员会，是学位授予单位的学位管理机构。《学位条例》第九条规定：学位授予单位应当设立学位评定委员会，并组织相关学科的学位论文答辩委员会。《中华人民共和国学位条例暂行实施办法》对学位评定委员会的职责、组成人员、任期等作了具体规定。学位授予单位学位管理机构的职责包括学位授权点申请的全过程管理，学位申请和学位授予全过程管理，导师遴选全过程管理，学位授予质量检查评估的全过程管理等。学位评定委员会可以按学位的学科门类，设置若干分委员会，分委员会协助学位评定委员会的工作。学位评定委员会的日常工作一般由学位评定委员会办公室或研究生院（部、处）负责。

二、学位管理体制的发展演变

三级学位管理体系建立的过程也是国务院学位委员会逐步放权，学位管理重心逐步下移的过程。在《学位条例》颁布之初，博士、硕士学位授权点和导师资格等授权审核的权力全部集中在中央政府，学位管理的权限完全由国务院学位委员会掌控。1985 年颁布的《中共中央关于教育体制改革的决定》指出，政府有关部门对于高等学校管理过紧，高校缺乏应有的活力。解决高等教育管理问题，必须从管理理念和顶层设计着手，从教育体制入手，在加强宏观管控的同时对教育系统进行改革，坚决实行简政放权，加强高校的办学自主权。1986 年，国务院学位委员会通过并颁发了《国务院学位委员会授权部分学位授予单位审批硕士学位授权学科、专业的试行办法》，部分学位授予单位有了学位审批权。该通知也指出要在一定学科范围下放硕士学位学科、专业的审批权。国家学位管理机构逐渐将部分权限下放也促进了地方学位管理机构的建立。

根据 1989 年国务院学位委员会第八次会议关于在有条件的省、自治区、直辖市试行建立省级学位领导机构的决定，1991 年国务院学位委员会发布的《关于试行建立地方学位委员会的几点意见》中指出，支持部分地区建立省级学位委员会。同年，江苏省成立了中国第一个地方学位委员会——江苏省学位委员会。随后，四川、上海、陕西、湖北等省、直辖市先后建立了学位委员会。地方学位委员会的成立标志着中国学位管理体制中一个全新管理层次的出现。

1995 年，国务院学位委员会下发的《关于加强省级学位委员会建设的几点意见》指出，建立省级学位委员会是积极推进高等教育体制改革，实行中央和省级两级管理、以省级统筹为主的体制的成功尝试，有利于调动地方政府的积极性，促进教育更好地为社会主义现代化服务。为促进省级学位管理机构在全国的推广，适应学位与研究生教育发展和管理体制改革的需求，国务院学位委员会明确了省级学位委员会的主要职责和授权范围，推动各省、自治区、直辖市学位委员会的建立。

2005年，国务院学位委员会审议通过的《关于进行第十次博士、硕士学位授权审核工作的通知》中指出，委托经教育部批准设置研究生院的学位授予单位和中国社会科学院自行审核本单位增列的二级学科硕士学位授权点，对已经有二级学科硕士点的一级学科可以自行审核增列一级学科硕士授权点，结果报国务院学位委员会审批。2010年，国务院学位委员会颁布的《关于开展新增硕士专业学位授权点审核工作的通知》提出，委托部属高等院校及中国科学院研究生院、中国社会科学院研究生院自行审核本校新增硕士专业学位授权点；委托省学位委员会组织审核所属院校新增专业硕士学位点，各级学位管理机构的功能定位明确，地方政府和高校有了一定的权限，充分调动了地方和高校的积极性。至此，中国三级学位管理体系日渐完善。

学位管理制度重心的下移给了省级、校级学位委员会一定的权力和灵活度，博士、硕士学位审核的权力下放到省级人民政府和部分重点高校，国家有关部门通过严格标准、过程监督和结果审核审批实现了对学位工作的管理和监督，同时也调动了地方政府和高校加强学位管理工作的积极性和主动性。

三、学位管理机构的职责

各级学位管理机构按照层次级别和服务范围的不同有着明确的分工。经历近40年的发展，地方政府学位管理部门和学位授予单位的职能与权力分配日趋合理。博士、硕士授权点和导师资格等授权审核的权力逐渐由中央政府过渡到省级政府或学位授予单位，中央、地方和学位授予单位的权力和功能定位逐渐明确。

1. 国家学位管理机构职能

国家学位管理机构的职能在于制定相应的规章制度，为全国学位工作开展提供政策、制度保障；加强宏观政策的管理和指导，组织各级各类学位授予单位实施《中华人民共和国学位条例》，拟订全国学位与研究生教育工作的改革与发展规划；指导与管理研究生培养工作，指导学科建设与管理工作；随着教育体制改革和学位管理制度的不断完善，国家学位管理机构正在逐渐下放相关权力到省级、校级学位管部门，国家学位管理机构的工作重点集中到相关标准的制定、审批审核过程的监控，确定限额和最终的审核审批。将制定计划、组织申报和专家审核的权力下放到地方政府和相关高校。

2. 省级学位管理机构职责

省级学位委员会是由省、自治区、直辖市人民政府组织报国务院学位委员会批准同意后建立的，主管本省、自治区、直辖市学位工作的机构。学位委员会所在省、自治区、直辖市人民政府建立健全日常办事机构，加强对其工作的领导。省级学位委员会业务上同时接受国务院学位委员会的指导。省级学位委员主要职责包括贯彻执行《中华人民共和国学位条例》《中华人民共和国学位条例暂行实施办法》以及国务院学位委员会工作方针、决议和有关规定，结合本地区情况统筹规划本地区的学位工作。按国务院学位委员会的统一部署和有关规定，制定实施办法，对已有硕士学位授予权的本区所属单位申请新增硕士学位授予学科、专业进行审批，报国务院学位委员会备案并抄送有关部委；根据国务院学位委员会的有关规定，对本地区各学位授予单位的学士学位授予、硕士学位授予、博士学位授予等工作进行管理。负责对研究生课程进修班的管理和监督；按国务院学位委员会有关规定对本地区硕士学位授权学科、专业学位授予质量，以及本地区有关学位授予单位授予具有研究生毕业同等学力的在职人员硕士、博士学位质量进行检查和评估。对不能确保所授硕士、博士学位质量的学位授予单位，有权对其有关学科、专业或单位提出暂停或撤销其授予学位资格的建议。

3. 学位授予单位学位管理机构职责

学位授予单位学位评定委员会是依《学位条例》成立的校级学位管理机构。学位授予单位学位评定委员会的主要功能和职责主要体现在微观层面，如对本单位学位管理制度的制定和实施。学位授予单位的管理制度通常依照国家和地方颁布的法律、法规，结合自身定位和发展规划，针对学科专业特点和人才培养要求制定针对性、可执行性强的学位管理制度，经学位评定委员会审核通过后批准实施。

校级学位评定委员会根据国务院学位委员会和教育部相关规定，具有以下职责：审定本校学位申请、授予工作的规章制度，审定本校硕士、博士研究生招生培养方案的基本要求，审定本校硕士、博士学位授予的基本标准，审定本校硕士、博士研究生毕业的基本条件。在本单位获得批准的授予学位的权限内，受理有关特殊人员对博士学位的申请，审查并作出授予、缓授或者不予授予其博士学位的决议；授权学位评定分委员会审议并作出授予、缓授或者不授予硕士学位的决议；授权学位评定分委员会对博士学位申请无异议者进行审议并作出授予、缓授或者不授予博士学位的决议。复核学位授予决议，作出授予学位或者撤销以授予学位的决议，作出建议授予名誉博士的决议，评选单位内部优秀硕、博士学位论文；组织实施对本单位博士学位授权点、硕士学位授权点、研究生导师以及学位授予质量的监督、检查和评估。负责本单位学位授权点的增列审核，负责研究生导师的资格评定、上岗备案与注册等工作。

第三节　学位授权审核的改革与发展

学位授权审核是中国学位与研究生教育的一项基本制度，在保障高层次人才培养基本条件、保证学位授予点的规模、结构和布局，适应国家经济社会发展的需求方面发挥着重要作用。学位授权作为一种制度包括学位授予单位及授予学科的审核、学科专业目录制定两部分，审核是政府对研究生教育实施管理的重要抓手，具有保障中国研究生教育质量、促进研究生教育稳步发展的重要作用。随着经济社会的发展，中国也对学位授权审核制度进行了不同程度的探索和变革，先后进行了 11 次学位授权审核制度调整。改革开放以来，学位授权审核制度的改革与发展在一定程度上反映了研究生教育发展的历史进程。表 1–2 梳理了中国历次学位授权审核情况。

表 1-2 中国历次学位授权审核情况①

批次	年份	主要工作
一	1981	审议批准新增博士和硕士学位授予单位、博士和硕士学位授予点以及博士生导师
二	1983	审议批准新增博士和硕士学位授权单位、博士和硕士学位授予点以及博士生导师；审批通过《高等学校和科研机构授予博士、硕士学位的学科、专业目录（试行草案）》
三	1986	审议批准新增博士和硕士学位授予单位、博士和硕士学位授予点以及博士生导师；审议批准 12 个试点单位自行审批的硕士学位授权学科专业 38 个
四	1990	审议批准新增博士和硕士学位授权单位、博士和硕士学位授予点以及博士生导师；通过《国务院学位委员会议事规则》；审批通过《授予博士、硕士和培养研究生的学科、专业目录》；原则上同意设置和试办工商管理硕士学位
五	1993	审议批准新增博士和硕士学位授予单位、博士和硕士学位授予点以及博士生导师；审议批准有关试点单位自行审批的硕士学位授予点 253 个
六	1996	审议批准新增博士和硕士学位授予单位、博士和硕士学位授予点；批准了在数学、化学、力学、电学、计算机科学与技术 5 个一级学科行使博士学位授予权的试点单位
七	1998	审议批准新增博士和硕士学位授予单位、博士和硕士学位授予点；批准部分单位自行审批增列的硕士学位授予点 160 个，北京等地方省级学位委员会和军队学位委员会授权审核新增学位点 946 个；审批通过《授予博士、硕士和培养研究生的学科、专业目录》
八	2000	审议批准新增博士和硕士学位授予单位、博士和硕士学位授予点
九	2003	审议批准新增博士和硕士学位授予单位、博士和硕士学位授予点；同意少数无博士或硕士学位授予权的单位在个别学科与有学位授予权的单位联合培养博士或硕士研究生
十	2006	审议批准新增博士和硕士学位授予单位、博士和硕士学位授予点；审议批准清华大学、北京大学自行审核增列的一级学科博士学位授予点
十一	2011	审议批准新增博士和硕士学位授予单位、博士和硕士学位授予点

一、国家对学位授予单位的审核

1981 年 2 月，国务院学位委员会颁布了《关于审定学位授予单位的原则和办法》，严格遵从“坚持标准、严格要求、保证质量、公正合理”的指导思想，对学位授予单位展开了学位授权审核工作。文件对学位授予单位在师资力量、课程安排、科研条件、管理制度等各方面作出了详细要求，并且十分注重程序的规范性，规定先由培养单位提出申请，经由主管部门初审或通过

① 陈子辰，王家平. 我国学位授权体系结构研究［M］. 杭州：浙江大学出版社，2012：22—23.

国务院学位办组织的同行评议，再由国务院学位委员会学科评议组复审，最后由国务院批准公布。在学位授权审核制度实施初期，国家层面对学位授予单位、学科、导师资格进行统一审批，烦琐严谨的流程设计很大程度上体现了国家对高等教育尤其是研究生教育的宏观调控，如此高度集中的管理体制在相当一段时期促进了研究生教育快速有序地恢复发展。随着学位点和研究生教育规模的扩大，单一外部质量保障的弊端逐渐凸显，国家开始下放对学位授予单位审核权力。

1986 年，国务院批准一些培养单位在规定学科目录下自行进行硕士学位授权的审批，开展首批 22 所试办研究生院的高等学校自行审核、增设硕士点试点工作，开启了扩大学位授权单位学位授予自主权的先河。从 1989 年第四批学位授权审核工作开始，国务院学位委员会将对博士学位授权学科、专业的申报审核改为全国统一通信评议，这一审批程序的改革很大程度上简化了相关部门对学位点申报的初审工作流程。1992 年以后，国务院要求“高等教育要逐步施行中央和省（自治区、直辖市）两级管理，以省级政府为主的体制”，中央与地方对教育管理方面的权力界定进一步厘清。有鉴于此，1995 年起，国家逐步推行新的学位授权审核办法，新增硕士、博士学位授予单位和博士点由国务院学位委员会组织审批；硕士点则由地方、部门或学位授予单位根据统一规定组织审批；部分硕士点审批权下放给省级学位委员会和部分条件较好的高等院校。这一做法意在充分发挥省级政府在本地区硕士学位授权学科结构的管理职能，省级政府的主体作用进一步凸显。同年，允许学位授予单位自行审核博士生招收培养计划，遴选确定博士生导师。1996 年起，国务院学位委员会通过对全国一级学科评选，将部分培养单位的学位授权范围由原来的若干二级学科扩大到一级学科。1997 年，允许各省自行成立省级学位委员会。1999 年起博士生导师全部由学位授予单位自行审定。2002 年，国务院学位委员会对学位授权制度进行进一步改革，除了硕士、博士学位授予单位，博士学位授权学科及专业由国家统一审批外，硕士学位授权学科及专业委托省级学位委员会或军队学位委员会和设有研究生院的高等学校自行审批。为了更好地协调解决学位授权审核工作与区域发展需求之间的供需矛盾，国务院学位委员会于

2008 年制定了新的学位授权审核办法，规定省级学位委员会负责本地区的研究生教育发展规划，将已有学位授予单位与新增学位授予单位、自行审核的单位与其他学位授予单位、部委下属单位和省属单位进行统筹考虑，全面、合理地优化资源配置；对于委托省级学位委员会组织进行的硕士学位授权点审核，以省为单位进行限额评审；对于已有学位授予单位申请新增博士学位授权点的审核，以省为单位施行限额申报。该办法通过限额控制，基本达到了国家宏观掌控、省级统筹规划的分级管理模式改革，至此学位授权审核制度完成了权力下放、深化改革的重要一步。

二、国家对学科目录的调整

1981 年，国务院批准了《中华人民共和国学位条例暂行实施办法》，规定应按照哲学、经济学、法学、教育学、文学、历史学、理学、工学、农学、医学 10 门学科门类授予学位，标志着中国研究生教育的学科专业目录基本框架初步形成。改革开放 40 年，国家先后对学科专业目录进行了 4 次调整，学科专业目录不断修改、发展、完善。国家颁布的博士、硕士学科专业目录版本见表 1-3。

表 1-3 国家颁布的博士、硕士学科专业目录版本

版 次	时 间	文件名称
第一版	1983 年	高等学校和科研机构授予博士和硕士学位的学科专业目录（试行草案）
第二版	1990 年	授予博士、硕士学位和培养研究生的学科、专业目录
第三版	1997 年	授予博士、硕士学位和培养研究生的学科、专业目录（1997 年颁布）
第四版	2011 年	学位授予和人才培养学科目录

1985 年，国务院学位委员会第六次会议审议通过了军事学门类设置方案，在军事学学科门类下设 9 个学科专业。至此，历时 5 年的《高等学校和科研机构授予博士和硕士学位的学科专业目录（试行草案）》最终确定，包含 11 个学科门类、64 个一级学科和 647 个二级学科。在此基础上，1990 年版的学科目

录结合当时经济和社会发展的客观需求，对学科专业目录进行了科学性和系统性调整，学科专业划分更加注重学科自身内涵、规范了专业名称、增加了一些新兴学科，并对本科生专业设置和研究生学科进行了划分。1997 年版的学科专业目录主要着眼于一级学科设置不规范、二级学科划分过细的问题，进一步规范和理顺了一级学科，拓宽和调整了二级学科。2011 年版的学科目录增加了艺术学学科门类，同时增加了专业学位授予和人才培养目录。各版本博士、硕士学科专业目录的学科门类设置对比见表 1–4。

表 1–4　各版本博士、硕士学科专业目录的学科门类设置对比

序	1983 版	1990 版	1997 版	2011 版
1	理学	理学	理学	理学
2	工学	工学	工学	工学
3	农学	农学	农学	农学
4	医学	医学	医学	医学
5	哲学	哲学	哲学	哲学
6	经济学	经济学	经济学	经济学
7	法学	法学	法学	法学
8	教育学	教育学	教育学	教育学
9	文学	文学	文学	文学
10	历史学	历史学	历史学	历史学
11	军事学	军事学	军事学	军事学
12	—	—	管理学	管理学
13	—	—	—	艺术学

与学科门类的变化相比，一级学科的调整更为复杂。从 1983 年第一版学科目录至 2011 年版学科目录发布，一级学科设置数量从 64 个上升为 110 个；二级学科数量从 647 减少至 387 个（1997 年版）。各版本博士、硕士学科专业目录的部分一级学科设置对比见表 1–5。值得一提的是，2011 年颁布的学科目录不再公布二级学科的设置，改为原则上由学位授予单位根据国务院学位委员会、教育部发布的学科目录中一级学科学位授权权限内自主调整。

表1-5 各版本博士、硕士学科专业目录的部分一级学科设置对比

学科门类	1983版 共64个一级学科	1990版 共72个一级学科	1997版 共89个一级学科	2011版 共110个一级学科
理学	数学、物理学、化学、天文学、地理学、地球物理学、地质学、大气科学、海洋学、生物学、管理科学、自然科学史12个	增加系统科学、图书与情报学；减少管理科学	将科学史（理学）和技术史（工学）合并设立科学技术史；将图书与情报学拆分为图书、情报与档案管理（管理学）	增设生态学、统计学
工学	力学、机械设计与制造、仪器仪表、金属材料、冶金、动力机械及工程热物理、电工、电子学与通信、计算机科学与技术、建筑学、(土建、水利)、测绘、非金属材料、化学工程与工业化学、自动控制、管理工程、(地质勘探、矿业、石油)、(铁路、公路、水运)、船舶、(纺织、轻工)、林业工程、原子能科学与技术、航空与宇航技术、兵器科学与技术、技术科学史25个（括号中为一个一级学科名称）	增加农业工程；将纺织、轻工分设为两个一级学科；机械设计与制造改名为机械工程；将金属材料和非金属材料合并为材料科学与工程；管理工程与管理学科（理学）合并为管理学科与工程；船舶更名为船舶与海洋工程	增加光学工程、信息与通信工程、环境科学与工程、生物医学工程、食品科学与工程；将土建、水利拆分为土木工程、水利工程；将地质勘探、矿业、石油拆分为地质资源与地质工程、矿业工程、石油与天然气工程；仪器仪表更名为仪器科学与技术；冶金更名为冶金工程；电工更名为电气工程；电子学与通信更名为电子科学与技术；自动控制更名为控制学科与工程；化学工程与工业化学更名为化学工程与技术；将纺织、轻工拆分为纺织科学与技术、轻工技术与工程；铁路、公路、水运更名为交通运输工程；将技术科学史、管理科学与工程调整至别的学科	增加城乡规划学、风景园林学、软件工程、生物工程、安全科学与工程、公安技术
农学	农学、畜牧、兽医、农业机械化与电气化、林学、水产6个	减少农业机械化与电气化	将农学拆分为作物学、园艺学、农业资源利用、植物保护	增加草学
医学	基础医学、临床医学、公共卫生与预防医学、中医、中西医结合、药学6个	未变化	增加口腔医学、中药学	增加特种医学、医学技术、护理学
哲学	哲学1个	未变化	未变化	未变化
经济学	经济学1个	未变化	增加理论经济学、应用经济学	未变化

续表

学科门类	1983版 共64个一级学科	1990版 共72个一级学科	1997版 共89个一级学科	2011版 共110个一级学科
法学	法学、政治学、国际政治和国际关系、社会学、民族学5个	未变化	增加马克思主义理论	增加公安学
教育学	教育学、心理学、体育3个	体育改称体育学	未变化	未变化
文学	中国语言文学、外国语言文学、艺术学3个	未变化	增加新闻传播学	减少艺术学
历史学	历史学1个	未变化	未变化	增加考古学、中国史、世界史
军事学	未设置	增加军事理论及军事史、战略学、战役学、战术学、军队指挥学、军制学、军队政治工作、军事后勤学8个一级学科	军事后勤学改为军事后勤学与军事装备学	增加军事训练学；将军事后勤学与军事装备学拆分为军事后勤学、军事装备学
管理学	未设置	未设置	增设管理学学科门类，下设管理科学与工程、工商管理、农林经济管理、公共管理、图书馆情报与档案管理5个	未变化
艺术学	未设置	未设置	未设置	增设艺术学学科门类，下设艺术学理论、音乐与舞蹈学、戏剧与影视学、美术学、设计学5个

为了适应经济社会与人才培养的形势变化，继续为学位授权审核及研究生教育质量监督工作提供参照标准，中国至今仍在对学科目录进行不定期更新，并规定一级学科的调整每10年进行一次。2018年4月，教育部学位管理与研究生教育司官网发布了更新后的《学位授予和人才培养学科目录》，根

据近年来国务院学位委员会的相关决议，将相关学科门类下设的一级学科进行了更新，主要变化有四处：一是根据国务院学位委员会、教育部《关于增设网络空间安全一级学科的通知》规定，在工学学科门类下增设“网络空间安全”一级学科；二是根据《国务院学位委员会、教育部关于对工程专业学位类别进行调整的通知》的规定，将“工程”专业学位类别调整为“电子信息”“材料与化工”“资源与环境”“能源动力”“土木水利”“生物与医药”“交通运输”等 8 个专业学位类别；三是在国务院学位委员会第 31 次会议审议后将“农业推广”硕士专业学位改为“农业”硕士专业学位；四是根据国务院学位委员会第 31 次会议审议通过的《中医专业学位设置方案》，独立设置“中医”专业学位。

肇始于硕士研究生教育的专业学位是中国学位类型的重要组成部分。事实上，发展初期，专业学位在授予单位的数量、学位设置的类别、人才培养的规模都十分缓慢，2009 年之后我国专业学位教育规模急剧扩张，专业学位迎来飞速发展的历史新时期。[①] 首先表现在专业学位类别上。现在中国共有硕士专业学位 47 种。其中，1997 年前设置 5 种，1998—2008 年新增 14 种，2009—2015 年新增 21 种，2018 年又将工程硕士分为 8 种。2009 年以后国家扩大招收以应届本科毕业生为主的全日制硕士学位范围，推动全日制专业学位硕士研究生培养，专业学位成为中国研究生培养的新增长点。中国专业学位设置情况见表 1-6。其次表现在学位授权审核和招生计划方面。在国务院学位办发布了一系列促进专业学位发展的文件之后，在 2010 年，350 个学位授予单位新增硕士学业学位授权点（领域）1431 个，具有专业学位授权的招生单位逐年以不低于 5% 的比例减少学术学位硕士研究生计划、增加相应的专业学位硕士研究生招生计划。专业学位硕士研究生招生规模从 2010 年的 110010 人快速增长至 2015 年的 252272 人，占硕士研究生招生规模的比例从 23.31% 快速增长到 43.93%。[②]

① 廖湘阳，周文辉. 中国专业学位硕士研究生教育发展反思［J］. 清华大学教育研究，2017（3）：102—110.

② 教育部. 教育部公报［2015］5 号［Z］. 2015.

表 1-6 中国专业学位的设置情况

层次	专业学位名称	专业学位数量
学士	建筑学学士	1 种
硕士	建筑学硕士、文物与博物馆硕士、出版硕士、新闻与传播硕士、翻译硕士、艺术硕士、应用心理硕士、汉语国际教育硕士、体育硕士、教育硕士、警务硕士、社会工作硕士、法律硕士、审计硕士、资产评估硕士、保险硕士、国际商务硕士、税务硕士、应用统计硕士、金融硕士、城市规划硕士、农业推广硕士、兽医硕士、风景园林硕士、林业硕士、临床医学硕士、口腔医学硕士、公共卫生硕士、护理硕士、药学硕士、中医学硕士、军事硕士、工商管理硕士、公共管理硕士、会计硕士、旅游管理硕士、图书情报硕士、工程管理硕士、中医硕士、电子信息硕士、机械硕士、材料与化工硕士、资源环境硕士、能源动力硕士、土木水利硕士、生物与医药硕士、交通运输硕士	47 种
博士	教育博士、口腔医学博士、兽医博士、临床医学博士、中医博士、电子信息博士、机械博士、材料与化工博士、资源环境博士、能源动力博士、土木水利博士、生物与医药博士、交通运输博士	13 种

三、学位授权审核制度的发展趋势

自 1978 年研究生教育恢复招生以来，中国学位授权审核制度共经历了 11 次调整，学科专业目录共有 4 次修订，在历次政策调整与制度沿革过程中，政府都占据着主导地位。学位授权审核制度发展的背后，是中央与省级政府管理权限的再分配，主要体现在中央政府权力的逐步下放。学位授权审核制度的调整也体现了中国三级学位管理体系的权责变化。随着中国“双一流”建设的推进，新时代的研究生教育已经向内涵发展的道路迈进。以行政命令为主导的研究生教育资源分配方式很难从根本上解决供需矛盾，转变政府职能、充分发挥市场作用、继续深化学位授权审核制度改革具有必然性。

可以预见的是，中国的三级学位管理体系在未来相当一段时间内还将延续。考虑到中国行政体制的特点，在学位授权审核体系中，中央政府、省级政府和学位授权单位作为不同的学位管理主体，需要进一步厘清三方的权力和责任。在学位授权审核体系中，中央政府应当从宏观调控角度对学位资源的分配进行合理布局，省级政府负责根据地方经济社会发展需求对学位授权进行统筹规划，这就需要中央政府进一步下方权力，“将学位授权审核的权力和资源从中央集中控制向省级政府转移”[①]，给予省级政府充分授权，而省级政府的职能也应向统筹规划、领导监督转变。

第四节　改革成就与展望

改革开放40年来，中国学位与研究生教育经历了从小到大的发展历程，学位制度不断改革创新，逐渐形成了中国特色的学位制度体系，为中国学位与研究生教育的科学发展提供了强有力的制度保障。

一、中国学位工作的特色与成就

从1978年恢复研究生招生至今，中国学位工作走过了40年的奋斗历程，形成了符合中国国情、基本满足社会发展需求的学位制度体系，取得了令人瞩目的成绩。

1. 建立了中国特色学位授权和人才培养体系

中华人民共和国成立以后，中国研究生教育以硕士研究生教育为主，规模较小，未能在人才培养和社会发展方面发挥应有的作用。当时的中央政府也组织力量起草了学位条例，但由于种种原因，学位制度并未真正实施。改革开放以后，随着本科教育和研究生教育恢复招生，学位制度的制定和施行迫在眉睫。《中华人民共和国学位条例》颁布并实施之后，中国学位制度从无到有，不断改革创新，明确国家、地方、学位授予单位的权责划分，强化学位授权审核与研究生教育质量评价、资源配置、研究生培养和评估的有效衔接，走上了正规化、法制化、系统化的建设进程，建立起了较为完善的学位授权和人才培养体系。

截至2016年年底，中国博士学位授权单位401个，硕士学位授权单位728个；开展“服务国家特殊需求人才培养”博士项目单位35个，硕士项目

① 张陈. 我国当代学位制度的传统与变革［D］. 重庆：西南大学，2011.

单位63个；博士一级学科授权点2967个，二级学科授权点509个；硕士一级学科授权点5536个，二级学科授权点2321个；专业博士学位授权点134个，专业硕士学位授权点7333个。① 经过30多年的探索，中国学位授予单位及学科、专业布局已基本成型，硕士、博士授予单位已覆盖31个省、自治区、直辖市，形成了学科门类结构齐全、学位层次结构合理、学位类别结构综合协调发展的学位与研究生教育新格局。

根据国务院学位委员会第三十三次会议决议和《国务院学位委员会关于印发〈博士硕士学位授权审核办法〉的通知》，2017年开展了新一轮博士硕士学位授权审核工作。2018年1月，国务院学位委员会办公室公示了2017年全国学位授权审核结果，新增了34个博士学位授予单位、30个硕士学位授予单位、656个博士学位授权点、2083个硕士学位授权点以及20个自主审核单位。2017年全国新增学位点统计见表1-7。在中国学位与研究生教育恢复40年的时间节点，新一轮的学位授权审核的结果为研究生教育的继续前行提供着坚实保障。

表1-7　2017年全国新增学位点统计表

新增学位点层次与类型	新增学位点数量（个）
博士学术学位点	645
博士专业学位点	49
硕士学术学位点	1270
硕士专业学位点	887

2. 构建了较为完善的三级管理体制

改革开放之后，学位工作与高等教育恢复同时起步，国家对研究生教育实行高度集中的计划管理，以适应当时的社会经济发展。1981年11月，国务院批准了首批博士、硕士学位授予单位及其学科、专业和博士生导师名单，开

① 国务院学位委员会办公室负责人就《博士硕士学位授权审核办法》答记者问[EB/OL].（2017-03-30）[2018-07-22]. http://www.moe.edu.cn/jyb_xwfb/s271/201703/t20170330_301513.html.

创了中国研究生教育史上学位授权审核工作的先河。该批共收到博士学位授予单位申请 246 个、博士点申报 1151 个；硕士学位授予单位申请 558 个、硕士点申报 4294 个，从申报工作开始到审批工作结束共历时 9 个月，国务院最终批准了博士学位授予单位 151 个、硕士学位授予单位 358 个；博士点 318 个、硕士点 3185 个。除此之外，国务院还批准了研究生教育历史上的首批博士生指导教师名单，共计 1196 人，成为中国研究生教育史上盛况空前的一件大事。随着改革开放的逐渐深入，学位管理体制也在不断改革以适应研究生教育的实际需要。为此，中国开始尝试探索更为灵活的学位管理机制。1991 年 11 月，江苏省学位委员会成立大会在南京师范大学召开，成为中国建立的第一个省级学位委员会，开启了各省筹备建立学位委员会的先河。省级学位委员会是省、自治区、直辖市主管本地学位工作的非常设机构，受省级人民政府领导，业务上接受国务院学位委员会指导，负责对管辖区域内学位与研究生教育的领导与统筹管理。40 年来，还进一步扩大了培养单位办学自主权，特别是建立了学位授权点动态调整机制，鼓励培养单位根据经济社会发展需求和自身特色，按规则自主调整学位授权点，增强学科管理的灵活性。目前，中国形成了由中央政府、省级政府、学位授权单位共同构成的三级学位工作管理体系。

3. 实现了研究生教育规模大发展

1978 年，教育部下发《关于高等学校一九七八年研究生招生工作安排意见》，中国研究生教育恢复，当年共录取研究生 10708 人。1983 年，国务院学位委员会和北京市人民政府在人民大会堂召开中国首批博士和硕士学位授予大会，中国自主培养的首批 18 名博士获得博士学位。2017 年，中国共有研究生培养机构 815 个，共招收研究生 80.61 万人，其中博士生 8.39 万人、硕士生 72.22 万人；在学研究生规模 263.96 万人，其中在学博士生 36.2 万人，在学硕士生 227.76 万人；毕业研究生 57.8 万人，其中博士毕业生 5.8 万人，硕士毕业生 52 万人。[①] 经过 40 年的发展，中国已经成为名副其实的研究生教育大国。研究生教育为国家发展和社会建设输送了大量人才。据教育部 2016 年教育统

① 教育部. 2017 全国教育事业发展统计公报 [EB/OL]. (2018-07-19) [2018-07-22] http://www.moe.gov.cn/jyb_sjzl/sjzl_fztjgb/201807/t20180719_343508.html.

计数据显示，当年毕业的56.3万研究生中，哲学3879人、经济学26978人、法学39576人、教育学31427人、文学31123人、历史学5164人、理学51437人、工学196827人、农学21795人、医学65798人、军事学195人、管理学71998人、艺术学17741人，满足了国家各领域对高层次、高素质、多科类的创新人才供应需求。①

4. 加快了研究生教育国际化进程

1872年，容闳组织30名少年远赴大洋彼岸深造，成为近代中国最早的官派留学生。1978年，在邓小平的亲自关怀下，教育部选拔了52名留学生派往美国学习深造，拉开了中华人民共和国高等教育对外交流的序幕。经过40年的发展，中国已成为世界留学生第一大生源国。据教育部官方公众号发布的《2017最新出国留学及来华留学大数据》统计：各类出国留学人员累计已达519.49万人。2017年中国出国留学人数再攀新高，总人数达60.84万人，在国家公派留学生3.12万人中，研究生有1.32万人，占比42.29%。与此同时，高层次人才学成归国的回流趋势明显，2017年留学回国人员48.09万人，其中获得硕士、博士学历（含博士后出站人员）达22.74万人。这些具有国际化视野的留学归国人员，成为中国重要的人才战略储备资源。目前，中国已与188个国家和地区建立教育合作与交流关系，与47个国家和地区签署了学历学位互认协议。此外，外国留学生规模持续扩大，进一步推动了研究生教育国际化程度。据教育部统计，2017年共有来自204个国家和地区的各类留学生48.92万人，分布在全国31个省、自治区、直辖市的935所高等院校学习，其中硕士和博士研究生共计7.58万人。随着“双一流”战略的推动，中国研究生教育的国际交流与合作还将进一步加强。

二、新时代学位制度的改革趋势

当前，正值中国高校深入推进“双一流”建设的关键时期，坚持研究生

① 教育部. 2016年教育统计数据［EB/OL］.（2017-08-24）［2018-07-22］. http://www.moe.gov.cn/s78/A03/moe_560/jytjsj_2016/2016_qg/201708/t20170822_311599.html.

教育内涵式发展是必然选择。2017 年 1 月，教育部、国务院学位委员会印发的《学位与研究生教育发展“十三五”规划》中指出，“学位与研究生教育改革发展要继续坚持服务需求、提高质量为主线，把寓教于研、激励创新作为根本要求，把分类改革、机制创新作为主要驱动，全面提升研究生教育水平和学位授予质量，加快从研究生教育大国向研究生教育强国迈进”，为新时代学位制度的改革指明了方向。

一是立足需求，优化人才培养结构，推进专业学位稳步高质量发展。要通过学位授权点调整、招生计划分配等途径，扩大专业学位研究生的规模和比例，实现学术学位和专业学位研究生教育的协调发展。同时，要健全质量保障体系，建立健全专业学位研究生导师评聘、专业学位研究生培养过程评价体系、创新学位论文形式、改革学位论文评价机制，深入推进专业学位点的建设[①]。

二是立足提升质量，强化过程监管，继续推进学位授权审核改革。要将学位授权点的审核类型加以区分，明确“新增学位授权审核”和“学位授权点动态调整”两类授权审核工作的目的和功能。要明确学位授权审核的任务目标，新增学位点是为了调整教育资源、调动学位授予单位的发展积极性，应在着重服务需求的基础上统筹规划；学位点动态调整是为了优化教育资源、监督授权单位的培养质量，应在着重提高质量的基础上加强引导。学位授权点的审核周期要制度化，定期审核学位授权点，以达到学位授权点增量调控和存量优化的目的。同时，要进一步下发授权审核权力，确立以省级学位委员会承担主要工作的审核方式。省级学位委员会根据本地区特点和人才需求制定研究生教育发展规划，组织新增博士学位授予单位和博士学位授权点的初审工作，负责新增硕士学位授予单位和硕士学位授权点的审核工作。[②]

三是立足开放发展，明确质量要求，规范学位授予制度。围绕学位与研

① 学位与研究生教育杂志社. 服务需求　创新模式　突出特色　提高质量——深化专业学位研究生教育综合改革二年总结［J］. 学位与研究生教育，2018（1）：1—6.

② 廖湘阳. 2017 年中国学位与研究生教育改革发展热点评述［J］. 学位与研究生教育，2018（4）：1—9.

究生内涵发展要求，推进管办评分离、厘清三级管理权责，着力推动构建政府督导、学校自评、社会评价相结合的学位授予质量监督保障体系。服务社会需求，拓宽学位授予渠道，明确学位授予条件，开辟多样化的学位授予通道。要进一步规范名誉博士、留学生学位授予标准，创新两种学位授予制度，为中国学位与研究生教育走向国际化提供制度保障。

四是推进研究生教育领域的法制建设。1980 年通过的《学位条例》是新中国第一部教育法规，2004 年对其中一个条款作了修正。30 多年过去了，不少内容已明显滞后。如最近几年快速发展的专业学位研究生教育在学位条例里没有任何体现；学位授予的边界不太清晰，学位纠纷处理的程序也不够明确等。当前，中国研究生教育的内涵式发展和综合改革正处于关键时期，《学位条例》的执行力度和效力以及其内容均需要加以完善，推进《学位法》的建立是当前急需予以关注的问题。特别需要将专业学位纳入立法范畴，清晰界定专业学位的性质、培养方式、质量标准、社会功能与人才优势等，并明确专业学位与学术学位具有同等重要的地位。[①] 此外，《学位法》还应该明确中央、地方和培养单位的法定职责，健全学位争议多元解决机制，使各层面的权力在法律框架内行使。

① 田恩舜，朱金明，别敦荣．专业学位研究生教育质量监管体系建设策略［J］．学位与研究生教育，2018（7）：38—42.

第二章

中国研究生教育管理体系建立与完善

改革开放以来，研究生教育成为中国高层次人才培养的重要平台、高水平科学研究的重要载体、高质量社会服务的重要途径，有力推动了社会经济高速发展、综合国力和国际竞争力快速提升。研究生教育管理体系的建立与完善将促进研究生教育改革发展，提高研究生教育质量，推进研究生教育强国建设。

第一节　研究生教育管理制度

管理制度是研究生教育管理科学化、规范化和法治化的前提和基础。研究生教育管理是指人们依据研究生教育目的和发展规律，有意识地调节研究生教育组织系统内外各种关系和资源，以便达到既定研究生教育组织系统目的的过程[①]。总括来讲，中国研究生教育管理制度主要包括教育管理体制、研究生院制度、研究生培养制度、学科目录管理机制等。

① 薛天祥. 研究生教育管理学［M］. 桂林：广西师范大学出版社，2004：68.

一、研究生教育管理体制

伴随研究生招生恢复和学位制度建立，中国研究生教育管理由中央政府和培养单位组成的两级管理逐步转向由中央政府、省级政府和培养单位组成的三级管理体制。不同管理层面的权力处于动态配置中，行政权力从中央政府向省级政府和培养单位有序让渡。

改革开放之初，中国处于高度集中的计划经济体制时期。研究生教育发展起步，急需培养高层次专门人才，国家有必要统一管理研究生教育的全要素和全流程，诸如招生、培养、学位授予、就业等。培养机构仅作为国家集中管理的执行单元。以中央政府控制为核心的两级管理体制最大限度地实现研究生教育资源合理配置，形成了研究生教育的基本制度。

加强省级政府统筹协调权力是研究生教育三级管理体制构建的突破点。随着社会主义市场经济体制的逐步建立，经济社会发展对研究生教育提出了多元化的需求，客观上研究生教育管理应增强灵活性。1979 年 8 月，中共中央转批教育部党组报告《关于加强高等学校统一领导、分级管理的决定（试行草案）》，指出“为加强对高等学校的领导和管理，中共中央和国务院决定对高等学校实行中央统一领导，中央和省、市、自治区两级管理的制度。”1985 年 5 月，中共中央《关于教育体制改革的决定》指出“实行中央、省（自治区、直辖市）、中心城市三级办学的体制。”1986 年 3 月，国务院《高等教育管理职责暂行规定》划分了中央与地方高等教育的管理权限。1992 年 12 月，国家教育委员会、国务院学位委员会《关于学位与研究生教育改革和发展的若干意见》提出国家教委要转变职能，加强和改善研究生教育的宏观管理和政策指导。2010 年 7 月,《国家中长期教育改革和发展规划纲要（2010—2020 年）》要求“加大省级政府对区域内各级各类教育的统筹”“完善以省级政府为主管理高等教育的体制”。2013 年 11 月，中共十八届三中全会通过《中共中央关于全面深化改革若干重大问题的决定》，提出扩大省级政府教育统筹权和学校办学自主权。2014 年 7 月，国家教育体制改革领导小组办公室颁布的《关于进一步扩大省级政府教育统筹权的意见》将省级教育统筹权的职责、内容与实现机制具体化、规范化。

建立省级学位委员会成为加强省级政府研究生教育权限的重要体现。1995年5月,《关于加强省级学位委员会建设的几点意见》明确省级学位委员会的性质、任务等。1997年3月，国家教委、国务院学位委员会联合下发《关于加强省级人民政府对学位与研究生教育工作统筹权的意见》，指出省级学位委员会的工作职能主要包括统筹规划学位工作、学位授权评估、质量保障及国务院学位委员会授权和委托的其他有关工作。另外，除已建立省级学位委员会的省市外（江苏省、四川省、上海市、陕西省、湖北省、广东省、湖南省、福建省、浙江省、北京市、天津市、辽宁省、吉林省、黑龙江省、山东省、安徽省），其他省（直辖市、自治区）可根据实际需要，自行建立省级学位委员会或其他形式的研究生教育管理机构，其章程、议事规则报国务院学位委员会，但暂不给予学位授权审批权。2017年1月,《学位与研究生教育发展“十三五”规划》提出“加强省级学位委员会统筹区域学位授权审核工作，明确省级学位委员会在学位授予单位布局、学科与专业学位类别结构优化等职责”。

随着省级研究生教育管理部门的完善，省级政府研究生教育统筹协调权日益扩大，中央政府、省级政府、培养单位三级管理主体构建的研究生教育管理体制逐渐确立。

二、研究生院制度

研究生院制度是中国研究生教育管理体制的重要组成。研究生院是培养单位组织、实施研究生教育工作的管理部门。为建设高层次、高水平研究生培养基地，1978年教育部召开直属重点高等学校座谈会时就提出未来8年内要举办研究生院①。1978年3月，中国科学技术大学在北京成立了第一所研

① 方黑虎，丁毅信，万绚．中国第一所研究生院的筹备与成立［J］．研究生教育研究，2012（2）：25—28.

究生院。同年，中国社会科学院设立研究生院[①]。1982年12月,《中华人民共和国经济和社会发展第六个五年计划（1981—1985）》明确提出试办研究生院。1984年8月，教育部印发《关于在北京大学等二十二所高等院校试办研究生院的通知》，第一批共22所高校试办研究生院，明确中国科学技术大学、中国社会科学院研究生院建制。该文件附件《关于在部分全国重点高等院校试办研究生院的请示报告》提出了试办研究生院的条件、组织机构与职责。1986年3月，国务院发布《高等教育管理职责暂行规定》，授予国家教育委员会审批研究生院的设置、撤销和调整、制定研究生院的设置标准等职责。1986年4月，国家教育委员会批准第二批共10所高校试办研究生院。1995年10月，国家教育委员会依据《高等教育管理职责暂行规定》，颁布《研究生院设置暂行规定》，规定了研究生院的性质、职责、建设条件、管理、审批等。1996年，国家教育委员会分两批（第一批11所、第二批22所）共计批准33所高校建立研究生院[②]。2000年6月，教育部批准第三批共22所高校试办研究生院，并于2004年5月批准建立。2002—2003年，教育部批准第四批共3所高校试办研究生院，并于2007年6月建立。研究生院建设批次情况见表2-1。部分高校在20世纪90年代末至21世纪初进行了合并重组，目前统计有56所高校经国家授权成立研究生院；超过4/5的高校设置了研究生院，有近1/5的高校设立研究生处、研究生学院、研究生部、研究生教育院[③]（表2-1）。2012年9月，国务院《关于第六批取消和调整行政审批项目的决定》取消教育部审批高等学校设立、撤销、调整研究生院的权限。至此，研究生院由教育部审批改为培养单位自主设置。

① 中国社会科学院研究生院网站．学校简介［EB/OL］．［2018-07-28］．http://www.gscass.cn/html/list/201/list1.html.

② 中国学位与研究生教育信息网．研究生院［EB/OL］．［2018-07-28］．http://www.cdgdc.edu.cn/xwyyjsjyxx/xwbl/zdjs/yjsy/.

③ 郭晓琳，等．探析高等学校研究生院设置现状与发展挑战［J］．上海研究生教育，2018（3）：17—21.

表 2-1 研究生院建设批次情况表

试办时间	试办批次	高校名单	建立时间
1984 年 8 月	第一批	北京大学、中国人民大学、清华大学、北京航空航天大学（北京航空学院）、北京理工大学（北京工业学院）、北京科技大学（北京钢铁学院）、北京师范大学、中国农业大学（北京农业大学）、北京医学院（后并入北京大学）、南开大学、天津大学、吉林大学、哈尔滨工业大学、复旦大学、上海交通大学、南京大学、浙江大学、武汉大学、华中科技大学（华中工学院）、中国人民解放军国防科学技术大学、西安交通大学、上海第一医学院（后并入复旦大学）	1996 年
1986 年 4 月	第二批	中山大学、厦门大学、华东师范大学、同济大学、大连理工大学（大连工学院）、东北大学（东北工学院）、东南大学（南京工学院）、中国地质大学（武汉）（武汉地质学院）、西北工业大学、北京协和医学院（中国协和医科大学）	1996 年
2000 年 6 月	第三批	北京邮电大学、北京交通大学（北方交通大学）、北京林业大学、东北师范大学、华东理工大学、南京航空航天大学、南京理工大学、中国矿业大学、南京农业大学、山东大学、中国石油大学、湖南大学、中南大学、华南理工大学、四川大学、重庆大学、西南交通大学、电子科技大学、西安电子科技大学、兰州大学、第二军医大学、第四军医大学	2004 年
2002—2003 年	第四批	哈尔滨工程大学、河海大学、西北农林科技大学	2007 年

注：括号里的高校为国家审批时的高校名称；清华大学深圳研究生院（2001 年 4 月）、北京大学深圳研究生院（2001 年 4 月）、南京大学苏州研究生院（2003 年 12 月）属异地建立研究生院

三、研究生培养制度

经过 40 年的探索，中国建立了符合国情的研究生培养制度，造就了一批高质量的研究生培养基地，实现了立足国内培养高层次人才的发展目标。数据显示，2017 年研究生招生与在学人数分别约为 1978 年的 75 倍和 241 倍，毕业人数显著增加。1978 年与 2017 年全国研究生规模见表 2-2。

表 2-2 1978 年与 2017 年全国研究生规模表 （单位：人）

年份	招生	在学	毕业
1978	10708	10934	9
2017	806100	2639600	578000

注：1978 年数据来源于吴镇柔、陆叔云、汪太辅《中华人民共和国研究生教育和学位制度史》中附表《1949—1999 年研究生毕业生数、招生数及在学人数》；2017 年数据来源于《2017 年全国教育事业发展统计公报》

1986年12月，国家教育委员会印发《关于改进和加强研究生工作的通知》，规定了研究生教育的发展速度与规模、层次、规格和学习年限，提出改进招生与考试办法、培养工作、毕业生分配工作，强调加强领导和管理。1992年12月，国家教育委员会和国务院学位委员会《关于学位与研究生教育改革和发展的若干意见》提出“立足国内、适度发展、优化结构、相对集中、推进改革、提高质量”的发展方针，强调中央政府和省级政府要集中财力形成一批较高水平的研究生培养基地；改进国家招生计划，增加委托培养、定向培养和自筹经费招生数量；加快专业学位试点，继续试办跨学科的研究生班；实行“硕博连读”培养方式，推行研究生兼做教学、科研和管理工作等。1995年11月，国家教育委员会颁布《关于进一步改进和加强研究生工作的若干意见》，指出探索合理有效的招生调控机制，改进研究生培养工作，加强研究生培养基地建设。

2000年1月，教育部颁布《关于加强和改进研究生培养工作的几点意见》，强调根据区域、行业和学科的发展水平及其对高层次人才数量、质量和类型的要求，分类规划与指导研究生工作；硕士生与博士生学习年限分别为2—3年和3—4年；提出国家应制定有关研究生教育管理工作的法规。2009年9月，教育部颁布《关于进一步做好研究生培养机制改革试点工作的通知》，强调以“优化结构，提高质量，选拔培养拔尖创新人才”为根本目的改革研究生培养机制，强化以科研导向培养研究生，加强指导教师队伍建设与管理，调整硕士研究生培养类型结构。2013年7月，教育部、国家发展改革委员会、财政部联合发布《关于深化研究生教育改革的意见》，提出建立与培养目标相适应的招生选拔制度，创新人才培养模式。2017年1月，教育部、国务院学位委员会印发《学位与研究生教育发展“十三五”规划》，提出改革培养模式，全面加强思想政治工作，注重提升创新和实践能力，深化考试招生改革，完善培养分流退出制度。

四、学科目录管理机制

学科专业目录是国务院学位委员会学位授权审核划分学科专业范围的依

据，也是培养机构招收研究生、制定研究生培养方案、按目录中各专业所归属的学科门类授予相应学位的依据[①]。中国学科目录建立了适应社会对高层次人才需求的动态管理机制、周期性的调整机制。各版本学科专业目录设置情况见表 2–3。

表 2–3 各版本学科专业目录设置情况表 （单位：个）

版　　次	学科门类	一级学科	二级学科
1983 年版	10	63	638
1990 年版	11	72	620
1997 年版	12	88	381
2011 年版	13	110	培养单位自主设置

建立学位授权审核制度之初，中国并无可供参考的学科目录。随着学位授权审核工作的逐步开展，国务院学位委员会着手制定学科专业目录。1983 年 3 月，国务院学位委员会第四次会议决定颁布试行《高等学校和科研机构授予博士和硕士学位的学科专业目录（试行草案）》。1990 年 10 月，国务院学位委员会第九次会议通过《授予博士、硕士学位和培养研究生的学科、专业目录》，目录名称增加“培养研究生”；基本理顺各学科门类、一级学科间的关系。1997 年 6 月，国务院学位委员会第十五次会议通过《授予博士、硕士学位和培养研究生的学科、专业目录》。目录增加了管理学学科门类，规范和理顺了一级学科，归并和拓宽了二级学科。2009 年 2 月，国务院学位委员会和教育部印发《学位授予与人才培养学科目录设置与管理办法》，规定了目录修订工作的学科设置条件和管理单位职责。2011 年 3 月，国务院学位委员会、教育部发布《学位授予和人才培养学科目录（2011 年）》，目录删除名称中的“博士、硕士”和“专业”；增加艺术学学科门类；适用于硕士、博士的学位授予、招生和培养；不再公布二级学科目录，培养单位以前沿问题或重大科学、

① 宋筱平，陆叔云. 研究生学科专业目录的发展轨迹及其走向［J］. 黑龙江高教研究，2002（2）：76—79.

重大工程问题自主设置二级学科。

学科专业目录建立至今，共经历四次修订和调整，逐步构建起以一级学科培养人才的导向，淡化二级学科设置。在此过程中，中央政府通过学科目录调整宏观指导培养单位的人才培养、学位授予等事务；另外通过一级学科和二级学科的管理权限调整，较大地增加了培养单位的办学权力，赋予培养单位研究生教育管理更多的空间。

第二节　研究生教育管理法规与政策

改革开放以来，中国研究生教育管理政策逐步健全与完善，不仅有力地推动了研究生教育管理体制机制的建立与发展，而且成为研究生教育管理制度的重要组成部分。总体来看，研究生教育管理法规与政策包括法律法规、规制制度与重点建设等。

一、研究生教育法规与政策

研究生教育规范性文件分为法律、法规、规章、政策文件等层次。总体上看，研究生教育法律位阶较高的规范性文件较少，大多为法律效力有限的政策文件。

（一）教育法律

研究生教育法律是以《中华人民共和国教育法》为根基、《中华人民共和国高等教育法》为依托、《中华人民共和国学位条例》为核心构建的法律体系。

《中华人民共和国教育法》是中国教育的根本大法。1995 年 3 月，第八届全国人民代表大会第三次会议通过，2009 年、2015 年经过两次修正。第二十二条、第二十三条提出国家实行学业证书制度和学位制度[①]。上述规定为

① 中华人民共和国教育法［EB/OL］.［2018-07-23］. http://www.moe.gov.cn/s78/A02/zfs__left/s5911/moe_619/201512/t20151228_226193.html.

中国研究生教育管理体制建设奠定了基础。

1980 年 2 月，第五届全国人民代表大会常务委员会第十三次会议通过、2004 年修订的《中华人民共和国学位条例》共二十条。其中，第五条、第六条规定硕士、博士学位授予条件和程序；第八条、第九条、第十一条规范学位授予单位的机构设置；第十条明确学位论文答辩委员会的人员构成、职责，是落实研究生教育学位授予办法的根本依据。[①]

1998 年 8 月，第九届全国人民代表大会通过《中华人民共和国高等教育法》，2015 年 12 月修正。这部法律共八章六十九条，框定了研究生教育管理的基本制度。第十六条至第十九条，分别规定硕士生、博士生的教育标准、基本修业年限、入学资格、实施教育的单位。第二十二条规定我国实行学士、硕士和博士的三级学位制度[②]。

（二）行政法规

研究生教育行政法规主要包括《中华人民共和国学位条例暂行实施办法》《高等教育职责管理暂行规定》。

1981 年 5 月，根据《中华人民共和国学位条例》，国务院批准实施《中华人民共和国学位条例暂行实施办法》，共二十五条。第六条至第九条规定硕士博士学位授予单位、授予程序、考试课程和要求、学位论文及答辩相关事宜。此外，第十六条、第十七条提出名誉博士学位授予的单位及条件。第十九条规定学位评定委员会的人员构成。

1986 年 3 月，国务院颁布《高等教育职责管理暂行规定》，规定国家教育委员会负责制定高校、研究生院的设置标准，管理研究生培养工作、确定修业年限等，指导和管理高等学校和科学研究机构招收、培养研究生工作，审定授予硕士学位的学科、专业，增补博士研究生导师[③]。

---

① 中华人民共和国学位条例［EB/OL］.［2018-07-23］. http://www.moe.gov.cn/s78/A02/zfs__left/s5911/moe_619/tnull_1315.html.

② 中华人民共和国高等教育法［EB/OL］.［2018-07-23］. http://old.moe.gov.cn/publicfiles/business/htmlfiles/moe/moe_619/200407/1311.html.

③ 高等教育管理职责暂行规定［J］. 中华人民共和国国务院公报，1986（13）：442—446.

（三）规范性文件

研究生教育规范性文件主要涵盖行政规章和政策文件，涉及研究生的学历、学位、学籍等。

研究生教育政策文件多体现全局的、长远的管理规范。1986年12月，国家教育委员会颁布《关于改进和加强研究生工作的通知》，确立“面向现代化、面向世界、而向未来”指导思想，规定研究生教育的层次、规格、学习年限、毕业生分配工作，改进现行招生与考试办法、培养工作，加强研究生教育的领导和管理[①]。1992年12月，国家教育委员会、国务院学位委员会颁布《关于学位与研究生教育改革和发展的若干意见》，提出加强研究生院建设，改革学位授权审核办法，强化学位工作与研究生教育的宏观管理和政策指导，建立有中国特色的研究生教育和学位制度。1995年11月，国家教育委员会颁布《关于进一步改进和加强研究生工作的若干意见》，确立“立足国内、适度发展、优化结构、相对集中、推进改革、提高质量”的研究生教育改革与发展的基本方针；提出科学规划研究生教育规模、有效调控招生机制、优化调整学科和专业结构、加强研究生指导教师队伍的建设、改进德育工作、建设培养基地等内容。[②]。2009年9月，教育部颁布《关于进一步做好研究生培养机制改革试点工作的通知》，强调建立科研导向的导师负责制，改革选拔机制，培养模式，加强导师队伍建设，优化研究生教育类型和层次结构、提高研究生培养质量统领改革工作；改革试点范围扩大至所有中央部（委）属培养研究生的高等学校，鼓励各省、自治区、直辖市高校进行改革试点[③]。2013年3月，教育部、国家发展改革委、财政部颁布《关于深化研究生教育改革的意见》，提出从改革招生制度、人才培养模式、导师责权机制、评价监督机制、深化开放合作、强化政策和条件保障、加强组织领导等方面深化改革，提升研究生教育质

---

① 国家教育委员会. 关于改进和加强研究生工作的通知［J］. 学位与研究生教育，1987（1）：1—4.

② 国家教育委员会. 国家教委关于进一步改进和加强研究生工作的若干意见［EB/OL］.［2018-08-13］. http://www.chinalawedu.com/falvfagui/fg22598/57228.shtml.

③ 教育部. 教育部办公厅关于进一步做好研究生培养机制改革试点工作的通知［EB/OL］.［2018-08-13］. http://www.moe.gov.cn/srcsite/A22/moe_826/200909/t20090904_82758.html.

量[①]。2017年1月，教育部、国务院学位委员会颁布《学位与研究生教育发展十三五规划》[②]，提出坚持以服务需求、提高质量为主线，全面提升研究生教育水平和学位授予质量的发展思路；确定六大改革任务，包括调整优化结构、改革培养模式、健全质量评价、扩大国际合作、培养单位体制机制创新、推进“双一流”建设；提出五大保障措施，包括形成投入保障机制、强化导师培养责任、构建信息化支撑服务体系、组织实施重大项目、完善工作机制。

1993年12月，国家教育委员会颁布《普通高等教育学历证书管理暂行规定》及其实施细则，规定了学历证书的类别及内容，共二十二条，明确由国家教育委员会印制毕业或结业证书[③]。2015年7月，国务院学位委员会和教育部颁布《学位证书和学位授予信息管理办法》，提出“学位证书由各学位授予单位自行印制，国务院学位委员会办公室印制的学位证书不再使用”[④]。

1990年1月，国家教育委员会颁布《普通高等学校学生管理规定》，共六章七十条，2005年失效。1995年2月，国家教育委员会颁布《研究生学籍管理规定》，共九章四十二条，第五条至第三十九条详细规定研究生入学注册、纪律与考勤、休学与复学、转学与转专业、退学、奖励与处分、毕业与就业等事宜。2005年3月,《研究生学籍管理规定》宣布废止。2005年3月，教育部颁布《普通高等学校学生管理规定》，2016年12月修订，共七章六十九条，涵盖研究生的权利与义务、学籍管理、组织活动、奖励与处分、申诉等内容，是规范高校实施学生管理的重要规章[⑤]。

---

① 教育部. 教育部 国家发展改革委 财政部关于深化研究生教育改革的意见[EB/OL].[2018-08-13]. http://old.moe.gov.cn//publicfiles/business/htmlfiles/moe/A22_zcwj/201307/154118.html.

② 教育部，国务院学位委员会. 教育部 国务院学位委员会关于印发《学位与研究生教育发展“十三五”规划》的通知[EB/OL].[2018-07-23]. http://www.moe.gov.cn/srcsite/A22/s7065/201701/t20170120_295344.html.

③ 教育部. 普通高等教育学历证书管理暂行规定[EB/OL].[2018-07-23]. http://www.moe.gov.cn/s78/A02/zfs left/s5911/moe621/201001/tz0100129 2725.html.

④ 国务院学位委员会，教育部. 国务院学位委员会 教育部关于印发《学位证书和学位授予信息管理办法》的通知.[EB/OL].[2018-07-23]. http://www.moe.gov.cn/srcsite/A22/moe_817/flfggz_xx/201507/t20150713_193671.html.

⑤ 教育部. 普通高等学校学生管理规定[EB/OL].[2018-08-13]. http://www.moe.edu.cn/srcsite/A02/s5911/moe_621/201702/t20170216_296385.html.

2012年11月，教育部颁布《学位论文作假行为处理办法》，共十六条，规定硕士、博士学位论文作假情形及处理办法，第三条明确学位论文作假行为的具体情形，第四条至第十四条规定学位申请者、指导教师、学位授予单位出现作假行为的处理办法。

二、研究生教育宏观规制

研究生教育宏观规制主要体现在研究生招生宏观管理上，充分说明了国家通过招生宏观调控研究生教育规模。在教育规模宏观规制下，国家依据经济社会发展确定研究生招生规模，培养单位按照国家计划规模、办学需求和发展基础确定一级学科招生规模。

1977年10月，国务院批转了教育部《关于做好1977年高等学校招生工作的意见》。1978年1月，教育部颁布《关于高等学校1978年研究生招生工作安排意见》，确立每年一度的研究生招生制度[①]。1979年5月，教育部、国家计委、国家科委、国务院科技干部局联合向国务院提交《关于1979年研究生招生计划的请示报告》，提出本年度计划招生22642人，开始招收在职研究生，允许有条件的地方科研机构招收研究生[②]。

1980年1月，教育部颁布《关于1980年研究生招生工作安排意见》，将政治理论课和外语课纳入全国统一考试。同年2月，教育部颁布《关于1980年全国有关重点高等学校选拔四年制研究生的暂行办法》，开始招收四年制研究生。随着《学位条例》实施，大多数四年制研究生按照《学位条例》要求，授予博士学位[③]。1981年6月，教育部颁布《关于做好1981年招收国内攻读硕士学位研究生和出国预备研究生工作的通知》，出国预备研究生选拔

① 中华人民共和国国家教育委员会计划财务司. 中国教育成就统计资料（1980—1985）[M]. 北京：人民教育出版社，1986：42.

② 吴镇柔，陆叔云，汪太辅. 中华人民共共和国研究生教育和学位制度史 [M]. 北京：北京理工大学出版社，2001：515.

③ 黄馨仪，胡斌梁. 我国研究生选拔公平的制度探讨 [J]. 科教导刊（上旬刊），2011（10）：5—6.

提上日程。1982 年 10 月，教育部颁布《关于 1983 年招收国内硕士学位研究生和出国预备研究生工作的通知》，将从具有工作经验的在职人员中选拔硕士生。1983 年 9 月，教育部颁布《关于做好 1984 年全国招收硕士学位研究生工作的通知》，将从 1984 年开始招收委托培养硕士生。1984 年 10 月，教育部颁布《关于做好一九八五年招收硕士学位研究生工作的通知》，提出扩大在职人员招生规模。

1985 年 5 月，中共中央颁布《关于教育体制改革的决定》，将实行计划招生、委托培养、自费生三类招生制度。1986 年 12 月，国家教委颁布《关于改进和加强研究生工作的通知》，指出以计划招生为主，逐步增加委托培养规模，招生计划按照国家需要、科研经费等情况确定。1987 年 5 月，国家教委颁布《关于做好 1987 年硕士和研究生班研究生录取工作的通知》，适当压缩计划招生规模，开始在部分省份招收定向硕士生。1988年5月，国家教委、国家计委、财政部、人事部颁布《关于进一步改进研究生招生工作的几点意见》，提出高等学校、科研机构、国家重点企业、公益事业单位、党和国家机关以及人民解放军列入国家招生计划。同年 11 月，国家教委颁布《高校招收定向培养研究生暂行规定》，开始在国家计划内实行定向培养制度。

1989 年 10 月，国家教委、国家计委、人事部颁布《关于编制 1990 年研究生招生计划的通知》，招生计划总规模拟定为 3 万人，博士生、硕士生分别为 0.5 万人和 2.5 万人。1990 年 10 月，国家教委、国家计委、人事部颁布《关于编制 1991 年研究生招生计划的通知》，招生总规模控制在 3 万人，博士计划招生 0.5 万人。1992 年 3 月，国家教育委员会、国务院学位委员会颁布《关于印发研究生教育和学位工作“八五”计划和十年规划要点的通知》，未来十年内预计培养研究生 30 万人，逐步扩大博士生规模；1992 年计划招生 32151 人；不再开设研究生班。

1993 年 7 月，国家教委颁布《关于做好 1994 年招收硕士学位研究生工作的通知》[1]，取消本科学历考生工作年限要求；硕士生招生坚持按需保质原则；

① 国家教育委员会. 国家教委关于做好 1994 年招收攻读硕士学位研究生工作的通知 [EB/OL]. [2018-07-23]. http://www.chinalawedu.com/falvfagui/fg22598/58066.shtml.

允许招收自筹经费研究生。1994年9月，国家教育委员会颁布《攻读硕士学位研究生招生管理规定》及其实施细则，规定招生工作的管理机构及其职责、招生计划、报名、考试、录取及处罚，本年度招生人数为5.1万人[①]。1995年8月，国家教育委员会颁布《关于做好1996年招收硕士学位研究生工作的通知》，具有研究生学历或已获硕士学位的在职人员可报考。1997年4月，国家教委颁布《关于做好1997年研究生录取工作的通知》[②]，明确博士生招生不得使用推荐免试方式。

1998年2月，国家教育委员会、国家计划委员会、人事部颁布《关于下达1998年研究生招生计划的通知》。1999年3月，教育部、国家发展计划委员会、人事部颁布《关于下达1999年全国研究生招生计划的通知》，招生总规模为85050人，博士生、硕士生分别为18330人和65720人。1999年10月，教育部、国家发展计划委员会、人事部颁布《关于编制2000年全国研究生招生计划的通知》，招生总规模拟为12万人，硕士生招生向专业学位试点高校倾斜[③]。2000年9月，教育部、国家计委、人事部颁布《关于编制2001年全国研究生招生计划的通知》《关于做好2001年招收攻读硕士学位研究生工作的通知》《关于做好2001年招收攻读博士学位研究生工作的通知》，提出较大幅度增加招生规模；向西部地区增加定向或委托培养招生规模[④]。

2001年9月，教育部、国家计委下达《关于编制2002年全国研究生招生计划的通知》，要求部属高校计划招生规模增长幅度不超过19%，招生总规模按19.5万人左右安排。[⑤] 2002年12月，教育部、国家计委颁布《关于下

---

① 中国学位与研究生教育信息网. 大事记学位博览［EB/OL］.［2018-07-23］. http://www.chinadegrees.cn/xwyyjsjyxx/xwbl/dsj/260254_17.shtml.

② 陈文燕，廖文武. 略论博士研究生招生改革进程中的入学申请制试点［J］. 新课程研究（中旬刊），2011（6）：145—147.

③ 教育部，国家发展计划委员会，人事部. 教育部、国家发展计划委员会、人事部关于编制2000年全国研究生招生计划的通知［EB/OL］.［2018-07-23］. http://www.chinalawedu.com/falvfagui/fg22598/30151.shtml.

④ 教育部. 教育部全面部署2001年全国研究生招生工作［EB/OL］.［2018-07-23］. http://www.people.com.cn/GB/channel1/12/20000927/252199.html.

⑤ 教育部，国家计委. 教育部国家计委关于编制2002年全国研究生招生计划的通知［EB/OL］.［2018-07-23］. http://www.cnky.net/zhinan/zhengce/030711229.shtml.

达 2003 年全国研究生招生计划的通知》，确定招生规模为 267000 人；扩大重点发展的一级学科招生规模（海洋科学、生物学、材料科学与工程、电子科学与技术、信息与通信工程、控制科学与工程、计算机科学与技术、环境科学与工程、林学）[①]。2004 年 2 月，教育部、国家发展改革委员会颁布《2004 年全国研究生招生计划》[②]，招生规模为 326213 人。2005 年 2 月，教育部、国家发展改革委颁布《关于下达 2005 年全国研究生招生计划的通知》，招生规模为 367184 人；基本稳定博士生规模，适度发展硕士生规模[③]。同年 11 月，教育部、国家发展改革委颁布《关于编制 2006 年全国研究生招生计划的通知》，原则上博士生招生不超 2005 年计划规模，硕士生招生可适度增长[④]。

2006 年 9 月，教育部颁布《关于做好 2007 年招收攻读硕士学位研究生工作的通知》，提出适度扩大推免生高校范围，提高部分高校推免生比例[⑤]。2008 年 1 月，教育部、国家发展改革委颁布《关于下达 2008 年全国研究生招生计划的通知》，实施“高校思想政治理论课教师攻读马克思主义理论博士学位”和“高校辅导员攻读思想政治教育博士学位”专项计划；招生规模为 447500 人，博士生、硕士生分别为 59000 人和 388500 人[⑥]。同年 11 月，教育部办公厅、国家发展改革委办公厅颁布《关于编制 2009 年全国研究生招生计划的通知》[⑦]，硕士生和博士生招生规模分别增长 5% 和 1.7%。

---

① 教育部，国家计委. 教育部、国家计委关于下达 2003 年全国研究生招生计划的通知［EB/OL］.［2018-07-23］. http://www.pkulaw.cn/fulltext_form.aspx?Gid=181759.

② 教育部，国家发展改革委. 教育部、国家发展改革委关于下达 2004 年全国研究生招生计划的通知［EB/OL］.［2018-07-23］. http://www.110.com/fagui/law_141055.html.

③ 教育部，国家发展改革委. 教育部、国家发展改革委关于下达 2005 年全国研究生招生计划的通知［EB/OL］.［2018-07-23］. http://www.china.com.cn/guoqing/zwxx/2011-10/02/content_23541238.htm.

④ 教育部. 关于做好 2006 年招收攻读硕士研究生工作的通知［EB/OL］.［2018-07-23］. http://old.moe.gov.cn/publicfiles/business/htmlfiles/moe/s3113/201001/79972.html.

⑤ 教育部. 教育部关于做好 2007 年招收攻读硕士学位研究生工作的通知 _［EB/OL］.［2018-07-23］. http://old.moe.gov.cn//publicfiles/business/htmlfiles/moe/s3113/201001/79973.html.

⑥ 教育部，国家发展改革委. 教育部、国家发展改革委关于下达 2008 年全国研究生招生计划的通知［EB/OL］.［2018-07-23］. http://old.moe.gov.cn/publicfiles/business/htmlfiles/moe/moe_1892/201001/xxgk_77151.html.

⑦ 教育部. 关于编制 2009 年全国研究生招生计划的通知［EB/OL］.［2018-07-23］. http://old.moe.gov.cn/publicfiles/business/htmlfiles/moe/s7050/201411/178949.html.

2009年12月，教育部办公厅、国家发展改革委办公厅颁布《关于编制2010年全国研究生招生计划的通知》①，硕士生、博士生招生计划按比2009年实际招生增长5.0%、2.5%左右安排，硕士生新增招生规模用于全日制专业学位硕士生招生；专业学位培养单位压缩5%—10%原有学术型硕士生招生规模，用于全日制专业学位硕士生招生。2011年5月，教育部、国家发展改革委颁布《关于下达2011年全国研究生招生计划的通知》②，博士生、硕士生招生规模分别为65265人和3495230人；改进博士生招生计划分配方式。2012年4月，教育部、国家发展改革委颁布《关于下达2012年全国研究生招生计划的通知》③，博士生、硕士生招生计划为67216人和517200人。2013年3月，教育部颁布《关于做好2013年全国硕士学位研究生招生工作的通知》，博士生、硕士生招生分别为6.9万人和53.9万人④。2014年5月，教育部、国家发展改革委颁布《关于下达2014年全国研究生招生计划的通知》⑤，博士生、硕士生分别计划招生71020人、560000人。2015年3月，教育部、国家发展改革委颁布《关于下达2015年全国研究生招生计划的通知》，博士生、硕士生招生规模分别为73100人和574300人。同年10月，教育部、国家发展改革委颁布《关于下达2016年全国研究生招生计划的通知》⑥，博士生、硕士生招生规模分别为517200人和67216人。2016年3月，教育部办

---

① 教育部，国家发展改革委．教育部办公厅、国家发展改革委办公厅关于编制2010年全国研究生招生计划的通知［EB/OL］．［2018-07-23］．http://old.moe.gov.cn//publicfiles/business/htmlfiles/moe/s180/201001/xxgk_77133.html.

② 教育部，国家发展改革委．教育部、国家发展改革委关于下达2011年全国研究生招生计划的通知［EB/OL］．［2018-07-23］．http://www.moe.gov.cn/srcsite/A03/s180/s3011/201105/t20110518_136505.html.

③ 教育部，国家发展改革委．教育部、国家发展改革委关于下达2012年全国研究生招生计划的通知［EB/OL］．［2018-07-23］．http://www.eol.cn/zheng_ce_bian_hua_3936/20120518/t20120518_778629.shtml.

④ 教育部．教育部关于做好2013年全国硕士学位研究生招生工作的通知［EB/OL］．［2018-07-23］．https://wenku.baidu.com/view/aaba42a8284ac850ad024283.html.

⑤ 教育部，国家发展改革委．教育部、国家发展改革委关于下达2014年全国研究生招生计划的通知［EB/OL］．［2018-07-23］．http://www.moe.edu.cn/srcsite/A03/s180/s3011/201405/t20140506_169460.html.

⑥《教育部关于下达2016年全国研究生招生计划的通知》［EB/OL］．［2018-07-23］．https://wenku.baidu.com/view/33096d4b49649b6649d7472d.htm.

公厅颁布《关于开展扩大省级政府硕士生计划管理统筹权改革试点工作的通知》，提出将江苏省、广东省纳入 2016 年硕士生计划管理统筹权改革试点省份①。同年 9 月，教育部《关于印发 2017 年全国硕士研究生招生工作管理规定》，按全日制和非全日制分别编制招生计划、统一组织招生；招生规模达到 80.61 万人。

三、研究生教育重点建设

改革开放以来，中国研究生教育重点建设历经重点学科建设、“211 工程”、“985 工程”、“双一流”建设等阶段，发挥了“以点带面、集中突破”的重大示范和引领作用。简言之，“211 工程”以学科建设为核心，“985 工程”以学校整体建设为核心，“双一流”建设以学校和学科建设同时并进。

从 20 世纪 80 年代中期开始，中国组织了三次重点学科评选。1985 年 5 月，中共中央颁布《关于教育体制改革的决定》，指出“根据同行评议、择优扶植的原则，有计划地建设一批重点学科”。1987 年 8 月，国家教育委员会颁布《关于做好评选高等学校重点学科申报工作的通知》，公布第一次重点学科评选结果，共涉及 108 所高校的 416 个二级学科点。2001 年 2 月，教育部颁布《关于开展高等学校重点学科评选工作的通知》，第二次评选工作共评选 964 个二级重点学科。2006 年 10 月，教育部颁布《关于加强国家重点学科建设的意见》，第三次重点学科评选评出一级学科 286 个、二级学科 677 个、培育学科 217 个。2014 年 12 月，国务院办公厅颁布《关于取消和下放一批行政审批项目的决定》，决定取消国家重点学科审批项目②。

“211 工程”建设起自于 20 世纪 90 年代初。1993 年 7 月，国家教育委员会颁布《关于重点建设一批高等学校和重点学科点的若干意见》，这是“211 工

① 教育部. 教育部办公厅关于开展扩大省级政府硕士生计划管理统筹权改革试点工作的通知［EB/OL］.［2018-07-23］. http://www.moe.gov.cn/srcsite/A03/moe_1892/moe_630/201604/t20160408_237314.html.

② 国家重点学科［EB/OL］.［2018-08-13］. https://www.360doc.cn/article/4495048_658626087.html.

程”建设的第一个政策文件。1993 年 2 月，中共中央、国务院颁布《中国教育改革和发展规划纲要》，决定分期分批建设 100 所重点高等学校和一批重点学科[①]。1994 年 7 月，国务院颁布《关于中国教育改革和发展规划纲要的实施意见》，提出将“建设 100 所重点大学”调整为“重点建设 100 所大学”。1995 年 11 月，国家计委、国家教委和财政部颁布《“211 工程”总体建设规划》，提出总体目标、任务、程序、方式与组织管理等内容，标志着“211 工程”建设正式启动。1996 年 3 月，国家计划委员会颁布《国家重点建设项目管理办法》，规定“211 工程”管理、验收等事项。1996 年，国务院批准国家计委、国家教委、财政部成立“211 工程”部际协调小组，协调决定重大方针政策。“211 工程”部际协调小组在教育部设置“211 工程”办公室，具体负责项目管理和检查评估。各省、自治区、直辖市相关主管部门成立“211 工程”建设领导小组；各“211 工程”建设高校成立项目法人组织。“211 工程”建设实行中央、省（自治区、直辖市）和建设高校三级管理体制。1997 年 2 月，国家教委、国家计委、财政部颁布《“211 工程”专项资金管理暂行办法》，规定资金开支范围和资金预算决算程序，加强对资金的监督和管理。2003 年 8 月，“211 工程”部际协调小组办公室颁布《“211 工程”建设实施管理办法》，规定“211 工程”建设项目的主要建设内容、组织实施、检查验收及各级管理部门主要职责。

“985 工程”建设始于 20 世纪 90 年代末。1998 年 1 月，时任国家主席江泽民在北京大学百年校庆郑重宣布“我国要有若干所具有先进水平的一流大学”。1999 年 2 月，教育部颁布《面向 21 世纪教育振兴行动计划》，提出继续加快进行“211 工程”建设，提高高等学校的知识创新能力，“985 工程”正式启动建设。“985 工程”一期建设在北京大学和清华大学率先实施，共 34 所高校[②]。2004 年 3 月，国务院批转教育部的《2003—2007 年教育振兴行动计划》，提出继续实施“985 工程”；6 月，教育部、财政部颁布《关于继续实施“985

① 教育部. 中国教育改革和发展纲要［EB/OL］.［2018-08-13］. http://old.moe.gov.cn//publicfiles/business/htmlfiles/moe/moe_177/200407/2484.html.

② 郭新立. 中国高水平大学建设之路：从 211 工程到 2011 计划［M］. 北京：高等教育出版社，2012：34—37.

工程”建设项目的意见》,“985 工程”二期建设启动，二期建设高校 5 所[①]；2010 年 4 月，教育部、财政部颁布《关于加快推进世界一流大学和高水平大学建设的意见》,“985 工程”三期建设开始实施。在管理机制上，“985 工程”实行国家、共建部门（有关主管部委或地方政府）和高校三级管理体制。2004 年 3 月，教育部、财政部颁布《关于成立“985 工程”领导小组、工作小组、办公室的通知》，成立“985 工程”领导小组、工作小组及办公室；共建部门负责项目监督、筹措资金；高校成立“985 工程”建设领导小组，负责项目规划、实施。2013 年 1 月，教育部、财政部颁布《“985 工程”建设管理办法》，规定“985 工程”建设的组织实施、管理职责、建设资金、检查验收等办法。

“2011 计划”起始于 21 世纪初期。2011 年 4 月，时任党中央总书记、国家主席胡锦涛在清华大学百年校庆大会讲话中提出“积极推动协同创新，鼓励高校同科研机构、企业开展深度合作，建立协同创新联盟[②]”。2012 年 3 月，教育部、财政部颁布《关于实施高等学校创新能力提升计划的意见》，正式启动“高等学校创新能力提升计划”，简称“2011 计划”。2014 年 4 月，教育部、财政部颁布《2011 协同创新中心建设发展规划》《2011 协同创新中心政策支持意见》《2011 协同创新中心认定暂行办法》,“2011 计划”以国家急需、世界一流为根本出发点，以人才、学科、科研三位一体创新能力提升为核心任务，构建四类协同创新模式。2013 年，教育部批准首批 14 个协同创新中心，2014 年批准第二批 24 个协同创新中心。

“双一流”建设是新时代高等教育改革发展的重点建设工程。2015 年 10 月，国务院颁布《统筹推进世界一流大学和一流学科建设总体方案》，部署了五大建设任务包括建设一流师资队伍、培养拔尖创新人才、提升科学研究水平、传承创新优秀文化、着力推进成果转化；五大改革任务包括加强和改进党对高校的领导、完善内部治理结构、实现关键环节突破、构建社会参与机制、推进国

① 教育部，财政部．教育部、财政部关于继续实施“985 工程”建设项目的意见［EB/OL］．［2018-07-23］．http://old.moe.gov.cn//publicfiles/business/htmlfiles/moe/moe_162/200408/3092.html.

② 胡锦涛．胡锦涛在庆祝清华大学建校 100 周年大会上的讲话［EB/OL］．［2018-07-23］．http://www.gov.cn/ldhd/2011-04/24/content_1851436.htm.

际交流合作。国家教育体制改革领导小组负责顶层设计、宏观布局、统筹协调、经费投入；教育部、财政部、发展改革委负责规划部署、推进实施、监督管理。2017 年 1 月，教育部、财政部、国家发展改革委颁布《统筹推进世界一流大学和一流学科建设实施办法（暂行）》，明确世界一流大学、世界一流学科的遴选条件、程序、管理实施办法。教育部、财政部、国家发展改革委建立部际协调机制；省级政府统筹推动区域内有特色高水平大学和优势学科建设，积极探索一流建设之路；建设高校统筹学校整体建设和学科建设。2017 年 9 月，教育部、财政部、国家发展改革委颁布《关于公布世界一流大学和一流学科建设高校及建设学科名单的通知》[①]，统计显示一流大学建设高校 42 所，一流学科建设高校 95 所，一流建设学科 465 个。2017 年 7 月，财政部、教育部颁布《中央高校建设世界一流大学（学科）和特色发展引导专项资金管理办法》，规定专项资金的使用分配管理、监督与评价的原则，加快推进中央高校“双一流”建设[②]。

第三节　研究生教育管理组织

研究生教育管理组织是研究生教育管理体系的运行中枢。中国特色研究生教育管理组织包括国家和省级教育行政组织、社会组织。

一、国家研究生教育管理组织

在发展内驱力和政策外驱力的双重影响下，中国研究生教育管理部门组织体系基本完善。1979 年 8 月，中共中央、国务院颁布《关于加强高等学校

① 教育部，财政部，国家发展改革委. 教育部、财政部、国家发展改革委关于公布世界一流大学和一流学科建设高校及建设学科名单的通知［EB/OL］.［2018-07-23］. http://www.moe.gov.cn/srcsite/A22/moe_843/201709/t20170921_314942.html.

② 教育部. 关于印发《中央高校建设世界一流大学（学科）和特色发展引导专项资金管理办法》的通知［EB/OL］.［2018-07-23］. http://www.moe.gov.cn/jyb_xxgk/moe_1777/moe_1779/201712/t20171208_320933.html.

统一领导、分级管理的决定（试行草案）》，规定教育部肩负确定招收研究生的高校名单、专业和招生计划，对高校研究生培养工作实行统一管理等职责。1985年6月，教育部被撤销，成立国家教育委员会。1986年3月，国务院颁布《高等教育管理职责暂行规定》，规定国家教育委员会职责包括制定研究生院的设置标准；审批研究生院的设置、撤销和调整；指导、招收研究生培养工作和学位授予工作。国家教育委员会对研究生教育工作实行宏观管理。1998年3月，第九届人大一次会议通过国务院机构改革方案，国家教育委员会更名为教育部，教育部作为国家最高管理研究生教育的行政机构行使职责。

国家层面的研究生教育管理部门历经了数次调整和职能分合。1982年8月，国务院批准教育部设立研究生司，负责管理全国研究生教育工作。1989年4月，研究生司撤销，其管理工作划归新成立的高等教育司，其中招生和培养管理工作分别划归高等教育司的研究生教育一处和二处[①]。1991年2月，国家教育委员会成立研究生工作办公室，主要负责全国研究生教育工作的规划、管理、指导、检查等，并协调各研究生主管部门工作。其中，高等教育司承担的研究生招生工作划归高校学生司管理。国家教育委员会研究生工作办公室与国务院学位委员会办公室合署办公[②]。2004年1月，中央机构编制委员会批准教育部设立学位管理与研究生教育司，与国务院学位委员会办公室合署办公，履行研究生教育行政管理职责。其主要职能为组织实施《中华人民共和国学位条例》；拟订全国学位与研究生教育工作的改革与发展规划；指导与管理研究生培养工作；指导学科建设与管理工作；承担“双一流”建设等项目的实施和协调工作；承办国务院学位委员会的日常工作[③]。至此，国家层面研究生教育管理组织体系基本健全，稳定有序地推动研究生教育管理机制高效运行。

① 中国学位与研究生教育发展报告课题组．中国学位与研究生教育发展报告：1978—2003［M］．高等教育出版社，2006：60.

② 国家教育委员会．国家教委办公厅关于成立国家教育委员会研究生工作办公室及启用其印章的通知［EB/OL］．［2018-07-23］．http://www.chinalawedu.com/falvfagui/fg22598/59133.shtml.

③ 学位管理与研究生教育司介绍［EB/OL］．［2018-07-28］．http://www.moe.edu.cn/s78/A22/moe_305/201512/t20151218_225393.html.

二、省级研究生教育管理组织

省级研究生教育管理组织主要为主管教育的部门（教育厅、教育委员会）及下设管理研究生教育的机构。省级研究生教育管理组织主要负责研究生教育改革与发展、学位管理、学科建设等，主要发挥统筹规划、协调管理、监督检查的作用。经统计，31个省、自治区、直辖市大都建立了研究生教育管理组织，管理机构名称呈现多样化，分别为学位与研究生教育管理处、科技科研管理处（科技研究生处、科学研究处）、学位委员会办公室、高等教育处。各省份研究生教育管理机构设置情况见表2–4。表2–4显示省级研究生教育管理机构设置其一为学位与研究生教育管理处，占比超过40%；其二为科技科研管理机构，约占1/4；其三为学位委员会办公室和高等教育处。由此可见，部分省、自治区、直辖市并未独立设置研究生教育管理机构。

表2–4　各省份研究生教育管理机构设置情况

研究生教育管理机构	省级政府教育管理部门	数量
学位管理与研究生教育处	江苏省教育厅、陕西省教育厅、重庆市教育委员会、广西壮族自治区教育厅、湖南省教育厅、湖北省教育厅、河南省教育厅、山东省教育厅、江西省教育厅、吉林省教育厅、辽宁省教育厅、内蒙古自治区教育厅、山西省教育厅	13
科技科研管理处	北京市教育委员会、浙江省教育厅、广东省教育厅、贵州省教育厅、云南省教育厅、四川省教育厅、安徽省教育厅、吉林省教育厅	8
高等教育处	上海市教育委员会、青海省教育厅、宁夏回族自治区教育厅、海南省教育厅、西藏自治区教育厅、福建省教育厅	6
学位委员会办公室	天津市教育委员会、新疆维吾尔自治区教育厅、甘肃省教育厅、河北省教育厅	4

注：数据来源于各省、自治区、直辖市教育管理部门网站

三、研究生教育社会组织

社会组织在研究生教育管理体系中，提供研究生教育政策咨询，保障研

究生教育质量，促进研究生教育研究，开展国际交流和学术活动等方面发挥着举足轻重的作用。

（一）教育部学位与研究生教育发展中心[①]

教育部学位与研究生教育发展中心（简称“教育部学位中心”）历经数次机构整合变迁、职能拓展，同时接受教育部、国务院学位委员会、国务院教育督导委员会的领导和监督。1994 年 7 月，高等院校和科研院所学位与研究生教育评估所在北京理工大学成立，是中国首家专门从事学位与研究生教育评估的社会中介机构。1998 年 11 月，国务院学位委员会、教育部决定成立“全国学位与研究生教育发展中心”，机构由高等院校和科研院所学位与研究生教育评估所、学位与研究生教育杂志社等单位的人员组成，挂靠在清华大学[②]。2003 年 12 月，教育部颁布《关于设立教育部学位与研究生教育发展中心的通知》和《关于印发教育部学位与研究生教育发展中心职责任务、管理体制、机构设置和人员编制的通知》，教育部学位中心正式成立，是具有官方背景的研究生教育社会组织。教育部学位中心下设办公室、财务处、评估处、考试处、认证处、信息处、综合处、编辑部等部门，其组织框架见图 2-1[③]。

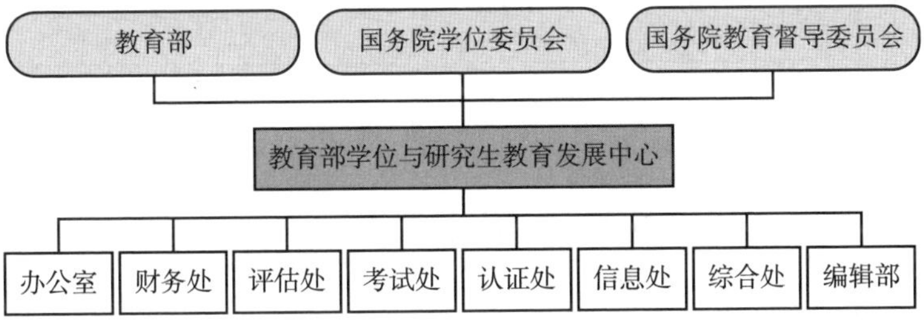

图 2-1　教育部学位中心组织结构

① 教育部学位与研究生教育发展中心简介［EB/OL］.［2018-07-23］. http://www.cdgdc.edu.cn.

② 教育部学位与研究生教育发展中心介绍［EB/OL］.［2018-07-23］. http://www.cdgdc.edu.cn/xwyyjsjyxx/gywm/zxjj/277079.shtml.

③ 教育部学位与研究生教育发展中心. 机构设置［EB/OL］.［2018-07-23］. http://www.cdgdc.edu.cn/xwyyjsjyxx/gywm/jgsz/276305.shtml.

（二）中国学位与研究生教育学会[①]

中国学位与研究生教育学会（简称“学会”）成立于1994年7月，是全国性、学术性、非营利性的研究生教育社会组织。学会业务主管单位是教育部，社团登记管理机关是民政部，接受其业务指导和监督管理。学会制定了《中国学位与研究生教育学会章程》《中国学位与研究生教育学会财务管理办法》等制度文件。截至2018年6月，学会理事单位有252家，常务理事单位有87家。学会设有秘书处、学术委员会、会员部、国际交流合作部等直属部门，分支机构包括工作委员会、专门委员会及专业学位工作委员会。学会秘书处挂靠清华大学研究生院。学会历任会长、副会长名单见表2-5。学会重点开展研究生教育成果奖、学位与研究生教育优秀博士学位论文等评选工作。学会研究生教育成果奖已评选两届，2014年第一届共评选41项，含特等奖1项、一等奖10项、二等奖30项；[②]2016年第二届共评选出41项，特等奖空缺，含一等奖9项、二等奖32项。[③]学会优秀博士学位论文评选自2012年启动，已开展七届。

表2-5　学会历任会长、副会长名单

届次	会长	副会长
第一届	唐敖庆	陈佳洱、顾明远、郭其侨、蒋德明、梁尤能、刘盛纲、陶德麟、吴本厦、姚　泰
第二届	唐敖庆	白春礼、陈佳洱、董　奇、韩启德、江树人、刘应明、王　承、王生洪、杨家庆、张文修、周　玉
第三届	王大中	顾海良、匡镜明
第四届	赵沁平	杨　卫、谢和平、庾建设
第五届	赵沁平	谢和平、陈子辰、高　松、杨　斌、丁雪梅、张淑林、马怀德、朱秀林

注：第二届、第四届、第五届来源于中国学位与研究生教育学会网站；第一届、第三届会长信息来自《学位与研究生教育》1995年第3期《中国学位与研究生教育学会第一届理事会组成名单》

① 中国学位与研究生教育学会官网［EB/OL］.［2018-07-23］. http://www.csadge.edu.cn.

② 中国学位与研究生教育学会. 2014年中国学位与研究生教育学会研究生教育成果奖评选结果公示［EB/OL］.［2018-07-23］. http://www.cdgdc.edu.cn/xwyyjsjyxx/sy/syzhxw/279744.shtml.

③ 中国学位与研究生教育学会. 2016年中国学位与研究生教育学会研究生教育成果奖评选结果公示［EB/OL］.［2018-07-23］http://www.csadge.edu.cn/info/tzgg/2969.

（三）中国研究生院院长联席会[①]

中国研究生院院长联席会（简称“联席会”）成立于 1999 年 11 月，秘书处挂靠北京大学研究生院。2002 年 10 月，联席会通过《中国研究生院院长联席会条例》，规定联席会的工作、职能及年会事宜。目前，联席会会员单位有 57 所研究生院。联席会负责研究学位与研究生教育发展规划和重大问题，交流、研讨和协调学位与研究生教育的有关问题；开展国际研究生院及学位与研究生教育的交流；接受国务院学位委员会和教育部有关部门委托的评议工作[②]。

（四）专业学位教育指导委员会

专业学位教育指导委员会（简称“教指委”）主要是由国务院学位委员会、教育部和专业学位教育有关主管部门联合成立。2006 年 5 月，国务院学位委员会办公室颁布《关于加强专业学位教育指导委员会秘书处建设的意见》[③]，提出教指委秘书处工作具体职责以及自身建设等意见。2011 年 9 月，国务院学位委员会、教育部、人力资源和社会保障部颁布《专业学位研究生教育指导委员会工作规程》[④]，规定教指委的机构设置、任务职责、组织运行等事项。2018 年 5 月，国务院学位委员会、教育部颁布《关于进一步发挥国务院学位委员会学科评议组和专业学位研究生教育指导委员会作用的意见》[⑤]，提出教指委应切实履行职责，完善工作机制，强化组织纪律等意见。目前有 36 个专业学位教育指导委员会，涵盖金融、工程硕士、应用统计、高等学校城市规

---

① 中国研究生院院长联席会网站.［EB/OL］.［2018-07-23.］http://www.acgs.pku.edu.cn/index.htm.

② 中国研究生院院长联席会条例［EB/OL］.［2018-07-23］. http://www.acgs.pku.edu.cn/tl/index.htm.

③ 关于加强专业学位教育指导委员会秘书处建设的意见［EB/OL］.［2018-08-13］. http://www.moe.gov.cn/s78/A22/xwb_left/moe_826/tnull_1299.html.

④ 国务院学位委员会，教育部人力资源和社会保障部. 国务院学位委员会、教育部、人力资源和社会保障部关于印发《专业学位研究生教育指导委员会工作规程》的通知［EB/OL］.［2018-08-13］. http://www.moe.gov.cn/s78/A22/A22_ztzl/ztzl_03/gzwj/201804/t20180419_333621.html.

⑤ 国务院学位委员会，教育部关于进一步发挥国务院学位委员会学科评议组和专业学位研究生教育指导委员会作用的意见［EB/OL］.［2018-08-13］. http://www.moe.gov.cn/s78/A22/A22_ztzl/ztzl_03/gzwj/201805/t20180511_335691.html.

划、税务、农业推广硕士、国际商务、兽医、保险、风景园林硕士、资产评估、林业、审计、医学、法律硕士、药学、社会工作硕士、临床医学（中医学）和中药学、教育、军事、体育、工商管理硕士、汉语国际教育硕士、会计硕士、应用心理、旅游管理、翻译硕士、公共管理、新闻与传播、图书情报、出版、工程管理、文物与博物馆硕士、艺术硕士、高等学校建筑学、警务硕士等专业学位[①]。

（五）研究生教育重要期刊

1.《学位与研究生教育》[②]

《学位与研究生教育》于1984年9月在北京理工大学创刊，是中国首家研究生教育专业性刊物。1988年《学位与研究生教育》改为双月刊，2001年调整为月刊。《学位与研究生教育》由国务院学位委员会主办，中国学位与研究生教育学会协办。《学位与研究生教育》具有工作指导、理论研究、经验介绍、信息传播的功能，是中国学术期刊综合评价数据库统计源期刊、中国期刊全文数据库全文收录期刊、《中国社会科学引文索引》（CSSCI）来源期刊等收录源。

2.《研究生教育研究》[③]

《研究生教育研究》前身为1986年中国科学技术大学创办的《教育与现代化》。2011年更名为《研究生教育研究》，为双月刊，由中国学位与研究生教育学会、中国科学技术大学联合主办。《研究生教育研究》以“鼓励探索、激励创新、倡导求真”为宗旨，探索发展规律，反映最新成果，倡导先进教育理念。《研究生教育研究》是武汉大学RCCSE-E教育学类核心期刊、《中国社会科学引文索引》（CSSCI）来源期刊，被国家哲学社会科学学术期刊数据库、中国期刊全文数据库、万方数据库、中文科技期刊数据库等全文收录。

① 中国学位与研究生教育信息网．各专业学位教育指导委员会网站［EB/OL］.［2018-08-13］http://www.cdgdc.edu.cn/xwyyjsjyxx/xglj/264477.shtml.

② 《学位与研究生教育》网站．本刊概况［EB/OL］.［2018-07-23］. http://www.adge.edu.cn/ch/first_menu.aspx?parent_id=20101220153146001.

③ 《研究生教育研究》．期刊介绍［EB/OL］.［2018-07-23］. http://journal.ustc.edu.cn/ch/first_menu.aspx?parent_id=20141009015654001.

3.《中国研究生》①

《中国研究生》于2002年10月创刊，是服务研究生群体的综合性期刊，由教育部主管，教育部学位与研究生教育发展中心主办。《中国研究生》聚焦中国学位与研究生教育事业，全方位助力研究生创新与成才，是社会各界了解研究生群体的窗口。《中国研究生》定位和读者对象涉及在校研究生、在职研究生、关注研究生的社会各界人士；内容包括新闻类、实用信息类、校园生活文化类、成才类等；栏目有关注、人物、博雅园、学研沙龙、众言堂、菁菁校园、考试天地、求职创业、地球村等。《中国研究生》与有关研究生培养单位合作建立地方通信联络站。

（六）学校研究生教育研究机构

学校研究生教育研究机构是研究生教育社会组织的生力军和后备力量，充分担当政策咨询、科学研究、人才储备等重任。

1. 北京大学中国博士生教育研究中心②

北京大学中国博士生教育研究中心成立于2011年，以研究生教育，特别是博士生教育为核心研究对象，关注博士生教育管理、政策、培养、质量保障等，主要研究方向为研究生学习过程与体验、研究生培养制度与政策、研究生教育质量与评估和研究生教育国际比较，坚持实证及应用研究与理论及历史研究并重。该中心以北京大学教育学院为依托，与美国威斯康星大学麦迪逊分校教育政策系、德国卡塞尔大学国际高等教育中心等国外学术机构长期保持密切的学术合作，并定期举办国际研讨会，同时与北京大学研究生院保持着密切合作关系，参与校内研究生教育的改革与研究工作。

2. 清华大学学位与研究生教育研究中心③

清华大学学位与研究生教育研究中心成立于2011年7月，由清华大学教

① 中国研究生杂志简介. [EB/OL]. [2018-07-23]. http://www.zhazhi.com/qikan/shxzx/shx/30957.html.

② 北京大学教育学院. 北京大学中国博士生教育研究中心 [EB/OL]. [2018-07-23]. http://www.gse.pku.edu.cn/xygk/zzjg/yjzx/index.htm.

③ 清华大学教育研究院. 研究中心 [EB/OL]. [2018-07-23]. http://www.ioe.tsinghua.edu.cn/publish/ioe/5353/index.html.

育研究院、研究生院联合举办，挂靠教育研究院，致力于成为全国学位与研究生教育研究公共平台。该中心主要任务包括开展有关学位与研究生教育重大前沿问题研究、理论研究，建构有中国特色的研究生教育学；推进清华研究生教育管理改革研究，为其他院校研究生培养单位提供咨询，接受委托研究；参与中国学位与研究生教育学会工作。

3. 上海交通大学研究生教育研究中心①

上海交通大学研究生教育研究中心成立于2008年，致力于成为具有国际影响力的研究中心、数据信息中心、政策文件和研究文献中心、政策咨询中心。该中心研究人员承担教育部软科学研究项目、世界银行咨询课题《中国高等教育概览》等，受中国学位与研究生教育学会委托编辑制作《国外研究生教育动态》杂志。

4. 北京理工大学研究生教育研究中心②

北京理工大学研究生教育研究中心成立于2012年12月，是国内从事学位与研究生教育研究的学术重镇，是世界首家研究生教育学学科的博士点，致力于打造国际知名、国内引领的研究生教育高端智库。中心研究领域主要包括研究生教育理论研究、研究生教育评估与质量保障体系研究、研究生教育发展战略研究等。中心发展理念和工作理念分别是“中国问题、国际视野、攻坚克难、追求卓越”与“团结协作、跨界融合、学习创新、完美一流”。该中心设立学术委员会，作为学术指导机构，对中心的重大决策、研究方向等提出咨询、建议。

该中心承担国家自然科学基金重点项目“互联网+”时代研究生教育管理变革与创新研究、教育部哲学社会科学研究重大课题攻关项目“世界一流大学和一流学科建设评价体系与推进战略研究”、北京市教育科学规划重大项目“市属高校‘双一流’建设问题及对策研究”、国务院学位委员会办公室委托项

① 上海交通大学研究生教育研究中心［EB/OL］.［2018-08-13］. https://baike.so.com/doc/4630119-4842804.html.

② 北京理工大学研究生教育研究中心－中心概况［EB/OL］.［2018-08-13］. http://cge.bit.edu.cn.

目“完善研究生教育质量保障体系研究”、中国学位与研究生教育学会委托项目“社会组织在研究生教育治理体系中的地位与作用研究”等。中心形成三大学术品牌:《中国研究生教育质量报告》《中国研究生教育研究进展报告》《世界研究生教育经典译丛》;建立两大学术交流平台，分别为研究生教育学国际会议、中国研究生教育高端论坛。近年来，中心研究人员出版了《学位与研究生教育评价理论与方法》《世界一流大学世界一流学科建设政策汇编》《中国研究生满意度调查》《中国研究生教育质量保障体系理论与实践》《导师论导－研究生导师论研究生指导》等多部著作。中心研究人员围绕学位与研究生教育领域的若干问题，先后在《教育研究》《中国高等教育》《高等教育研究》等CSSCI期刊发表百余篇论文。

第四节　研究生教育管理特色与趋势

回顾改革开放以来的发展历程，总结提炼研究生教育管理经验，中国建立了中国特色的研究生教育管理体系。面向未来，适应现代信息社会，展望研究生教育管理走向，跻身世界研究生教育强国之列。

一、研究生教育管理特色

（一）中国特色的三级管理体制

中国特色的研究生教育管理体制是以中央政府宏观管理、省级政府统筹管理、培养单位自主管理为基础进行权力配置和组织架构的制度安排。相比于西方国家研究生教育管理以分权和自治为核心制度，研究生教育三级管理体制符合中国国情、体现中国特色、创建中国模式。中央政府研究生教育管理组织涵盖国务院学位委员会及其办公室、教育部及其学位管理与研究生教育司，主要使用立法、财政、规划、评估、政策等宏观手段。省级研究生教育管理组织包括省级学位委员会及其办公室、教育厅（教育委员会）及其学位管理与研究生教育处（科技科研处等），主要使用政策、财政、规划、评估等统筹方式。培养单位研究生教育管理组织主要是学位评定委员会、研究生院（研究生处等），采用经费、质量监控等调节方式。实践来看，研究生教育三级管理体制集中高效、运转有序。

（二）研究生教育管理与学位管理交叉融合

研究生教育管理与学位管理呈现交叉融合的态势，是中国研究生教育管理的另一特色。从历史发展角度来看，先有研究生教育，后有学位制度。从现实情况来看，研究生教育和学位制度既有联系又有区别，分属两个系统[①]。改革开放后，中国首先恢复了研究生教育，之后建立并实施学位制度，进而形成了研究生教育管理和学位管理两个体系。这种并存的管理体系相对独立、互为交叉，两者设立了各自的顶层管理机构，但在实际运行中具体管理部门及职责职能交叉融合。这两个体系既是特定历史时期形成的制度产物，也在很大程度上适应了研究生教育管理的需要。从总体上看，研究生教育管理与学位管理交叉融合较快地促进了研究生培养体系的建立和完善，有效保障了研究生教育整体质量。

二、研究生教育管理趋势

（一）研究生教育管理法治化

研究生教育管理围绕《中华人民共和国学位条例》构建了包括法律、行政法规、行政规章等在内的制度体系。改革开放以来，国家立法部门、教育管理部门针对研究生教育发展与改革中的问题，制定了不同法律位阶、不同法律效力的规范性文件，初步实现了研究生教育管理的法制化、规范化。但系统来看，研究生教育管理制度愈发与新时代研究生教育发展实际不相适应，上位法缺乏、立法滞后等。例如将《学位条例》修订为《学位法》已成为国务院学位委员会的历年工作要点，但至今进入立法程序尚有较大距离。重视立法、以法

---

① 吴镇柔，陆叔云，汪太辅. 中华人民共和国研究生教育和学位制度史［M］. 北京理工大学出版社，2001：93.

治教是政府加强对研究生教育事业宏观管理的基本途径[①]。显而易见，研究生教育管理一方面应加强立法，完善管理制度体系。另一方面，研究生教育管理应从法制走向法治，通过法律保障管理的合法性和有效性。

（二）研究生教育现代治理体系

随着研究生教育三级管理体制的完善，研究生教育社会组织的兴起与成熟，中国研究生教育管理正逐步走向现代治理体系。研究生教育现代治理体系实质上是多权力中心的，其中各利益相关方行使不同性质的权力。中央政府研究生教育管理组织将转向监督指导、宏观规制。省级政府研究生教育管理组织将加强统筹协调、中观规制。培养单位研究生教育管理组织将增强调节、约束、统合能力。教育部学位与研究生教育发展中心、中国学位与研究生教育学会、全国专业学位教育指导委员会、中国研究生院院长联席会、学校研究生教育研究机构等社会组织逐渐深入参与研究生教育治理，发挥政策咨询、项目受托等功能。市场力量强有力调节研究生教育生源、就业等领域，并日益影响着研究生教育治理的效果和效益。总之，现代治理体系是研究生教育管理体制的发展趋势和时代潮流。

（三）互联网 + 研究生教育管理变革

随着互联网 +、大数据、云计算、人工智能等新一代信息技术崛起，研究生教育管理进入"互联网 +"时代，面临着深度变革和创新挑战。"互联网 +"是把互联网的创新成果与经济社会各领域深度融合，形成更广泛的以互联网为基础设施和创新要素的经济社会发展新形态[②]。简而言之，互联网 + 研究生教育管理是以互联网为基础和创新的研究生教育管理新形态。当前，研究生教育管理存在着经验主义、结果导向等问题，亟待建立大数据驱动的研究生教育管理新范式、新方法，构建互联网 + 研究生教育管理决策新模式，进而为研究生教育重点建设过程监测、宏观规制提供科学依据和动态支撑。

---

① 谢桂华. 20 世纪的中国高等教育，学位制度与研究生教育卷 [M]. 高等教育出版社，2003: 322.

② 国务院关于积极推进"互联网 +"行动的指导意见 [EB/OL]. [2018-08-16]. http://www.gov.cn/zhengce/content/2015-07/04/content_10002.htm.

第三章

中国研究生教育质量保障体系建设

研究生教育质量保障体系是保证研究生教育质量达标、促进研究生教育质量卓越的相关体制机制的总和。研究生教育质量保障体系是一个历史的、动态的发展体系，其理念、制度和实践在不断变化和发展。为保证和提升研究生教育质量，研究生教育发达国家都建立有相应的研究生教育质量保障体系，形成了各具特点的质量保障模式。中国研究生教育质量保障体系是随着改革开放后研究生恢复招生、学位制度建立等不断发展完善，通过借鉴国际经验并结合中国研究生教育发展实际，建立的与学位授权审核相结合、以学位与研究生教育评估为主的质量保障体系，初步形成了研究生教育质量保障特色。研究生教育质量保障体系在中国研究生教育的各个发展阶段都发挥了重要作用，既适应了研究生教育事业快速发展的需要，也促进了研究生教育事业健康发展，加快了研究生教育大国向研究生教育强国转型的历史进程。

第一节　研究生教育质量保障体系的发轫和形成

改革开放以来，研究生教育质量保障体系的形成包括质量保障法规建设、机构建设、评估方法等方面。研究生教育质量保障的政策举措在 1978

级研究生[①]招生工作中就开始体现，国务院于1977年10月批转教育部《关于1977年高等学校招生工作的意见》中明确要求研究生招生要“择优录取，严格保证质量”。1980年通过立法、1981年起实施的《中华人民共和国学位条例》是研究生教育质量保障的基本依据，是研究生教育质量保障体系发展改革的基石。1980年年底成立的国务院学位委员会是研究生教育质量保障的核心机构，国务院学位委员会会议是研究生教育质量保障政策建设的重要决策形式。国务院学位委员会、教育部[②]代表中央政府开展研究生教育质量外部保障。首次国务院学位委员会会议的召开、国务院学位委员会日常办事机构国务院学位委员会办公室的设立和运转，标志着研究生教育质量保障体系的初步形成。

一、研究生教育质量保障政策与法规建设

研究生教育质量保障是改革开放后发展学位与研究生教育的实践需要，同时也具有明确的法律依据，相关的法规建设也在不断完善，对研究生教育质量保障提供了合法性和合规性。

《中华人民共和国学位条例》是研究生教育质量保障最早的法律依据。1980年2月12日，《中华人民共和国学位条例》（以下简称《学位条例》）经第五届全国人大常务委员会第十三次会议通过，自1981年1月起实施。《学位条例》是改革开放后通过的首部教育立法，对建立和完善教育法律体系具有标志性意义。《学位条例》对授予博士、硕士学位须达到的学术水平进行了规定。这实际上是对博士、硕士学位授予的合格质量标准的规定。《学位条例》还规定，学位授予单位及其可以授予学位的学科名单，由国务院学位委员会提出，经国务院批准公布。即高校和科研机构举办研究生教育，需要经过中央政府开展的学位授权审核。实施《学位条例》，要求学位授予单位

---

① 1978年1月，教育部《关于高等学校1978年研究生招生工作安排意见》决定将1977年、1978年两年研究生招生工作合并进行，统称为1978级研究生。

② 1985—1998年为国家教育委员会。

进行研究生学位授予必须达到一定的质量标准，而且举办研究生教育的资质也需要经过国务院学位委员会的行政审批，即研究生教育的出口和入口都要求进行质量保障，出口质量保障主要针对研究生个体，要求其毕业时达到规定的学术标准才能被授予博士硕士学位，入口质量保障主要针对学位授予单位、学位点，达到一定条件标准才有可能被国务院学位委员会授权审核增列为博士硕士学位授予单位、学位授权点。《学位条例》在建立学位制度的同时，实际上也赋予了研究生教育质量保障的合法性，即研究生教育质量保障有法可依，而且有法必依，即必须开展研究生教育质量保障，确保《学位条例》法律的实施。

《学位条例》之外的其他法律也对研究生教育质量保障相关的内容进行了规定。1995 年 3 月通过、1995 年 9 月实施的《中华人民共和国教育法》（以下简称《教育法》），1998 年 8 月通过、1999 年 1 月实施的《中华人民共和国高等教育法》（以下简称《高等教育法》）也对教育质量保障提供了合法性支持，包括研究生教育层次在内。《教育法》第二十三条规定：国家实行学位制度，“学位授予单位依法对达到一定学术水平或者专业技术水平的人员授予相应的学位，颁发学位证书。”本条规定要求授予学位须达到一定的条件标准。《教育法》第二十五条规定：“国家实行教育督导制度和学校及其他教育机构教育评估制度。”本条规定为各级教育质量保障提供了合法性依据。《高等教育法》第十六条规定：高等学历教育分为专科教育、本科教育和研究生教育。研究生教育应当符合的学业标准是：“硕士研究生教育应当使学生掌握本学科坚实的基础理论、系统的专业知识，掌握相应的技能、方法和相关知识，具有从事本专业实际工作和科学研究工作的能力。博士研究生教育应当使学生掌握本学科坚实宽广的基础理论、系统深入的专业知识、相应的技能和方法，具有独立从事本学科创造性科学研究工作和实际工作的能力。”本条规定与《学位条例》相呼应，规定了硕士研究生教育、博士研究生教育所要求的质量目标。《高等教育法》第二十二条规定：国家实行学位制度。学位分为学士、硕士和博士。“公民通过接受高等教育或者自学，其学业水平达到国家规定的学位标准，可以向学位授予单位申请授予相应的学位。”本条规定强调申请学位应达到质量标准。《高等教育法》第四十四条规定:“高等学校的办学水平、教育质量，接受教育行政部门的监督和由其组织的评估。”本条规定强调了外部质量保障的合法性。2015年修改后的《高等教育法》第四十四条规定:“高等学校应当建立本学校办学水平、教育质量的评价制度，及时公开相关信息，接受社会监督。教育行政部门负责组织专家或者委托第三方专业机构对高等学校的办学水平、效益和教育质量进行评估。评估结果应当向社会公开。”本条规定实际提出了高校内部质量保障和外部质量保障建设的要求，强调了内部质量保障体系的建立完善，以及外部质量保障的专业化和去行政色彩，同时要求信息公开已有利于利益相关者参与质量保障。

教育政策和行政法规也为研究生教育质量保障政策建设提供了重要支撑。教育政策方面，1985年5月，中共中央《关于教育体制改革的决定》提出扩大高校办学自主权，同时要求:“国家及其教育管理部门要加强对高等教育的宏观指导和管理。教育管理部门还要组织教育界、知识界和用人部门定期对高等学校的办学水平进行评估，对成绩卓著的学校给予荣誉和物质上的重点支持，办得不好的学校要整顿以至停办。”为配合科技体制改革，该决定还指出:“为了增强科学研究的能力，培养高质量的专门人才，要改进和完善研究生培养制度，并且根据同行评议、择优扶植的原则，有计划地建设一批重点学科。重点学科比较集中的学校，将自然形成既是教育中心，又是科学研究中心。”教育政策推动了教育行政法规建设，1990年10月31日，原国家教委发布了《普通高等学校教育评估暂行规定》，对高校评估目的、评估任务、评估标准、评估内容、评估形式、评估机构、评估职责等进行了规定，是首部高等教育评估行政性法规。指出评估的主要目的，“是增强高等学校主动适应社会需要的能力，发挥社会对学校教育的监督作用，自觉坚持高等教育的社会主义方向，不断提高办学水平和教育质量，更好地为社会主义建设服务。”将评估分为合格评估（鉴定）、办学水平评估和选优评估等三种基本形式，评估方案则包含评估标准、评估指标体系和评估方法，评估方案应在保证高校基本教育质量的基础上办出各自的特色。《普通高等学校教育评估暂行规定》的适用范围既包括本科教育，也包括研究生教育，为开展以评估为主要内容的研究生教育质量保障提供了规范，对指导研究生教育质量保障初期的实践有重要意义。

二、研究生教育质量保障机构建设

国务院学位委员会设立。《学位条例》第七条规定“国务院设立学位委员会，负责领导全国学位授予工作。”据此规定，1980年12月，国务院设立学位委员会。经国务院批准，成立国务院学位委员会办公室，作为国务院学位委员会的办事机构。1980年12月15日至18日，国务院学位委员会第一次（扩大）会议在北京召开。会议审议了《中华人民共和国学位条例暂行实施办法》，审议通过《国务院学位委员会关于审定学位授予单位的原则和办法》。同时，对1981年实施《学位条例》的工作部署和设立学科评议组等相关问题进行了讨论。会议认为“要坚持各级学位必要的统一要求，保证应有的质量，也要注意防止要求过高”。①1981年5月20日，国务院批转《关于国务院学位委员会第一次（扩大）会议的报告》，并批准《中华人民共和国学位条例暂行实施办法》。《关于国务院学位委员会第一次（扩大）会议的报告》提出，要从实际出发切实保证学位质量问题。“实施学位条例，必须把保证质量放在首位”。为了保证所授学位的质量，必须着重抓好课程考试和论文答辩、建立学位授予单位学位评定委员会、做好学位授予单位的审定工作、设立国务院学位委员会学科评议组等几项工作。

国务院学位委员会学科评议组设立。为了做好学位的授予工作，国务院学位委员会第一次（扩大）会议决定按学科门类设立学科评议组，作为国务院学位委员会领导的学术性工作组织，由学位委员会委员和具有指导博士生水平的专家组成（均为兼职）．学科评议组的主要任务是：评议和审核有权授予硕士学位和博士学位的高等学校和科研机构及其学科、专业；拟订各学科门类授予学位的学科、专业目录，协助制订贯彻实施学位条例的规章、办法；对于不

① 秦惠民．学位与研究生教育大辞典［M］．北京：北京理工大学出版社，1994.

能确保所授学位水平的单位，可以向国务院学位委员会提出停止或撤销其授予学位资格的建议；审议各有关部门和单位上报国务院学位委员会的有关授予硕士学位和博士学位的争议事项。①

设立专业学位研究生教育指导委员会。专业学位全国教育指导委员会（以下简称“专业学位教指委”）由国务院学位委员会、国家教育部与专业学位教育的有关业务指导部门联合成立的专业性组织。专业学位教指委依据专业学位类型而设立，委员会由相关的专家和领导组成，主要任务是研究本专业学位教育中的共性问题，协助政府加强对本专业学位研究生教育的指导与协调。1994 年 10 月 26 日，全国工商管理硕士（MBA）教育指导委员会成立。随着专业学位研究生教育的发展，各专业学位研究生教育指导委员会相继成立。

第二节　中国特色的研究生教育评估制度

研究生教育评估是国务院学位委员会、原国家教委、教育部、国务院教育督导委员会重视学位与研究生教育质量，加强对研究生教育工作的宏观指导和管理，保证研究生教育质量、学位授予质量，促进学位与研究生教育质量卓越的重要措施。研究生教育评估机构建设和实践活动针对中国学位与研究生教育现实问题而开展，既是国际高等教育质量保障运动的重要组成部分，同时具有很强的中国特色。通过一系列有特色的研究生教育评估实践活动，有力保障了各个发展时期的研究生教育质量，也找出了研究生培养过程中存在的差距与不足，为政府教育行政部门进行质量调控提供了政策依据，并且有效促进了研究生培养单位改进研究生培养过程和质量保政策，促进研究生教育大国和研究生教育强国建设。

① 国务院批转《关于国务院学位委员会第一次（扩大）会议的报告》. 1981-05-20.

一、学位授予质量检查和评价

学位授予质量检查和评价是改革开放后最早开展的研究生教育评估活动。从 1981 年实施《学位条例》到 1984 年底，各学位授予单位共授予 2.6 万人研究生硕士学位。[①]1985 年 2 月，国务院学位委员会第 6 次会议决定从 1985 年开始逐步建立各级学位授予质量检查和评价制度，这是国家加强对研究生教育进行宏观指导和质量管理的重要政策举措。1986 年 12 月，国家教委《关于加强和改进研究生工作的通知》提出："要加强研究生、学位授予质量和管理工作的检查与评价。各培养单位要定期进行自检和追踪调查，各有关部门和地区可以组织培养单位之间的互检，国家教育委员会会同国务院学位委员会有重点地进行检查和评价。对问题多的，要加以整顿。"

（一）政治经济学等 5 个学科专业硕士学位授予质量检查评价

1985 年，国务院学位委员会选择政治经济学、物理化学、有机化学、通信与电子系统、化学工程 5 个学科专业开展硕士学位授予质量评价试点，重点检查 1981 级研究生硕士学位授予质量。学位授予质量检查和评价的主要目的是确保学位制度建立初期的学位授予标准和学位授予质量，同时也是在检查学位授予单位的研究生培养条件、培养过程，规范学位授予单位的质量保障活动，既是对研究生教育质量达成度评价，也是对研究生教育质量的保障条件评价。在评估指标体系方面，以工学门类的硕士试点专业评价为例，包含课程及其教学（Q1）、科研能力培养及硕士学位论文（Q2）、培养条件（Q3）、管理工作（Q4）4 项一级指标，各一级指标权重分别为 0.35、0.35、0.15、0.15。被检学科专业点硕士学位授予质量评估的总积分为 Q，Q=0.35Q1+0.35Q2+0.15Q3+0.15Q4。各一级指标下有若干评估项目，并通过相应的评估要素对评估项目进行具体评价。1985 年硕士学位授予质量评估指标体系构成见表 3-1。

---

① 梁桂芝. 硕士学位授予质量检查和评估工作的初步探讨［J］. 学位与研究生教育，1985（3）：3—6.

表 3-1 1985 年硕士学位授予质量评估指标体系①

一级指标	评估项目	评估要素
课程及其教学（Q1）	基础理论与专门知识的培养（Q11）	各类课程（政治、外语、基础课、专业基础课和专业课）学时或学分的比例，学位课程的学时或学分的比例
		基础理论和专业课（包括必修和选修）的开课门数与水平
		主要课程的教学大纲
		学位课程选用的教材
		学位课程考试命题的深度、广度及考试方式
		主要课程的教学方式及效果
	外语教学水平（Q12）	基础外语水平
		专业阅读能力
		专业外语使用情况
	自学能力的培养（Q13）	
科研能力培养及硕士学位论文（Q2）	选题与综述（Q21）	论文选题
		资料综述
	能力培养（Q22）	实验
		科研与工作能力
		写作能力与学风
	论文成果（Q23）	工作量
		论文成果与新见解
		基础理论与专门知识的反映
培养条件（Q3）	师资队伍（Q31）	指导教师
		学术梯队
		公共基础课师资
	科研基础（Q32）	近期科研成果和水平
		当前的科研工作
		科研经费
	物质条件（Q33）	实验室及设备
		图书资料
		科研后勤
	学习与生活场所（Q34）	

① 刘晖，侯春山. 中国研究生教育和学位制度［M］. 北京：教育科学出版社，1988：156—157.

续表

一级指标	评估项目	评估要素
管理工作（Q4）	政治思想教育（Q41）	
	培养方案、计划的制定与执行（Q42）	
	学位授予工作（Q43）	
	管理规章制度及执行（Q44）	
	单位自检（Q45）	

（二）国家教委指导开展的硕士学位授予质量检查和评估

1986年，在国务院学位办、国家教委研究生司的政策指导下，农牧渔业部对北京农业大学等15个学位授予单位的农学门类的作物遗传育种专业开展了学位授予质量和研究生教育质量的检查和评估。专家评价结论为硕士学位授予质量好，达到了学位条例的基本要求。1987年，农牧渔业部又对农业经济及管理、动物营养学两个专业涉及的17个硕士点开展研究生教育和学位授予质量检查和评估。①

（三）财政学等3个专业的硕士点学位授予质量检查和评估

1986年，国务院学位办对财政学、货币银行学、国际金融3个专业的硕士点实施学位授予质量检查和评估，属于学位授予质量检查评估的继续试点。国务院学位办要求有上述专业的17家学位授予单位的31个硕士点开展自检，并组织专家进行实地考察，并请财政部、中国人民银行作为用人单位对毕业研究生开展社会评价，最后由专家小组根据包含5个一级指标、25个二级指标的“经济学硕士学位授予质量评价指标体系”对31个硕士点进行定性评价，对其中27个硕士点进行定量评价。评价结果表明，被评硕士点的学位授予质

① 吴镇柔，陆叔云，汪太辅. 中华人民共和国研究生教育和学位制度史［M］. 北京：北京理工大学出版社，2001.

量是合格的。[①]

（四）金属材料学科学位质量检查评价

根据国务院学位委员会第七次会议相关决定，1987年继续开展学位质量检查和评价试点。国务院学位办选择了金属材料一级学科下的6个专业的硕士、博士学位质量开展检查评价，既总结质量工作经验，也查找差距进行改进。[②]这也是国家首次对博士学位质量开展检查评价。博士学位质量检查评价与要素见表3-2。

表3-2 1987年金属材料学科博士学位质量检查评价与要素[③]

一级指标	评价项目	评价要素
政治思想教育	博士生政治思想表现	对四项基本原则的态度
		马克思主义理论水平
		事业心与学风
		遵纪守法与道德品质
课程学习	基础理论与专门知识	坚实宽广的基础理论与系统深入的专门知识的掌握
	外国语	第一外国语水平
		第二外国语水平
		自学能力
学位论文	选题与综述	论文选题
		资料综述
	论文水平	论文反映的基础理论与专门知识
		论文成果与创造性
	能力表现	论文表现出独立从事科学研究工作的能力

① 孟汇丽，徐伯良. 财政学、货币银行学、国际金融三个专业硕士学位授予质量检查和评价的工作情况［J］. 学位与研究生教育，1987（5）：47—51.

② 国务院学位委员会办公室，教育部研究生工作办公室. 学位与研究生教育文件选编［M］. 高等教育出版社. 1999：600—604.

③ 国务院学位委员会办公室，教育部研究生工作办公室. 学位与研究生教育文件选编［M］. 高等教育出版社. 1999：603.

续表

一级指标	评价项目	评价要素
培养条件	师资队伍	指导教师
		学术梯队
	科研基础	近期科研成果与水平
		目前科研工作
		科研经费
	物质条件	实验室条件
		图书资料
	学习生活场所	学习生活场所

二、学位授权点及其研究生教育质量评估

1990 年 10 月，国务院学位委员会第九次会议决定对现有博士、硕士学科专业分期分批进行检查和学位授予质量评估，促进学位点建设，保障研究生教育质量。

（一）科学社会主义等 3 个专业学位授予与研究生教育质量评估

根据国务院学位委员会对已授权学位授予单位及其学位点进行复查和质量评估的政策精神，为促进哲学社会科学学位与研究生教育的发展与改革，1991 年，国务院学位办、国家教委研究生工作办公室以科学社会主义、国际共产主义运动、民族民主运动三个专业为对象，开展了学位点与研究生教育质量的检查和评估，涉及 29 家学位授予单位的 40 个硕士点和 6 个博士点。评估工作分三个阶段进行，包括自我评估、专家实地考评、论文评阅和总结评估。专家组评估后认为，3 个专业的研究生教育的主流是好的，学位授予质量基本得到保证，但也存在一些需要改进的问题，以适应培养马克思主义理论接班人的需要。①

① 坚持社会主义办学方向　为建设有中国特色的文科研究生教育而努力奋斗——科学社会主义等专业学位授予与研究生教育质量评估的实践［J］. 学位与研究生教育，1992（1）：5—9.

（二）理工科学位点及其研究生教育评估

1990 年，国务院学位委员会第 9 次会议决定通过检查和评估来促进学位点建设，对已有博士硕士学位点进行复查，并对博士硕士学位授予质量开展评估。根据这一精神，1990 年 10 月 30 日，国务院学位委员会、国家教委发布《关于 1991—1992 年理工科进行学位和研究生教育评估工作的通知》，决定对理工科前三批（1990 年前）获批的博士硕士学位点及其研究生教育开展评估。为做好此项工作，国务院学位办在物理学、动力工程及工程热物理、航空与宇航技术等三个一级学科所包含的二级学科进行试点，共涉及 33 个二级学科、390 个硕士点、149 个博士点。物理学、动力工程及工程热物理所包含的学科由国务院学位委员会、原国家教委组织实施，航空与宇航技术所包含的学科由原航空航天工业部组织实施。评估以学位授予单位对学位点的自我评估为基础进行，结合用人单位调查、专家通讯评议及实地考察等展开。为加强对学位授予单位自我评估的指导，国务院学位委员会制定了《关于做好学位和研究生教育自我评估工作的几点意见》。截至 1993 年 8 月，此次评估试点活动顺利结束。根据评估结果，国务院学位委员会对 2 个硕士点暂停授权、限期整顿，对 7 个硕士点暂时保留授权、限期改进提高，这是国务院学位委员会首次对评估不合格的学位点出示红牌、黄牌，对促进学位授予单位保障学位与研究生教育质量起到了引导作用。同时，评估结果受到肯定的学位授予单位及其学位点则在博士生导师审核、博士点增列获得推荐。①

（三）委托开展的系列学位和研究生教育质量检查和评估

1992—1996 年国务院学位委员会委托开展了系列学位和研究生教育质量检查和评估，包括委托有关部委和委托地方两种形式。

委托有关部委进行评估。1992—1996 年，国务院学位办还委托有关部委或者会同相关部委开展了系列学位和研究生教育质量检查和评估工作。如根据委托，国家中医药管理局于 1992 年发布《关于进行中医药研究生教育与学位授予质量评估工作的通知》。1992 年，林业部学位委员会发布《关于

① 吴镇柔，陆叔云，汪太辅．中华人民共和国研究生教育和学位制度史［M］．北京：北京理工大学出版社，2001.

开展林科研究生教育和学位授予质量评估工作的通知》。1992—1994年，农业部教育司和国务院学位办共同组织实施农科博士学位授予质量和研究生教育质量评估。

委托地方教育行政部门组织实施评估。为保证学位授予质量、提高研究生教育质量，1992—1996年，国务院学位委员会委托上海、江苏、四川、陕西和湖北五省市的学位委员会和教育委员会分别牵头，组织实施对上海片（上海、福建、浙江）、江苏片（江苏、山东、安徽、江西）、西南片（四川、贵州、云南、广西）、西北片（陕西、甘肃、宁夏、青海、新疆）和华中片（湖北、湖南、河南）的若干通用学科的硕士点开展学位授予质量检查和研究生教育评估，涉及的学科有中国语言文学、历史学、生物学、理学和哲学、经济学、外国语言文学、数学、化学、管理科学与工程、自动控制等共11个一级学科。①

三、研究生教育评估机构建设

研究生教育评估机构建设是顺利实施研究生教育评估的重要保障，适应了政府职能转变的需要，是中国特色研究生教育制度的重要组成部分。

（一）高等学校与科研院所学位与研究生教育评估所

为建立完善研究生教育评估制度，引入竞争，提高研究生教育质量，促进国家对学位与研究生教育管理职能的转变，国务院学位委员会于1994年4月专门发函，委托北京理工大学建立“学位与研究生教育评估咨询机构”。②1994年7月29日，中国第一家专门从事学位与研究生教育评估的事业机构“高等学校与科研院所学位与研究生教育评估所”在北京成立，属于非营利性机构，受国务院学位委员会、国家教委委托开展学位与研究生教育

① 吴镇柔，陆叔云，汪太辅．中华人民共和国研究生教育和学位制度史［M］．北京：北京理工大学出版社，2001.

② 国务院学位委员会办公室，教育部研究生工作办公室．学位与研究生教育文件选编［M］．北京：高等教育出版社，1999：610.

评估及相关咨询服务，并承担了国家自然科学基金项目“研究生教育评估技术的研究”（图 3-1）。①②

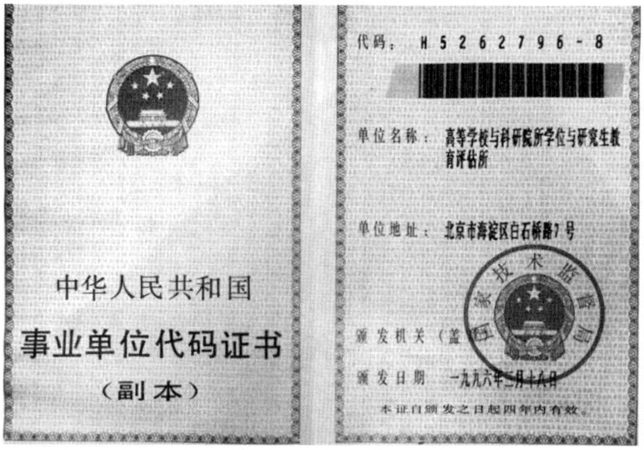

图 3-1　高等学校与科研院所学位与研究生教育评估所事业单位代码证书

按照政、事分开的原则，学位与研究生教育评估的方针、政策及评估结果认定等由国务院学位委员会、国家教委确定，评估的组织实施等事务由“高等学校与科研院所学位与研究生教育评估所”开展。根据政事分开原则，受国务院学位委员会、国家教委委托，“高等学校与科研院所学位与研究生教育评估所”组织实施了研究生院评估、按一级学科进行学位与研究生教育评估和按一级学科行使博士学位授权审核试点、对授予同等学力的在职人员硕士学位工作的检查评估、前四批博士硕士学位授权点基本条件合格评估等具有历史意义的研究生教育评估实践活动，对研究生教育评估的理论与实践的深入发展具有重要价值。③

（二）教育部学位与研究生教育发展中心

1998 年 11 月，国务院学位委员会、教育部决定建立“学位与研究生教育发展中心”，为挂靠清华大学的事业单位，接受国务院学位办、教育部研究生工作办公室的指导，承担研究生教育评估等相关工作。1998 年 12 月，国务院学位委员会致函兵器工业总公司，将“高等学校与科研院所学位与研究生教育评估所”成建制归并到“学位与研究生教育发展中心”。2003 年，“教育部学位与研究生教育发展中心”（简称“教育部学位中心”）在上述机构发展的基础上

① 陈玉琨，李如海. 我国教育评价发展的世纪回顾与未来展望［J］. 华东师范大学学报（教育科学版），2000（1）：1—12.

② 王战军. 学位与研究生教育评估技术与实践［M］. 北京：高等教育出版社，2000：8—9.

③ 赵沁平. 社会发展的需要　改革开放的成就——中国学位与研究生教育 50 年发展回顾［J］. 学位与研究生教育，1999（5）：3—8.

正式成立，成为教育部从事学位与研究生教育评估的专业机构，属于事业单位性质。

四、学位与研究生教育评估项目

（一）研究生院评估

研究生院是中国研究生培养的重要基地，体现中国研究生教育的质量和水平。1984—1986年，国家相继批准33所高校试办研究生院，集中资源打造研究生教育重镇。截至1994年9月，研究生院培养的博士占全国毕业博士的53%、硕士占全国毕业硕士的42%。[①] 为检验办学效果、总结经验，1995年，原国家教委委托“高等学校与科研院所学位与研究生教育评估所”（以下简称“评估所”）对33所研究生院进行评估。

研究生院评估是“评估所”成立后承担的首项评估任务。“评估所”经过充分的准备接论证，制定了客观评估和主观评估相结合的指标体系。客观评估的依据是被评估的研究生院填报的《研究生院评估基本数据汇总表》中所提供的相关数据。主观评估是指社会评估，即聘请专家或社会人士对部分评估项目开展评估，包括对博士学位论文水平的评估、对研究生院管理水平的评价、对研究生院声誉的调查等。研究生院的评估指标体系包括研究生培养及质量、学科建设及成果、研究生院机构建设等3项一级指标，包含16项二级指标。研究生院评估指标体系的特点是效益评估与规模评估相结合、客观评价与主观评价相结合，评估的重点在于质量和效益，确保评估结果对不同类型的高校具有较强的可比性，确保评估结果科学、客观、公正。

研究生院评估期间，“评估所”发放各类评价表、调查表共6148份，返回4444份，总返回率为72%。研究生院评估各主要指标排名前三的分别是：随机抽取博士学位论文评阅成绩：吉林大学、中国科学技术大学、复旦大学；学校选优论文评阅成绩：上海医科大学、北京大学、清华大学；课程建设：北京

① 王亚杰，刘桔．研究生院评估的收获与不足［J］．学位与研究生教育，1996（3）：65—68.

大学、清华大学、上海交通大学；博士生在校期间发表论文情况：华中理工大学、南京大学、西北工业大学；导师队伍情况：浙江大学、清华大学、中国人民大学；在中文重要期刊论文发表数：北京大学、南京大学、北京医科大学；SCI、ISTP、EI 检索发表的论文数：清华大学、北京大学、南京大学；1991—1993 年获国家重大科研奖励情况：清华大学、华中理工大学、北京大学；研究生院管理水平：清华大学、西安交通大学、南京大学。① 研究生院评估综合排序前十的依次为：清华大学、北京大学、南京大学、复旦大学、西安交通大学、浙江大学、哈尔滨工业大学、上海交通大学、华中理工大学、中国科学技术大学。②1995 年研究生院评估指标体系见表 3-3。

表 3-3　1995 年研究生院评估指标体系 ③

一级指标	二级指标	评估要素
研究生培养及质量（0.40）	德育（专项评估）	
	生源状况及在校生规模、效益（0.20）	博士生数
		硕士生数
		每博士点平均培养博士生数
		每硕士点平均培养硕士生数
		硕士生统考入学成绩
	研究生课程建设（0.15）	正高职开课人数所占比例
		研究生教材及获奖情况
		研究生教学成果获奖情况
	博士生在校期间发表论文情况（0.15）	
	博士学位论文水平（专项评估）（0.40）	
	对毕业研究生的评价（0.10）	

① 研究生院评估各主要指标前十名［J］. 学位与研究生教育，1995（6）：59.

② 王战军. 学位与研究生教育评估技术与实践［M］. 北京：高等教育出版社，2000：163.

③ 王战军. 学位与研究生教育评估技术与实践［M］. 北京：高等教育出版社，2000：146—148.

续表

一级指标	二级指标	评估要素
学科建设及成果（0.40）	重点学科点及学位授权点（0.20）	硕士点数
		博士点数
		博士后流动站数
		国家重点学科数
		国家重点实验室、工程中心
	导师队伍（0.20）	导师总数
		有博士学位的导师所占比例
		生师比
	科研经费（0.20）	总经费
		导师年人均科研经费
	在国内外重要刊物发表论文情况（0.20）	
	获重大科研奖励情况（0.20）	
研究生院机构建设（0.20）	研究生院职责履行情况（0.10）	机构设置及职责范围
		研究生院统一管理使用的业务经费比例
	干部队伍素质（0.20）	学历结构
		职称结构
		学位与研究生教育管理方面公开发表的论文数
	办公自动化水平（0.10）	计算机台数
		3000元以上其他设备数
	规章制度执行情况（0.10）	
	管理水平评价（0.50）	

注：一级指标和二级指标后面括号内的数据为权重

（二）建筑学专业学位研究生教育评估

1995年1月，国务院学位办委托全国高校建筑学专业教育评估委员会组织开展建筑学硕士学位评估试点，评估标准为《全国高校建筑学硕士学位研究生教育评估标准（试点用）》。经评估，清华大学、天津大学等8所高校于1996年4月获批进行授予建筑学硕士学位试点，浙江大学、湖南大学等4所高校于1996年7月获批进行授予建筑学硕士学位试点。

针对建筑学专业学位研究生教育开展的评估，是国内首次对专业学位研究生教育开展评估，并且将评估结果与专业学位授权审核相结合。对随后开展的其他种类的专业学位研究生教育评估具有示范作用。

（三）一级学科评估试点与学科授权审核政策

为改革学位授权审核机制，促进研究生培养质量提升，1995—1996 年，受国务院学位委员会委托，“评估所”组织实施了数学、化学、力学、电工、计算机科学与技术等五个一级学科评估。经相关学科评议组审核，259 个参加合格评估的博士点中，有 244 个通过评估，有 15 个评估不合格，被国务院学位委员会亮牌警告。五个一级学科排行榜通过媒体向社会公布。此次一级学科评估试点与一级学科博士点授权审核相结合，根据评估结果，有 25 个博士点经国务院学位委员会授权获得一级学科博士点授权。一级学科选优评估指标体系见表 3-4。

这是首次按照一级学科开展学科评估，同时也是首次将学科整体水平评估结果与学位授权审核相结合，具有很强的中国特色和实际意义。

表 3-4　一级学科选优评估指标体系[①]

一级指标	二级指标	评估要素
学科状况	学位授权点及重点学科、重点实验室	博士点数
		硕士点数
		国家级重点学科数
		国家级重点实验室
	研究方向及学术队伍	
	教学及科研条件	
	科研项目及水平	
科研成果	科研获奖情况	国家级奖项数
		省、部级奖项数
	发表论文、专著数	国内重要期刊发表论文总数
		国外三大检索收录论文数
		出版专著数

① 王战军. 学位与研究生教育评估技术与实践［M］. 北京：高等教育出版社，2000：189.

续表

一级指标	二级指标	评估要素
研究生培养	招生及授予学位情况	在校博士生总数
		在校硕士生总数
		授予博士学位总数
		授予硕士学位总数
		硕士生平均入学统考成绩
		博士生在校期间人均发表论文数
	课程建设	
	博士学位论文综合评价	

（四）在职人员以同等学力申请学位工作的检查评估

1996—1997年，国务院学位委员会开展在职人员以研究生毕业同等学力申请硕士学位工作检查评估，委托“评估所”实施。此次评估首次将社会监督机制引入，将监督信箱、举报电话通过媒体向社会公布。根据评估结果，对存在问题较多的高校，国务院学位委员会进行了通报批评，责其作出检查并进行限期改进。同时，国务院学位办也提出了改进措施，对在职人员申请学位的管理工作进行了规范。①

（五）学位授权点合格评估

学位授权点合格评估是研究生教育评估的核心形式，其评估的内容和模式适应时代变化不断进行改革，经历了1997年启动学位点基本条件合格、2005年启动的学位点定期评估、2014年启动的学位点合格评估（含学位点专项评估），是研究生教育质量保障的重要政策工具。

1. 学位点基本条件合格评估

1995年11月，国家教委《关于进一步改进和加强研究生工作的若干意见》提出：“建立和完善研究生教育质量监督和评估制度，加强和改进评估工作。”

① 王战军，林梦泉，赵瑜，侯富民. 授予同等学力在职人员硕士学位质量检查评估与分析［J］. 高等教育研究，1998（5）：48—51.

受国务院学位委员会委托，1997 年，“评估所”对前四批博士、硕士学位点开展了基本条件合格评估。这是学位与研究生教育首次开展大规模、大范围的评估，共有 1718 个博士点、646 个硕士点参加评估。评估结果表明，未通过合格评估的博士点有 4.5%，未通过合格评估的硕士点有 10.3%。对未通过评估的学位点，视评估情况作出责其改进、暂停招生或暂停授权、暂停招生和授权、撤销授权等四种形式的处理意见。评估结果表明，有些学位点不适应社会发展需要，有些学位点研究方向老化，研究生教学内容陈旧、教学方法简单、实验设备落后，培养的研究生跟不上科技发展，博士学位论文水平需要提高，特别是学位与研究生教育信息管理方面需加强。[①] 博士、硕士学位授权点基本条件合格评估指标体系分别见表 3–5 和表 3–6。

表 3–5 1997 年博士学位授权点基本条件合格评估指标体系 [②]

一级指标	二级指标
学术队伍	学术梯队情况
	学术带头人情况
	研究方向
科学研究	在研项目及经费
	发表论文、专著情况
	获奖情况
研究生培养的物质条件	
研究生培养	招生及授予学位情况
	课程设置情况
	研究生培养质量
思想政治工作及管理工作	

① 王战军. 加强评估 保证质量［N］. 中国教育报，1999-01-21.
② 王战军. 学位与研究生教育评估技术与实践［M］. 北京：高等教育出版社，2000：204.

表 3-6　1997 年硕士学位授权点基本条件合格评估指标体系 [①]

一级指标	二级指标
学术队伍	学术梯队情况
	学术带头人情况
	研究方向
科学研究	在研项目及经费
	发表论文、专著情况
	获奖情况
研究生培养的物质条件	
研究生培养	招生及授予学位情况
	课程设置情况
	研究生教材建设情况
	研究生培养质量
思想政治工作及管理工作	

2. 学位点定期评估

2000 年 1 月，教育部制定《关于加强和改进研究生培养工作的几点意见》，提出要完善质量保证体系，“逐步建立对学位授权点进行定期评估的制度”。为完善学位与研究生教育质量保障机制，2005 年，国务院学位委员会制定《关于开展对博士、硕士学位授权点定期评估工作的几点意见》。学位点定期评估的主要内容是学位点取得授权以来学术队伍的变化情况、人才培养质量等情况、科研项目及科研成果等情况。定期评估每 6 年进行一次，博士点定期由国务院学位办组织，硕士点定期评估则委托省级及军队学位委员会实施。根据定期评估结果，国务院学位委员会作出继续授权、限期整改、终止授权等决定。学位点定期评估属于合格评估性质，是完善学位与研究生教育质量保证机制的重要内容，旨在以评促建，建立培养单位自我评估机制，

① 王战军. 学位与研究生教育评估技术与实践［M］. 北京：高等教育出版社，2000：205.

推动学位授权点水平提升，同时根据评估结果建立学位点有上有下的动态管理机制。根据学位点定期评估的相关意见，2005 年，国务院学位委员会委托教育部学位中心实施博士点定期评估，评估范围为 1998 年前取得授权的博士点，具有国家重点学科的博士点和获评两篇以上全国优秀博士学位论文的博士点不在评估范围。博士点定期包括自我评估、基本状态评价、博士学位论文抽查三个环节。要求自我评估报告字数不超过 2000 字，主要总结本学科点获得授权以来的研究生培养和学科建设情况。①论文抽查方面，一级学科博士点抽查论文篇数为 5 篇，二级学科博士点抽查论文篇数为 3 篇。国务院学位办《关于 2005 年博士学位授权点评估工作的通知》将评估参照的基本要求以附件形式公布，包括博士学位授权一级学科基本要求、博士学位授权学科、专业基本要求。博士点定期评估具有强制性，列入评估范围应该参加评估但没有参评的博士点，被视为放弃学位点授权。共有 577 个学科点（一级学科博士点 84 个、二级学科博士点 493 个）参加本次博士点定期评估，抽查博士学位论文 1563 篇。②根据评估结果，有 3 个博士点评估不合格或主动申请撤点，被撤销授权。有 22 个的博士点“存在一定问题，需经整改才能合格”。2008 年整改重新评估后，有 18 个博士点评估合格，继续获得博士点授权，有 4 个博士点评估不合格，被撤销博士点授权。③即首轮博士点定期评估共有 7 个博士点被撤销授权，包括 1 个一级学科博士点和 6 个二级学科博士点。2006 年，国务院学位委员会委托省级学位委员会和军队学位委员会对硕士点开展定期评估，④评估范围为 1998 年前获得授权的硕士点。硕士点定期评估包括自我评估、基本状态评价和硕士学位论文抽查等三个环节。根据评估结果，有 25 个硕士点评估不合格或主动申请撤点，被撤销授权，有 71 个的硕士点“存在一

① 国务院学位办.《关于“博士学位授权点自我评估报告”》（学位办［2005］31 号）. 2005.

② 郑晓梅，龚桢梽. 2005 年博士学位授权点定期评估通讯评议结果浅析及思考［J］. 学位与研究生教育，2007（7）：18—21.

③ 国务院学位委员会.《关于下达 22 个博士学位授权学科点评估结果及处理意见的通知》（学位［2009］7 号）. 2009.

④ 国务院学位委员会.《关于委托省级学位委员会和军队学位委员会开展硕士学位授权点定期评估工作的通知》（学位［2006］11 号）. 2006.

定问题，需经整改才能合格”。2009年整改重新评估后，有63个硕士点评估合格，继续获得硕士点授权，有4个硕士点评估不合格，另外有4个硕士点自评主动撤点，共有8个硕士点在此轮定期评估中被撤销授权。[①] 即首轮硕士点定期评估有33个硕士点被撤销授权。

3. 学位点合格评估

2010年，《国家中长期教育改革和发展规划纲要（2010—2020年）》提出："建立健全教育质量保障体系。"2012年，教育部出台《关于全面提高高等教育质量的若干意见》，对研究生教育质量保障提出："加强学位授权点建设和研究生培养质量监控，坚持自我评估和随机抽查相结合，每5年对博士、硕士学位授权点评估一次。"2014年，国务院学位委员会、教育部出台了《关于加强学位与研究生教育质量保证和监督体系建设的意见》。根据这些意见，为保证学位与研究生教育质量，国务院学位委员会、教育部于2014年制定了《学位授权点合格评估办法》。学位授权点合格评估的周期为6年一轮，所有获得授权满6年的博士、硕士学位点均须参加合格评估，重点评估的是研究生教育质量和学位授予质量。学位点合格评估分为学位授予单位自评和教育行政部门随机抽评两个阶段，每个评估周期的前5年为自评阶段，随机抽评则在最后1年进行，抽评比例不低于20%，抽评依据是学位授予单位自评阶段公开的《学位授权点自我评估总结报告》，评价标准则是国务院学位委员会制定的《博士硕士学位基本要求》。对于新增学位授权点，首先要在授权满3年后接受专项合格评估，专项合格评估合格才能进入周期6年的合格评估。专项合格评估由国务院学位办统一开展，委托国务院学位委员会学科评议组实施学术学位点专项评估，委托全国专业学位研究生教育指导委员会实施专业学位点评估。学位授权点合格评估随机抽评阶段的抽评要素见表3-7。

① 国务院学位委员会.《关于下达71个硕士学位授权点评估结果及处理意见的通知》（学位［2010］10号）. 2010.

表 3-7 学位授权点合格评估随机抽评阶段的抽评要素[①]

一级要素	二级要素	主要内容
1. 目标与标准	1.1 培养目标	本学位点培养研究生的目标定位
	1.2 学位标准	本学位点授予博士、硕士学位的基本标准
2. 基本条件	2.1 培养方向	本学位点的主要培养方向简介
	2.2 师资队伍	各培养方向带头人、主要师资队伍情况
	2.3 科学研究	本学位点已完成的主要科研项目以及部分在研项目的情况
	2.4 教学科研支撑	本学位点支撑研究生学习、科研的平台情况
	2.5 奖助体系	本学位点研究生奖助体系的制度建设、奖助水平、覆盖面等情况
3. 人才培养	3.1 招生选拔	学位授权点研究生报考数量、录取比例、录取人数、生源结构情况，以及为保证生源质量采取的措施
	3.2 课程教学	本学位点开设的核心课程及主讲教师。课程教学质量和持续改进机制
	3.3 导师指导	导师队伍的选聘、培训、考核情况。导师指导研究生的制度要求和执行情况
	3.4 学术训练（或实践教学）	研究生参与学术训练的情况，专业学位研究生参与实践教学的情况，包括制度保证、经费支持等
	3.5 学术交流	研究生参与国际国内学术交流的基本情况
	3.6 分流淘汰	研究生特别是博士生分流情况，提供研究生分流淘汰相关数据
	3.7 论文质量	本学位点学位论文在各类论文抽检、评审中的情况和论文质量分析
	3.8 学风教育	本学位点科学道德和学术规范教育情况，学术不端行为处罚情况
	3.9 管理服务	研究生权益保障制度建立情况，在学研究生学习满意度调查情况
	3.10 就业发展	本学位点毕业研究生的就业率、就业去向分析，用人单位意见反馈和毕业生发展质量调查情况

注：本抽评要素仅供随机抽评使用，是教育行政部门评价学位授权点的主要内容

2014 年开展了首次学位点专项合格评估。专项评估范围为 2009—2011 年取得授权的博士、硕士学位点，共计 2296 个。其中，学术学位点 381 个、专业学位点 1915 个（含 311 个工程领域），涉及一级学科 78 个、专业学位类别

① 国务院学位委员会. 教育部《关于开展学位授权点合格评估工作的通知》（学位［2014］16号）. 2014.

37 种、学位授予单位 447 家。根据专家评议意见，2097 个学位点评估结果为“合格”；95 个学位点评估结果为“限期整改”，其中博士学位点 5 个、硕士学位点 90 个；50 个学位点评估结果为“不合格”，包括博士学位点 5 个、硕士学位点 45 个。另外，有 54 个学位点的学位授予单位主动放弃授权。①

（六）学科评估

学科评估是教育部学位中心开展的一级学科水平评估，属于第三方评估，学位授予单位可自愿参加。学科评估按照《学位授予与人才培养学科目录》分一级学科进行，平均每 4 年进行一次。自 2002 年创造性开展第一轮学科评估以来，学科评估的社会影响越来越广泛，学位授予单位参加的积极性不断提高。2002—2004 年，第一轮学科评估有 229 所学位授予单位的 1366 个学科参评。2006—2008 年，第二轮学科评估有 331 所学位授予单位的 2369 个学科参评。2012 年，第三轮学科评估有 391 所学位授予单位的 4235 个学科参评。2016 年，第四轮学科评估有 513 所学位授予单位的 7449 个学科参加，涉及 95 个一级学科。

2016 年，第四轮学科评估保持之前评估的 4 个一级指标，分别是师资队伍与资源、人才培养质量、科学研究水平、社会服务与学科声誉，并设置人文、社科、理工、农学、医学、管理、艺术、建筑、体育共 9 套指标框架，每个学科各自设置不同的权重。第四轮学科评估的指标体系将人才培养置于首位，引导高校关注青年教师发展和师资队伍结构质量，强化对社会服务贡献的评价，强化分类评估以引导高校注重学科特色发展和学科内涵建设。在评估技术方面实施主观评价和客观评价相结合的办法，按照“归属度”认定跨学科成果，对同一门类学科施行“绑定参评”，并在数学、物理和化学等 6 个学科探索开展国际同行评价学科声誉。第四轮学科评估的结果采取“分档”方式进行呈现，即按照“学科整体水平得分”的位次百分位，将排名前 70% 的学科分为 9 个档次：A+ 为前 2%（或前 2 名），A 为 2%—5%（不含 2%，下同），A- 为 5%—10%，B+ 为 10%—20%，B 为 20%—30%，B- 为 30%—40%，C+ 为 40%—

① 柴葳. 学位点评估将成教育质量监测常态——国务院学位办有关负责人解读 2014 年学位授权点专项评估结果［N］. 中国教育报，2016-04-01.

50%，C 为 50%—60%，C- 为 60%—70%。460 所高校的 5112 个学科获分档排名（列前 70%）。其中，A+ 档学科 210 个、A 档学科 156 个、A- 档学科 344 个、B+ 档学科 722 个、B 档学科 736 个、B- 档学科 729 个、C+ 档学科 761 个、C 档学科 725 个、C- 档学科 729 个。在第四轮学科评估中，清华大学、北京大学的评估结果最为突出，均有 21 个 A+ 学科。清华大学有 54 个学科参评，获得 A 类（含 21 个 A+、8 个 A、8 个 A-）的学科为 37 个。北京大学有 50 个学科参评，获得 A 类（含 21 个 A+、11 个 A、3 个 A-）的学科为 35 个。

第一轮至第四轮学科评估的部分指标体系见表 3-8 至表 3-11。

表 3-8　2002—2004 年第一轮学科评估指标体系（工学类）①

一级指标	二级指标	三级指标
学术队伍	具有博士学位的人员占全部专职教师和研究人员的百分比	
	院士人数	
	专职教师与研究人员总数	
科学研究	科研基础	国家重点学科数、国家重点实验室数、国防重点实验室数
		省部级重点学科数、省部级重点实验室数、国家工程（技术）研究中心数
	获奖、专利情况	国家级一等奖
		国家级二等奖
		发明专利数
	发表论文情况	在国内核心期刊发表学术论文篇数
		人均在国内核心期刊发表学术论文篇数
		SCI 收录论文篇数
		人均 SCI 收录论文篇数
		EI 收录论文篇数
		人均 EI 收录论文篇数
	科研经费情况	近三年国家级科研项目经费
		近三年人均科研经费
		近三年国际合作科研项目经费

① 评估所. 学科评估综述［J］. 中国研究生，2004（增刊）：4—7.

续表

一级指标	二级指标	三级指标
人才培养	获优秀教学成果奖情况	国家级特等奖数
		国家级一等奖数
		国家级二等奖数
	学生情况	授予博士学位数
		授予硕士学位数
		目前在校攻读博士、硕士学位的留学生数
	全国优秀博士学位论文数	
学术声誉		

注：2002—2004 年第一轮学科评估指标体系分为人文社科类、农学类、理学类、工学类、医学类、管理类 6 类。本表为工学类的学科评估指标体系

表 3-9　2007—2009 年第二轮学科评估指标体系 ①

一级指标	二级指标	三级指标
学术队伍	教师情况	专职教师及研究人员总数
		具有博士学位人员占专职教师及研究人员比例
	专家情况	中国科学院、工程院院士数（仅对设立院士的学科门类）
		长江学者、国家杰出青年基金获得者数
		百千万人才工程一二层次入选者、教育部跨世纪人才、新世纪人才数
科学研究	科研基础	国家重点学科、国家重点实验室、国防科技重点实验室、国家工程技术研究中心、国家工程研究中心、教育部人文社科基地数
		省部级重点学科、省部级重点实验室、省级人文社科基地数
	获奖专利	获国家三大奖、教育部高校人文社科优秀成果奖数
		获省级三大奖及“最高奖”、省级哲学（人文）社科成果奖数，以及获中华医学科技奖、中华中医药科技奖数
		获发明专利数（仅对“工学、农学、医学”门类）
	论文专著	CSCD 或 CSSCI 收录论文数
		人均 CSCD 或 CSSCI 收录论文数
		SCI、SSCI、AHCI、EI 及 MEDLINE 收录论文数
		人均 SCI、SSCI、AHCI、EI 及 MEDLINE 收录论文数
		出版学术专著数
	科研项目	境内国家级科研项目经费
		境外际合作科研项目经费
		境内国家级及境外合作科研项目数
		人均科研经费

① 教育部学位与研究生教育发展中心. 学科评估工作简介［J］. 中国研究生，2009（1）：47—48.

续表

一级指标	二级指标	三级指标
人才培养	奖励情况	获国家优秀教学成果奖数
		获全国优秀博士学位论文及提名论文数
	学生情况	授予博士学位数
		授予硕士学位数
		目前在校攻读博士、硕士学位的留学生数
学术声誉	学术声誉	学术声誉

注：指标体系中，各指标的权重采用“专家咨询法”确定。即在学术声誉调查的同时，征求专家对指标权重的意见，再综合处理后得到权重集

表 3-10　2012 年第三轮学科评估指标体系①

一级指标	二级指标	指标说明
A 师资队伍与资源	A1. 专家团队情况	院士、千人计划入选者、长江学者、国家杰出青年科学基金获得者、百千万人才工程国家级人选、国家级教学名师、马工程首席专家、国家四个一批人才、教育部新世纪人才，以及国家自然基金委创新群体、教育部创新团队；体育学科还包括规定范围内的优秀运动员、教练员、裁判员
	A2. 生师比	博士、硕士授权学科分别考虑。生师比过高或过低均不为最佳状态，最佳区间的划分由各学科专家确定
	A3. 专职教师情况（设置上限）	本学科专职教师和研究人员总数。此指标设“上限”，超过上限值的均为满分，不按规模的增大递增得分
	A4. 重点学科、重点实验室情况	①国家重点学科及省级重点学科情况；②国家级及省部级重点实验室、基地、中心情况
B 科学研究水平	B1. 代表性学术论文质量（含国内和国外，定性和定量）	①国内、国外收录的代表性学术论文的他引次数及 ESI 高被引论文情况；②提供规定篇数的高水平学术论文，由专家进行主观评价；（①和②不针对体育及艺术类）③在 SSCI、AHCI 及 CSSCI、CSCD 源期刊上人均发表的学术论文数（仅对人文社科类、管理门类与艺术门类）；计算机 A 类论文数（仅对计算机类）
	B2. 科学研究获奖情况	①国家自然科学奖、技术发明奖、科技进步奖；②教育部高校科研成果奖（科学技术、人文社科）；③省级自然科学奖、技术发明奖、科技进步奖，省级哲学人文社科奖

① 2012 年学科评估指标体系［EB/OL］.［2018-08-16］. http://www.cdgdc.edu.cn/xwyyjsjyxx/xxsbdxz/277134.shtml.

续表

一级指标	二级指标	指标说明
B 科学研究水平	B3. 出版学术专著或转化成果专利情况（部分学科考察出版学术专著情况，部分学科考察成果专利转化情况）	①学术专著仅统计“著”的情况，不含编著、译著等；②专利仅统计已转化或应用的发明专利与国防专利，需提供相关证明
	B4. 代表性科研项目情况（含人均情况）	① 973 计划、863 计划、支撑计划等科技部项目，国家自然科学基金，国家社科基金，全国教育科学规划课题；②教育部社科基金、国家清史纂修工程项目、全国高校委会项目；③其他省部级项目（省人文社科、哲学社科基金，省自然科学基金等）；④ 30 项其他重要科研项目（如横向项目）情况
	B5. 艺术创作水平（仅对艺术门类学科，不含艺术学理论）	代表性艺术创作成果，由学科专家进行主观评价
	B6. 建筑设计水平（仅对建筑类学科）	设计作品获得国际、国内重要奖项情况
C 人才培养质量	C1. 教学与教材质量	①国家级和省级优秀教学成果奖；②国家级规划教材与精品教材情况；③优秀案例情况（仅对工商管理学科）
	C2. 学位论文质量	①全国优秀博士学位论文入选论文与提名论文数，及计算机学会优博论文数（仅对计算机学科）或 MPA 优秀专业硕士学位论文数（仅对公共管理学科）；②全国博士学位论文抽检情况
	C3. 学生国际交流情况	①授予学位的境外留学生情况；②派出境外交流（时间须超过规定时限）的学生情况；
	C4. 学生体育比赛获奖（仅对体育学科）	在校学生在校期间，获世界比赛、全国比赛单项前三名或团体前六名的奖项数
	C5. 优秀在校生及毕业生情况	提供规定数量的优秀在校学生及毕业生，由学科专家及用人单位进行主观评价
	C6. 授予学位数（设置上限）	授予博士、硕士学位人数。设置“上限”，超过上限值均得满分，不按规模的增大递增得分
D 学科声誉	D1. 学科声誉（含学术声誉、社会贡献、学术道德等）	由同行专家和行业人士根据学科的学术声誉、社会贡献、学术道德等印象，参考《学科简介》，做出“学科声誉”主观评价。《学科简介》包括：学科基本情况与特色，客观指标未能统计的重要学术贡献、成果应用等社会贡献以及学术道德等方面的情况

表 3-11 2016 年第四轮学科评估指标体系（理学、工学门类，不含统计学学科）①

一级指标	二级指标	三级指标	三级指标说明	数据来源
A. 师资队伍与资源	A1. 师资质量	S1. 师资队伍质量▲	提供师资队伍的年龄结构、学历结构、学缘结构、职称结构、海外经历等基本情况；提供 25 名骨干教师（其中青年教师不少于 10 名）情况（年龄、学科方向、学术头衔、学术兼职等情况）和团队情况	学校填报
	A2. 师资数量	S2. 专任教师数	本学科专任教师总数（本指标设置上限）	学校填报
	A3. 支撑平台	S3. 重点实验室、基地	①国家实验室、国家重大科技基础设施、国家重点实验室、国家工程技术研究中心、国家工程研究中心、国家工程实验室、国家实验教学示范中心、国防科技重点实验室、省部共建国家重点实验室、国家野外科学观测研究站、国家国际科技合作基地；②教育部重点实验室、教育部工程技术中心、教育部国际合作联合实验室；③其他省部级与国防重点实验室、基地、中心	学校填报
B. 人才培养质量	B1. 培养过程质量	S4. 课程教学质量	①国家级教学成果奖、研究生教育成果奖、省级及军队教学成果奖；②国家级精品视频公开课、国家级精品资源共享课、教育部来华留学生英语授课品牌课	公共数据
		S5. 导师指导质量▲	对在校生问卷调查，考察导师对学生的指导情况	问卷调查
		S6. 学生国际交流	①赴境外学习交流连续超过 90 天的学生；②来华学习交流连续超过 90 天的境外学生（含授予学位学生）；③中外合作办学机构 / 项目质量	学校填报
	B2. 在校生质量	S7. 学位论文质量	全国博士学位论文抽检情况	公共数据
		S8. 优秀在校生▲	列举 15 名优秀在校学生并简要介绍其主要在学成果（如参加竞赛获奖、参加重要科研项目、取得重要科研成果、创新创业成功、获得科研奖励或其他荣誉称号等）	学校填报
		S9. 授予学位数	授予博士和硕士学位人数（本指标设置上限）	公共数据
	B3. 毕业生质量	S10. 优秀毕业生▲	提供近四年毕业生的总体就业情况（就业率、就业去向、就业质量等），并列举 20 名近十五年优秀博士、硕士毕业生	学校填报
		S11. 用人单位评价▲	提供一定比例的毕业生及其工作单位联系方式，学位中心对毕业生的职业胜任力、职业道德、满意度等进行问卷调查	问卷调查

① 指标体系来自教育部学位与研究生教育发展中心 2016 年 4 月《全国第四轮学科评估的邀请函》（学位中心［2016］42 号）文件。

续表

一级指标	二级指标	三级指标	三级指标说明	数据来源
C. 科学研究水平（含教师和学生）	C1. 科研成果	S12. 学术论文质量△	①【计算机科学与技术和软件工程学科】ESI 高被引论文及在 A 类期刊 / 会议（清单见附件 2–1）上发表的论文;【其他学科】扩展版 ESI 高被引论文（统计至前 3%）；②其他 20 篇高水平论文（国内期刊不少于 5 篇，每位教师最多填写 5 篇）	公共数据 学校填报
		S13. 专利转化	近四年获得授权并已转化或应用的发明与国防专利（转让合同或应用证明）	学校填报
		S14. 出版教材	近四年出版的“十二五”国家级规划教材	公共数据
	C2. 科研获奖	S15. 科研获奖	①国家最高科学技术奖、自然科学奖、技术发明奖、科学技术进步奖；②教育部高校科研成果奖（科学技术），国防科学技术奖；③省级科研获奖（清单见附件 2–2）、军队科技进步奖、环境保护科学技术奖、国土资源科学技术奖、安全生产科技成果奖、中国专利奖、何梁何利科技奖	公共数据
	C3. 科研项目	S16. 科研项目（含人均情况）	①国家科技重大专项、国家 973 计划、国家 863 计划、国家科技支撑计划、国家软科学研究计划、国际科技合作专项、科技基础性工作专项、国家磁约束核聚变能发展研究专项、国家重大科学仪器设备开发专项、国家自然科学基金、国家社会科学基金、全国教育科学规划课题、武器装备重点型号项目；②国防基础科研计划、武器装备探索研究项目、武器装备预研项目、武器装备预研基金项目、省部级及重要横向科研项目（限填 50 项）	学校填报
D. 社会服务与学科声誉	D1. 社会服务贡献	S17. 社会服务特色与贡献▲	提供学科在社会服务方面的主要贡献及典型案例，包括但不限于：推动科技成果转化，服务地方经济建设或国防事业；举办重要学术会议，创办学术期刊，引领学术发展；推进科学普及，承担社会公共服务；发挥智库作用，为制定政策法规、发展规划、行业标准提供咨询建议并获得采纳等	学校填报
	D2. 学科声誉	S18. 学科声誉▲	①同行和行业专家参考《学科简介》（包括本学科的定位与目标、优势与特色、人才培养目标、学科方向设置、国内外影响等），对学校声誉和学术道德等进行评价；②部分学科试点委托第三方机构组织全体专家对学科的国际声誉进行问卷调查	专家调查

注：▲为主观评价指标，△为部分主观评价指标；学生指博士、硕士研究生；设置上限指标超过上限均为满分

（七）专业学位水平评估

随着专业学位研究生教育的快速发展，专业学位水平评估也受到国务院

教育督导委员会办公室的重视。2016年3月，国务院教育督导委员会办公室发布《关于开展专业学位水平评估试点工作的通知》，决定开展专业学位水平评估。根据国务院教育督导委员会办公室委托，教育部学位中心作为第三方评估机构，于2016年启动了专业学位水平评估试点，试点范围为8个设置较早、社会关注较多的专业学位类别，分别是法律、教育、临床医学（不含中医）、口腔医学、工商管理、公共管理、会计、艺术（音乐）等，共有293所学位授予单位的650个专业学位点参评。专业学位水平评估的主要目的是服务专业学位研究生教育改革过程，同时也为政府教育督导、高校研究生教育质量保障、社会利益相关者提供服务。

专业学位水平评估试点的指标体系包括培养目标、师资队伍、培养过程、学业质量、社会评价、质量保障体系6个一级指标，体现了"导向为主、质量为重、突出特色、分类设置"的评估理念，遵循了专业学位研究生教育应用性、实践性的特点，突出对教师实践指导能力、研究生实践能力培养、毕业生职业发展质量等方面的考察。专业学位水平评估试点的评估结果以"分档"方式呈现，按照"专业学位整体水平得分"的位次百分位，将各专业学位前75%的参评单位分为9档，A+为前2%（或前2名），A为2%—7%（不含2%，下同），A-为7%—15%，B+为15%—25%，B为25%—35%，B-为35%—45%，C+为45%—55%，C为55%—65%，C-为65%—75%。共有235所学位授予单位的492个专业学位点获分档排名（C-及以上），51所学位授予单位的98个专业学位点获A类水平（含A+、A和A-）。各专业学位类别水平评估获得A+的学位授予单位是：法律专业学位为北京大学、中国人民大学，教育专业学位为北京师范大学、华东师范大学，临床医学专业学位为北京大学、北京协和医学院，口腔医学专业学位为北京大学、四川大学，工商管理专业学位为北京大学、清华大学、复旦大学、上海交通大学，公共管理专业学位为中国人民大学、清华大学，会计专业学位为北京大学、中国人民大学，艺术专业学位（音乐领域）为中央音乐学院、上海音乐学院。

（八）优秀博士学位论文评选

随着国家"科教兴国"战略的实施，研究生教育的作用和地位更加突出，保障和提高研究生教育质量也需要有政策举措。1999 年 1 月，国务院批转了教育部《面向 21 世纪教育振兴行动计划》，该计划中的一项重要内容是“高层次创造性人才培养工程”，而全国优秀博士学位论文评选则是“高层次创造性人才培养工程”的子项目，旨在通过优秀博士学位论文评选来鼓励创新精神，促进和加强高层次创造性人才培养，保障和促进研究生教育质量提高。[①] 2004 年的《2003—2007 年教育振兴行动计划》继续对全国优秀博士学位论文评选工作予以支持。

全国优秀博士学位的评选工作则早于 1998 年由国务院学位委员会、教育部开始启动实施，在具体实施过程中依据《全国优秀博士学位论文评选办法》《高等学校全国优秀博士学位论文作者专项资金资助办法》进行。

结合《中华人民共和国学位条例暂行实施办法》对博士学位论文的要求，全国优秀博士学位论文通许评议的指标体系包括选题与综述、论文成果的创新性、论文体现的理论基础、专门知识及科学研究能力 3 项一级指标。选题与综述一级指标的权重为 0.2，包含选题的理论意义或现实意义、对本学科及相关领域的综述与总结 2 项二级指标。论文成果的创新性一级指标的权重为 0.6，包含论文在理论或方法上的创新性、创造性成果及效益 2 项二级指标。论文体现的理论基础、专门知识及科学研究能力一级指标的权重为 0.2，包含论文体现的理论基础与专门知识、论文体现作者独立从事科学研究的能力、写作与总结提炼能力 3 项二级指标。各项指标的具体评价要素分自然科学和社会科学进行规定。[②]

1999—2013 年，共评选 15 次全国优秀博士学位论文，获奖 1469 篇。各年度获奖论文篇数为：1999 年 100 篇，2000 年 100 篇，2001 年 100 篇，2002 年 97 篇，2003 年 97 篇，2004 年 97 篇，2005 年 96 篇，2006 年 99 篇，2007 年 98 篇，2008 年 100 篇，2009 年 98 篇，2010 年 100 篇，2011 年 97 篇，2012 年 90 篇，2013 年 100 篇。获奖的全优秀博士学位论文按照学科门类分析，

---

① 王战军，林梦泉，李恒金. 评选全国优秀博士学位论文是提高博士生培养质量的有效措施［J］. 中国高教研究，2002（4）：33—34.

② 刘桔，林梦泉，侯富民，等. 从首届全国优秀博士学位论文评选看我国博士学位论文质量［J］. 学位与研究生教育，2000（2）：28—32.

工学551篇，理学417篇，医学152篇，农学78篇，文学51篇，历史学38篇，法学37篇，经济学35篇，教育学34篇，管理学30篇，哲学21篇，军事学14篇，艺术学11篇。获得全国优秀博士学位论文超过40篇的高校有6所，分别是清华大学115篇、北京大学101篇、复旦大学58篇、浙江大学49篇、中国科学技术大学45篇、南京大学44篇。在博士生导师中，指导产生全国优秀博士学位论文的导师有1216名，其中指导获奖2篇以上的导师有186名，指导获奖3篇以上的导师有45名，指导获奖4篇以上的导师有12名，指导获奖5篇以上的导师有4名。有14名优秀博士学位论文获得者在担任博士生指导教师后，指导博士生获得全国优秀博士学位论文。①1999—2013年全国优秀博士学位论文的学科分布情况见表3-12，指导获奖4篇以上的导师情况见表3-13，全国优秀博士学位论文获得者在担任博士生导师后又指导研究生获得全国优秀博士学位论文的情况见表3-14。

表3-12　1999—2013年全国优秀博士学位论文的学科分布情况

学科门类	获优秀博士论文篇数	所占获奖比例%	排　序
01 哲学	21	1.43	11
02 经济学	35	2.38	8
03 法学	37	2.52	7
04 教育学	34	2.31	9
05 文学	51	3.47	5
06 历史学	38	2.59	6
07 理学	417	28.39	2
08 工学	551	37.51	1
09 农学	78	5.31	4
10 医学	152	10.35	3
11 军事学	14	0.95	12
12 管理学	30	2.04	10
13 艺术学	11	0.75	13
合　计	1469	100.00	

① 孙伟，张彦通，赵世奎．1999—2013年全国优秀博士学位论文统计分析［J］．学位与研究生教育，2015（6）：65—71.

表 3-13　指导获得 1999—2013 年全国优秀博士学位论文 4 篇以上的导师等情况

获奖篇数	导师姓名	博士姓名	获奖年份	培养单位
11	曹雪涛	章卫平	2001	第二军医大学
		黄　欣	2002	第二军医大学
		李　楠	2004	第二军医大学
		张明徽	2005	第二军医大学
		陈涛涌	2006	第二军医大学
		郭振红	2007	第二军医大学
		史丽云	2008	浙江大学
		韩岩梅	2009	第二军医大学
		钱　程	2010	第二军医大学
		刘星光	2011	第二军医大学
		徐　胜	2013	第二军医大学
5	李德仁	关泽群	1999	武汉大学
		袁修孝	2001	武汉大学
		吴华意	2002	武汉大学
		王树良	2005	武汉大学
		潘　俊	2011	武汉大学
	郭光灿	段路明	2000	中国科学技术大学
		黄运锋	2006	中国科学技术大学
		孙方稳	2010	中国科学技术大学
		许金时	2011	中国科学技术大学
		龚　明	2013	中国科学技术大学
	樊代明	潘阳林	2008	第四军医大学
		洪　流	2009	第四军医大学
		梁　洁	2010	第四军医大学
		李晓华	2011	第四军医大学
		靳海峰	2012	第四军医大学
4	汤钊猷	贺　平	2000	复旦大学
		王　鲁	2002	复旦大学
		李　雁	2004	复旦大学
		叶青海	2005	复旦大学

续表

获奖篇数	导师姓名	博士姓名	获奖年份	培养单位
4	保　铮	水鹏朗	2001	西安电子科技大学
		欧阳缮	2002	西安电子科技大学
		杜　兰	2009	西安电子科技大学
		白雪茹	2013	西安电子科技大学
	裴　钢	程智洁	2002	中国科学院上海生命科学院
		高　华	2006	中国科学院上海生命科学院
		王娅娅	2008	中国科学院上海生命科学院
		施裕丰	2009	中国科学院上海生命科学院
	赵光达	袁　烽	2002	北京大学
		刘魁勇	2006	北京大学
		张玉洁	2009	北京大学
		马滟青	2013	北京大学
	贺　林	刘万清	2003	中国科学院上海生命科学院
		樊金波	2006	中国科学院上海生命科学院
		师咏勇	2009	上海交通大学
		唐茹琦	2010	上海交通大学
	张大鹏	王永章	2004	中国农业大学
		张凌云	2005	中国农业大学
		于祥春	2008	中国农业大学
		王小芳	2009	中国农业大学
	李亚栋	王　训	2006	清华大学
		孙晓明	2007	清华大学，北京协和医学院－清华大学医学部
		李晓林	2008	清华大学，北京协和医学院－清华大学医学部
		王定胜	2012	清华大学－北京协和医学院（清华大学医学部）
	林东昕	于春媛	2006	中国协和医科大学
		张雪梅	2008	清华大学，北京协和医学院－清华大学医学部
		孙　瞳	2009	清华大学，北京协和医学院－清华大学医学部
		吴　晨	2013	清华大学－北京协和医学院（清华大学医学部）

表 3-14　1999—2013 年全国优秀博士学位论文获得者指导获得优秀博士学位论文情况

序号	姓　名	培养单位	本人获评优秀博士学位论文年度	工作单位	指导研究生获优秀博士学位论文年度
1	徐　勇	华中师范大学	1999	华中师范大学	2004
				华中师范大学	2013
2	祝世宁	南京大学	1999	南京大学	2010
3	冯西桥	清华大学	1999	清华大学 - 北京协和医学院（清华大学医学部）	2013
4	陈增敬	山东大学	2001	山东大学	2007
5	李亚栋	中国科学技术大学	2001	清华大学	2006
				清华大学，北京协和医学院 - 清华大学医学部	2007
				清华大学，北京协和医学院 - 清华大学医学部	2008
				清华大学 - 北京协和医学院（清华大学医学部）	2012
6	张　旭	复旦大学	2001	四川大学	2011
7	赖远明	中国科学院寒区旱区环境与工程研究所	2002	中国科学院寒区旱区环境与工程研究所	2009
8	罗　俊	中国科学院测量与地球物理研究所	2002	华中科技大学	2003
				华中科技大学	2008
9	周志华	南京大学	2003	南京大学	2013
10	唐小虎	西南交通大学	2003	西南交通大学	2013
11	陈苏镇	北京大学	2003	北京大学	2012
12	何雅玲	西安交通大学	2004	西安交通大学	2013
13	袁小兵	中国科学院上海生命科学研究院	2004	中国科学院上海生命科学研究院	2009
14	高会军	哈尔滨工业大学	2007	哈尔滨工业大学	2013

2014 年后在政府简政放权深入推进的背景下，全国优秀博士学位论文评选工作不再开展。全国优秀博士学位论文评选对学位授予单位重视研究生教育质量，加强研究生教育质量保障体系建设有重要的促进作用，特别是通过优秀论文的示范引领促进了高层次创造性性人才培养，对创新型国家建设有重要的支撑作用。

第三节 研究生教育质量保障体系的改革

研究生教育质量保障体系自建立以来，随着学位与研究生教育的深入发展而不断进行改革，以适应研究生教育从规模发展向内涵发展转变的需要，并支撑研究生教育强国建设。研究生教育质量保障体系的改革主要体制机制改革，主要包括二级管理体系向三级管理体系的改革、政府内部的治理体系优化改革、质量保障体系主体的权责一致化改革、质量保障标准体系建设、质量保障体系的协同性机制建设五大方面。

一、加强省级学位委员会建设，改革质量保障体制

设立地方学位委员会。为加强高等教育体制改革，学位与研究生教育工作要实行中央和省两级管理、以省为主的原则。[①] 1991 年 11 月，江苏省学位委员会成立，这是我国成立的第一个省级地方学位委员会。1995 年，国务院学位委员会制定了《关于加强省级学位委员会建设的几点意见》，规定省级学位委员会接受国务院学位委员会授权，“按国务院学位委员会有关规定对本地区学士学位（含普通高等教育本科毕业生和成人高等教育本科毕业生）、硕士学位授权学科、专业学位授予质量，以及本地区有关学位授予单位授予具有研究生毕业同等学力的在职人员硕士、博士学位质量进行检查和评估。”到 1996 年，已经有 16 个省、直辖市成立了地方学位委员会。1997 年，国务院学位委员会发布《关于加强省级人民政府对学位与研究生教育工作统筹权的意见》，进一步加强和健全省人民政府对本地区学位与研究生教育的统筹权。省级学位委员会作为重要的管理主体在研究生教育质量保障过程中发挥了重要作用。目前，研究生教育质量保障体系已经形成三级体制，省级学位委员会是处于中央

① 国务院学位委员会. 明确工作方向 确定工作重点——省级学位委员会工作座谈会在宁召开［J］. 学位与研究生教育，1996（5）：7—8.

政府和研究生培养单位之间，发挥着重要的省级统筹作用，在研究生教育质量保障体系建设中的地位也更加突出。①

二、加强国务院教育督导委员会建设，优化质量保障主体构成

为贯彻落实《国家中长期教育改革和发展规划纲要（2010—2020 年）》政策要求，完善教育督导体制，国务院决定成立国务院教育督导委员会。2012 年 8 月，国务院办公厅发布《关于成立国务院教育督导委员会的通知》。国务院教育督导委员会的主要职责是“研究制定国家教育督导的重大方针、政策；审议国家教育督导总体规划和重大事项；统筹指导全国教育督导工作；聘任国家督学；发布国家教育督导报告”。国务院教育督导委员会办公室（以下简称“国务院教育督导办”）设在教育部，承担督导委员会的日常工作。国务院教育督导委员会的成立，意味着中央政府教育行政部门权力的优化调整，研究生教育成为教育督导的对象。在中央政府层面，研究生教育质量保障形成了由国务院学位委员会、教育部、国务院督导委员会三个主要的主体共同分工负责的局面。

为保证国家教育法规和教育方针政策的贯彻执行，推进素质教育实施，提高教育质量、促进教育公平，促进国家教育事业发展，2012 年 9 月 9 日，国务院发布《教育督导条例》，自 2012 年 10 月 1 日起实施。《教育督导条例》是中国首部教育督导法规，是教育督导走上法制化轨道的标志。该条例对法律、法规规定的各级各类教育实施教育督导，规定实施教育督导以提高教育教学质量为中心。《教育督导条例》扩大了教育督导的范围，明确将各级各类教育纳入教育督导范围，教育督导对象从基础教育和中小学扩展到下级政府及其职能部门、各级各类学校和教育机构，实现了教育督导的全覆盖。首次从法规上明确了研究生教育属于教育国家教育督导的范围。

---

① 王传毅，乔刚. 省域研究生教育质量评价指标体系构建研究［J］. 研究生教育研究，2017（1）：58—65.

三、加强内部质量保障体系建设，降低质量保障重心

加强学位授予单位内部质量保障体系建设，是研究生教育质量保障体系建设的改革方向。2014 年，国务院学位委员会、教育部制定《学位授权点合格评估办法》、发布《关于开展学位授权点合格评估工作的通知》，确立了学位点合格评估制度。建立的学位点合格评估制度，分两个阶段进行，包括学位授予单位自我评估、教育行政部门随机抽评，以前一阶段学位授予单位自我评估为主，这是引导学位授予单位加强内部质量保障体系建设、建设常态化的自我评估机制的重要举措。为加强对学位授予单位内部质量保障体系的指导，国务院学位委员会、教育部将《学位授权点自我评估指南》作为附件，随 2014 年开展合格评估的通知文件一起发布，对学位授予单位和学位点加强自我评估，开展自我监督、自我调整、自我完善提供的政策引导。学位授予单位的自我评估在性质上属于诊断式评估，是自主组织开展，对本单位学位点的全方面体检，着眼于发现研究生教育质量问题，办出学位点的特色，不断提高办学水平和研究生教育质量。学位点合格评估政策还鼓励有条件的单位发挥办学自主权，在具备条件的学位点实施学科国际评估，或在专业学位点开展专业资格认证。

四、制定博士硕士学位基本要求，完善质量保障标准

2013 年，国务院学位委员会、教育部共同印发了针对学术学位的《一级学科博士、硕士学位基本要求》，旨在为培养单位制定研究生培养方案和学位授予标准提供相应的依据，为导师指导研究生提供必要的参考，为教育行政部门开展研究生教育质量监督和评估提供标准，这也标志着评价研究生教育质量有了“国家标准”。《一级学科博士、硕士学位基本要求》由国务院学位委员会、教育部委托国务院学位委员会第六届学科评议组编写，是对《国家中长期教育改革和发展规划纲要（2010—2020 年）》和《关于深化研究

生教育改革的意见》的进一步落实。该基本要求从学科前沿、社会需求、知识结构、综合素养与能力、基本规范等方面提出了各学科研究生获得博士或硕士学位时必须达到的要求，充分反映了各一级学科研究生培养的特点，为培养单位制定本单位的博士、硕士学位标准留有空间，兼具执行性和指导性。①2014 年，针对专业学位的《博士、硕士学位基本要求》，国务院学委员会、教育部委托全国专业学位研究生教育指导委员会按专业学位类别（或领域）制定完成。为规范和指导研究生培养单位的学科建设、培养方案制订和学位授予等工作，国务院学位委员会和教育部根据新修订的《学位授予和人才培养学科目录（2011 年）》印发了《学位授予和人才培养一级学科简介》，从学科概况、学科内涵、学科范围、培养目标和相关学科 5 个方面对全部的 110 个一级学科进行了界定和描述。②

《博士、硕士学位基本要求》的制定和实施，对保障研究生教育质量和博士、硕士学位授予工作具有重要意义，为研究生教育质量监督和分类评估建立了参考依据。③

五、深化学位授权改革政策，加强质量保障协同

为规范学位授权审核标准和程序，保证学位审核授权质量，促进学位与研究生教育发展，服从服务国家发展战略，2017 年，国务院学位委员会制定了《博士硕士学位授权审核办法》，其总体思路体现了既是质量保障体系的重要组成部分，与质量保障体系的其他要素之间加强协同。一是围绕“服务需求、提高质量”的主线和核心任务，以优化学科结构为重点，突出按需授权，严把质量关，引导学位授予单位进行内涵式发展，主动服务国家、区域经济社

① 国务院学位委员会第六届学科评议组．一级学科博士、硕士学位基本要求［M］．北京：高等教育出版社，2014.

② 国务院学位委员会第六届学科评议组．学位授予和人才培养一级学科简介［M］．北京：高等教育出版社，2013.

③ 研究生教育质量报告编研组．中国研究生教育质量年度报告（2014）［M］．北京：中国科学技术出版社，2014.

会的发展需求，形成自身的特色和优势。二是突出质量标准主导作用，细化学位授权审核申请基本条件，根据研究生教育强国的建设目标，提高申请条件标准，与研究生培养相衔接，制定起点更高、标准更严、针对性更强的学位授权审核申请基本条件，严格按照规定的申请基本条件实施授权审核，改变此前以分配数量指标为主要授权审核标准的做法。三是学位授权审核过程的简政放权，加大省级学位委员会的规划统筹力度，设置自主审核单位，放权部分办学质量高的博士学位授予单位自主开展新增学位点评审，激发高水平大学的办学活力，加快推动其内涵发展。四是加强对授权审核的监管工作。强化授权审核与研究生教育质量评价、研究生教育资源配置、研究生培养过程和学位点评估的高效衔接。①

第四节　研究生教育质量保障体系取得的成就

经过 40 年的改革发展，中国研究生教育质量保障体系建设不断完善，质量保障政策工具日趋丰富，对保证研究生教育质量发挥了重要作用，有力地促进了高层次人才培养和研究生教育强国建设。研究生教育质量保障体系作为学位与研究生教育治理体系的有机组成部分取得了突出成就，质量保障理念不断提升，促进了研究生教育质量文化建设；质量制度建设与时俱进，构建了“五位一体”的研究生教育质量保障体系；质量保障实践系统深入，促进了学位与研究生教育内涵发展。

一、质量保障理念不断提升，促进了研究生教育质量文化建设

研究生教育是国民教育的塔尖，承担为创新型国家建设培养高层次专门

① 国务院学位委员会. 博士硕士学位授权审核办法［EB/OL］.［2018-08-16］. http://www.moe.gov.cn/jyb_xwfb/s271/201703/t20170330_301513.html.

人才的重要使命。研究生教育的高质量发展与离不开研究生教育质量保障体系的建设，保证研究生培养质量和学位授予质量的重要意义不言而喻。中国的研究生教育质量保障体系与学位制度的建立同步发展，始终强调质量，不断提升研究生教育质量保障理念，将保证质量视作学位与研究生教育发展的基础，将提升质量作为学位与研究生教育发展的主线，质量第一已经成为研究生教育发展的共识和基本原则。包括强调科学的质量观、全面的质量观，强调人才培养的社会主义方向，注重研究生的思想政治教育；在研究生教育培养全过程注重质量保障，招生质量、培养过程质量、学位授予质量等关键环节的质量意识不断提升；对研究生教育教育评估不合格的学位点进行亮牌处置，促进学位授予单位提升质量保障意识，切实加强学位点研究生教育质量保障，确保学位授予质量满足国家质量标准。质量第一已经成为学位与研究生教育发展的重要原则。①

中共十八大以来，研究生教育改革进一步深入，研究生教育质量保障理念进一步巩固和提升。2014 年，国务院学位委员会、教育部召开了全国研究生教育质量工作会议，该会议以质量为主题，是 1978 年恢复研究生教育和 1980 年建立学位制度以来的首次，表明了政府对研究生教育质量和质量保障的高度重视，也表明研究生教育质量依然与国家和社会期望存在差距，必须加强质量保障。时任国务院副总理、国务院学位委员会主任委员刘延东出席会议并发表讲话，对研究生教育质量进行了研判，从国家创新驱动发展的高度对提高研究生教育质量的重要意义和主要路径提出了要求，并特别强调要树立科学的研究生教育质量观，加快推进研究生人才培养模式改革，大力加强研究生导师队伍建设，建立完善学位授予单位内部质量保障体系，强化研究生教育外部质量评价与监督，推进研究生教育治理的法治化进程，不断提高研究生教育的国际化水平。这次会议既是对研究生教育质量保障体系发挥作用的肯定，也对未来提升质量保障理念、促进研究生教育提高提出了新的要求。研究生教育质量保障理念有效促进了各类主体的质量保障实践，从根

① 谢桂华. 中国学位与研究生教育制度的发展与特色［J］. 学位与研究生教育，1998（3）：3—5.

本上保障了学位与研究生教育质量，为研究生教育服务国家和社会发展的人才需求提供了可靠的保障。

二、质量制度建设与时俱进，构建了“五位一体”质量保障体系

研究生教育质量保障建设的最新成就是构建了“五位一体”的质量保障体系。这一体系的构建源于2013年研究生教育改革的深入。为提高研究生教育质量，教育部、国家发展改革委、财政部三部委于2013年共同制定《关于深化研究生教育改革的意见》，提出了二十八条深化研究生教育改革的意见。2013年7月，全国研究生教育工作暨国务院学位委员会第三十次会议召开，会议发布了上述改革意见文件。研究生教育改革总体上概括为“一条主线、两个着力点、四个更加突出、四个转变、一个体系”，一条主线是“服务需求、提高质量”；着力点是分类推进培养模式改革、统筹构建质量保障体系，更加突出服务经济社会发展、创新精神和实践能力培养、科教结合和产学结合、对外开放，发展方式朝注重质量提升、学术学位与专业学位协调发展、知识学习和能力培养并重、学习期间的学业表现与毕业后的职业发展能力并重的方向转变。特别是针对质量评价监督机制建设提出了五条意见，包括改革质量评价机制、强化培养单位质量保证的主体作用、完善外部质量监督体系、建立质量信息平台、规范在职攻读硕士专业学位和同等学力授予硕士、博士学位管理。

在研究生教育改革精神的指引下，2014年对于研究生教育质量保障体系建设而言是具有里程碑意义的一年。国务院学位委员会、教育部出台了《关于加强学位与研究生教育质量保证和监督体系建设的意见》等一系列质量保障顶层设计及其配套文件，构建了“五位一体”的研究生教育质量保障体系，为研究生教育步入“质量时代”提供了有力保障。《关于加强学位与研究生教育质量保证和监督体系建设的意见》等研究生教育质量保障的系列文件，在总结中国研究生教育质量保障历史经验、借鉴发达国家研究生教育质量保障

经验和教训的基础上，对中国面向研究生教育强国建设的质量保障体系进行了系统优化设计，从而促进卓越的研究生教育质量。[①]这一体系具有四个突出的特点：①多主体协同质量保障，即研究生教育利益相关主体，包括研究生培养单位、政府教育行政部门、相关学术组织、行业实际部门、社会机构等五类主体协同配合进行研究生教育质量保障，根据各自定位分别发挥研究生教育质量保障的主体作用，分别担当第一主体、监管与引导主体、监督与评价主体的质量保障作用，“五位一体”融于研究生教育质量保障；②研究生教育质量保障重心下移，明确培养单位是质量保证的第一主体，要求培养单位加强内部质量保障体系建设；③通过质量保障体系建设促进研究生教育特色发展，即根据人才需求的多样性，学科专业不同层次和类别等制定多样化的学位标准，实施分类管理和评价，以保证基本质量为前提，引导培养单位追求质量卓越、特色发展；④注重研究生教育质量文化建设，引导导师、研究生和管理者强化研究生教育的质量意识，引导研究生培养单位逐步形成具有自身特色的质量文化。

三、质量保障实践系统深入，促进了学位与研究生教育内涵发展

其一是建立制度化、规范化的学位论文抽检质量，把好研究生教育的出口。学位论文质量是研究生教育出口质量的核心内容。为保证研究生教育质量和学位授予质量，加强博士、硕士学位论文抽检工作的制度化建设，国务院学位委员会、教育部于 2014 年制定了《博士硕士学位论文抽检办法》，同时将学位论文抽检结果作为学位点合格评估考察的一项重要指标。博士学位论文抽检由国务院学位办统一实施，硕士学位论文抽检由各省级学位委员会组织开展，军队系统学位论文抽检由军队学位委员会组织开展。学位论文抽检办法规定的抽检周期为每年进行一次，抽检范围为上个学年的博士、硕士

---

① 黄宝印，徐维清，张艳，等. 加快建立健全我国学位与研究生教育质量保证和监督体系［J］. 学位与研究生教育，2014（3）：1—9.

学位论文，博士学位论文的抽检比例约为 10%、硕士学位论文的抽检比例约为 5%。抽检办法规定，若学位授予单位连续 2 年的抽检结果中都出现“存在问题学位论文”，且比例较高或篇数较多，将被进行质量约谈，通过警示加强质量保障。

其二是取消国家重点学科评审和全国优秀博士学位论文评审。随着政府简政放权和政府职能转变的深入推进，从 2014 年开始，教育部、国务院学位委员会取消了国家重点学科审批，不再开展全国优秀博士学位论文评选。取消国家重点学科行政性评审，有利于打破国家重点学科的身份固化，淡化重点学科的行政主导色彩，促进高校在“双一流”建设战略的指引下，依据一流大学和一流学科建设的新要求，依据学科建设的内在规律优化学科布局结构，发展新兴交叉学科，构建学科特色，积累学科优势，以高水平的学科支撑研究生教育高质量内涵发展。取消全国优秀博士学位论文评选是政府简政放权的重要举措，把优秀论文的话语权交给博士培养单位。与此同时，制度化的博士学位论文抽检工作也开始启动，加大学位论文抽检比例，使博士生教育质量保障从“优秀示范”转向“保底线”，促进博士生教育质量的整体提升。

其三是加强专业学位研究生教育内涵发展和质量保障体系建设。专业学位研究生教育是国家中长期教育发展规划的战略重点，国务院学位委员会、教育部通过规范化、标准化推进专业学位研究生培养，并加强对专业学位研究生教育的职业需求发展导向，以此加强专业学位研究生教育质量保障体系建设。教育部、人力资源社会保障部于 2013 年共同制定《关于深入推进专业学位研究生培养模式改革的意见》，提出专业学位研究生教育改革的目标是以职业需求为发展导向，以实践能力为培养的重点，以产学结合为途径，形成具有中国特色的专业学位研究生教育培养模式。对专业学位研究生教育质量保障体系建设等方面，突出强调培养单位是质量保障体系的主体，要求完善内部质量监督机制，建立招生、培养、学位授予等全过程的质量保障机制，加强毕业生就业质量和职业发展跟踪，政府在推进质量评价标准建设的同时，将完善质量监管制度，建设管理服务平台，推进质量过程信息公开。[①] 作为专业学位研究生教育和人才培养模式改革的突破口，教育部、国家卫生计生委、国家中医药管理局等六部门于 2014 年联合制定《关于医教协同深化临床医学人才培养改革的意见》，从而推动构建以“5+3”为主体的医学人才培养标准体系，推动临床医学硕士培养与住院医生规范化培训的有机衔接。

---

① 教育部，人力资源社会保障部. [EB/OL]. [2018-08-16]. http://edu.people.com.cn/n/2013/1126/c1053-23659804.html.

第四章

中国研究生培养模式改革与发展

改革开放40年，中国研究生教育经历了“坚持标准、严格要求[①]”“保证质量、稳步发展[②]”“坚持方向、稳定规模[③]”“立足国内、适度发展[④]”“按需建设、积极发展[⑤]”“科教结合、支撑创新[⑥]”的发展过程，在研究生人才培养上实现了从恢复到发展，从成长到成熟，从规模增长到质量提升，在招生考试、培养模式等方面均经历了一系列演变与改革，实现了培养模式从“单一”到“多元”的转变，已发展成为研究生教育大国。从培养层次看，不仅能大规模地培养硕士，而且能独立自主地培养博士[⑦]；从培养类型看，不仅进行学术性学位教育，而且进行多种类型的专业学位教育；从培养方式看，既有计划招收培

① 刘元芳．我经历的中国学位30年二三事［J］．学位与研究生教育，2011（2）：5—7．

② 教育部高校学生司．1977—2003年全国研究生招生工作文件选编（上下册）［M］．北京：北京航空航天大学出版社，1986：216—220．

③ 国家教育委员会，国务院学位委员会．研究生教育和学位工作“八五”计划和十年规划要点［J］．学位与研究生教育，1992（4）：20—30．

④ 国家教育委员会．关于进一步改进和加强研究生工作的若干意见［EB/OL］．［1995-11-03］．http://www.law-lib.com/law/law_view.asp? id=61341．

⑤ 教育部．关于加强和改进研究生培养工作的几点意见［J］．中华人民共和国国务院公报，2000（18）：68—70．

⑥ 刘延东．新中国教育史上的重要里程碑［EB/OL］．［2011-03-25］．http://politics.people.com.cn/GB/1024/14232036.html．

⑦ 谢安邦，朱宇波．我国学位与研究生教育发展30年：回顾与展望［J］．教育研究，2008（11）：19—29．

养，也有委托培养和自筹经费培养；从学位授予方式看，既包括应届毕业研究生、研究生毕业同等学力在职人员等的学位授予，也包括来华留学研究生、名誉博士等的学位授予。本章将从招考方式的演变、培养模式的改革与发展、思想政治教育的坚持与发展、培养模式的成就、特色与展望等方面，对研究生培养模式进行系统的回顾、梳理与总结。

第一节　招考方式的演变

改革开放 40 年，中国研究生招考方式在教育实践过程中不断突破、改革与创新，经历了多种方式的演变，日渐成熟，走出了一条具有中国特色、能够选拔出优秀人才的招考道路。

一、硕士研究生招考方式的演变

改革开放 40 年，硕士研究生招考方式走出了一条以全国统一考试方式为主、推荐免试与单独考试方式为辅、三者并行的特色之路，形成了硕士生源多元化、选拔途径多元化，为选拔优秀人才发挥了重要作用。国家每年统一下达招生指标，并发布招生文件指导相关工作。硕士研究生招生规模迅猛增长，从 1978 年的 1.07 万人发展到 2017 年的 61.51 万人。

（一）建立全国统一考试制度

恢复初期，硕士研究生招生采取全国统一考试形式，主要是统一了考试时间、考试科目，具体考试内容由招生单位自行命题。改革开放初期，中国经济建设处于恢复期，对于研究生层次的人才需求日渐旺盛。1977 年 10 月，国务院批转教育部《关于高等学校招收研究生的意见》指出：高等学校特别是重点高等学校，凡是教师条件和科学研究基础比较好的，应从 1977 年起，在办好本科的同时，积极招收研究生。该意见也对招生的专业范围提出指导性意见：要从实现中国社会主义现代化的需要出发，重点填补国家科学事业的空白和赶超世界科技先进水平的基础科学、边缘科学和与工业、农业、国防有密切关系的最新科学技术领域；在哲学社会科学方面，要积极招收研究生，加强马列主义理论队伍的建设；对那些行将后继乏人的学科和专业，应当优先考虑，以尽快解决“青黄不接”现象。至此，研究生教育开始恢复。1978 年，教育部决定将 1977 年、1978 年两年招收的研究生工作合并进行，统称为 1978 级研究生，这个时期的研究生报考条件为：“政治历史清楚，拥护中国共产党，热爱社会主义，热爱劳动，遵守革命纪律，决心为革命学习。要求具有大学毕业文化程度，具有一定的研究才能和专业特长。有专业特长和研究才能的工农兵、在职职工不受学历限制，但须具有同等的文化程度。”为广开才路，此时的招生面向全社会招生，包括本科在校生，也包括社会人士，将考生年龄从 35 岁放宽到 40 岁。招生文件规定了初试的全国统一考试时间，以及考试科目要求，基础课和专业课考试不超过三门，明确初试由招生单位自行命题[①]，规定“如由于报考专业的名额不平衡，应该相互对口推荐录取，以免埋没人才”，初步提出调剂录取的思想。1977—1979 年，国家共发布 15 个文件对研究生招生进行补充和完善。经初试、复试，208 所高等学校 62 所研究机构共录取研究 10708 人。

后来，公共课考试开始实行全国统一命题，首次提出录取的国家线，从源头保证研究生的培养质量。教育部明确规定，从 1980 年开始，研究生的政治理论课和外国语（英、俄、日语）的入学考试全国统一命题[②]。同年 2 月 12 日，《中华人民共和国学位条例》经第五届全国人民代表大会审核通过，并提出学位条例将于 1981 年 1 月 1 日实施。为此，教育部专门出台录取工作通知，首次明确研究生录取的基本标准（国家线），要求每个考生的入学考试成绩必须符合国家标准，方可考虑录取。1981 年，教育部强调研究生招生录取要结合应届本科毕业生的平时成绩，加强对考生的全面考察。此时，研究生招生流程得以基本规范：经本人志愿、申请报考，由所在单位介绍，向招收单位办理报名手续，经过严格考试，择优录取。招生对象既包括在校本科应届毕业生，

① 王振川．中国改革开放新时期年鉴［M］．北京：中国民主法制出版社，1978：33.

② 教育部高校学生司．1977—2003 年全国研究生招生工作文件选编（上下册）［M］．北京：北京航空航天大学出版社，1980：41—47.

也包括满足条件的社会在职人员。采取统一命题、统一时间的全国统一考试形式，初步确立了全国统考初试（政治理论、外国语、业务课）与学校复试相结合，初试成绩达到一定国家线和学校标准后参加复试的考试制度。

（二）开拓多样化招生考试道路

为了扩大优质生源的选拔，硕士研究生招考方式在全国统考基础上进行了拓展，开始实行推荐免试、举办研究生班的方式。1983 年，教育部推出推荐免试的招生方式[①]，具体方式为：应届本科毕业生自愿报名，考生所在学校向招生单位写书面材料推荐，也可由招生单位主动向考生所在学校联系，要求推荐优秀应届本科毕业生。被推荐的应届本科毕业生经招生单位审查后，可以只参加初试，免去复试，标志着中国以推荐免试方式招收硕士研究生的萌芽。1985 年，中国首次试点优秀应届本科毕业生推荐免试就读研究生，教育部文件[②]对试点区域、推荐和接收比例限制等方面进行了明确规定，试点的高校达 169 所，推荐免试的人数达 3300 多人。20 世纪 90 年代初，国家教育委员会发布通知，明确建立推荐免试制度，但中国硕士生的招生仍以全国统一考试选拔的方式为主。1983 年 8 月，教育部发布《关于一九八四年在部分高等学校试办研究生班的通知》指出，该阶段试办研究生班的主要目的是“为尽快加强某些对经济和社会发展影响较大而目前国内又比较薄弱的学科、专业以及高等学校某些公共课、基础课的师资队伍建设”，培养过程是“学制二年，主要是学习硕士生课程，结业后一般分配工作。在工作中结合实际完成学位论文者，可向原办班学校或有关单位申请学位，通过论文答辩者，可获硕士学位；少数学习成绩优秀，尤其是具有一定实践经验者，如办班学校具备指导力量，也可直接进入论文阶段，通过论文答辩者，可获硕士学位”，研究生班成为实行人才培养改革的一种尝试。

为了满足经济建设和社会发展对高级专门人才的实际需要，进一步发挥招生单位的潜力，加强招生单位和用人单位的联系和合作，中国开始招收委托培养硕士生和定向培养硕士生。1983 年，教育部发布文件，提出从 1984 年开

①② 教育部高校学生司. 1977—2003 年全国研究生招生工作文件选编（上下册）[M]. 北京：北京航空航天大学出版社，1983：106—122.

始招收委托培养硕士生，规定了委托培养的形式：由委托单位推荐在职人员参加全国硕士生的统一报考或在全国统一招收的硕士生中预定。对于委托培养硕士生，招生单位须与用人单位签订有关合同，保证其毕业后能够去委托单位工作，培养双方应拟定必要的措施。1983年全国实行委托培养的研究生为142人，之后两年分别为1901人、7880人，相当于国家同年计划内招生人数的27.2%，成为国家招生计划的重要补充[①]。这个时期，部分高校和科研院所尝试联合培养硕士研究生。1984年，复旦大学、浙江大学与中国科学院上海光学与精密机械研究所正式联合招收研究生，双方共同成立了联合指导小组，联合招生、制订和实施培养计划、毕业分配方案等，在研究生教育上全面合作。20世纪80年代末，国家教育委员会等部门联合发文，改革研究生招生计划体制，并发布有关规定，对要求定向培养的用人单位范围、招生对象、录取标准和学习期间的待遇等问题，以及签订合同书的有关内容等都作了具体规定。20个世纪90年代初，国家正式改变研究生招生计划工作体制，实行国家计划招生和委托培养招生两种基本形式，以解决重点单位、边远地区和一部分企事业单位对高层次人才的需求。

为满足国家经济建设对于各类高层次应用型人才的迫切需求，中国开始实行针对在职人员的单独考试制度，并尝试探索专业学位人才培养。1986年，为贯彻《中共中央关于教育体制改革的决定》中提出的“切实改进招生计划工作，努力克服招生计划同国家远期和近期需要脱节的状况”和委托培养制度“要继续推行并逐步扩大”的精神，国家教育委员会出台《关于高等学校招收在职人员为硕士生进行单独考试试点的通知》提出：为有利于有实践经验的在职人员报考并被录取为硕士生，在全国重点高等学校中，少数实践性强的和哲学社会科学方面的有硕士学位授予权的学科专业，经国家教育委员会批准，可以进行对大学本科毕业后有5年以上实践经验，且在工作中确有成果的在职人员进行单独入学考试的试点。自此，单考制度开始试行。

1990年，中国第一个专业学位——工商管理硕士（MBA）产生，标志着

① 熊中洲. 浅议招收委托培养研究生中的问题［J］. 学位与研究生教育，1988（3）：49—53.

中国研究生学位类型多元化的开端。专业学位招生采用全国统考方式，由英语、数学、政治及两门专业课组成，满分各为 100 分，各校自行命题，自行确定录取分数线。但是实践中发现，这种考试方式存在一定的不足，如考试科目设置与生源群体不匹配，自行命题缺乏横向可比性。为解决该问题，推进管理类专业招生改革，1996 年，国家教育委员会出台文件[①]宣布，1997 年全国试办工商管理专业的 26 所高校招收工商管理硕士生实行联考，简称“97MBA 联考”。1998 年国务院学位委员会等发布文件[②]，正式实施在职攻读教育硕士专业学位全国统一（联合）入学考试，在每年 4 月份进行。从 2000 年开始，在职联考制度正式确立[③]。

2002 年，国家出台《关于加强和改进专业学位教育工作的若干意见》，提出改革专业学位招生制度：“考试科目和内容要紧紧围绕培养目标，着重考察学生的综合素质和能力，有利于选拔有培养前途和发展潜力的人员。考试方式逐步实行全国联考与学校考核相结合，增加面试在考试中的比重。”随后，对考试方式改革进行了试点。2003 年，中国开展了工程硕士专业学位研究生入学资格考试（简称 GCT-ME 考试）的试点，发布了考试大纲。2005 年，国务院学位委员会办公室对 2003 版考试大纲进行了修订，扩大了考试适用的范围，招生对象扩展至风景园林专业的硕士，以及高等学校教师、中等职业学校教师在职攻读硕士学位的考生。

2009 年，专业学位生源进一步扩大，面向应届本科生进行招生。教育部发文明确提出，要积极发展专业学位研究生教育[④]，对专业学位硕士研究生的招生计划、考试制度进行改革。扩大全日制专业学位研究生招生范围，要求各招生单位以 2009 年为基数按 5%—10% 减少学术型招生人数，调减出的部分全部用于增加专业学位研究生招生。从 2010 年起，加快实行推荐优秀应届本

---

① 教育部高校学生司. 1977—2003 年全国研究生招生工作文件选编（上下册）[M]. 北京：北京航空航天大学出版社，1996：590—595.

②③ 国务院学位委员会. 我国学位与研究生教育大事记（2000 年）[J]. 学位与研究生教育，2000（11）：743.

④ 教育部. 关于做好 2010 年招收攻读硕士学位研究生工作的通知 [EB/OL]. [2009-11-11]. https://yz.chsi.com.cn/kyzx/zcdh/200911/20091111/38595405.html.

科毕业生攻读专业学位研究生的制度，逐步增加专业学位推免生的数量和比例，要求各招生单位应按照“科目对应、分值相等、内容区别”的要求设置专业学位研究生招生考试科目，突出对考生运用基础知识和基本理论分析问题、解决实际问题能力的考查，并在外国语科目增加一套统考英语试题（英语二）供部分专业学位研究生招生时选用。

为更加保质保量、公正科学地选拔高层次人才，中国进行了硕士研究生“招考分离”制度改革。进入21世纪以来，国务院学位办在在职（单证）研究生招生中大面积地推行招考分离，得到社会普遍认同。同时还在全日制硕士研究生招考中采取了精简初试科目、34所高校尝试自主划线、优化推免办法、强化复试作用等措施，推动招考分离。[①] 2013年2月，教育部、国家发展改革委、财政部《关于深化研究生教育改革的意见》指出“建立健全科学公正的招生选拔机制，以提高研究生招生选拔质量为核心，积极推进考试招生改革，建立与培养目标相适应、有利于拔尖创新人才和高层次应用型人才脱颖而出的研究生考试招生制度”，为“招考分离”制度改革提供了政策依据。党的十八届三中全会进一步明确提出，推进考试招生制度改革，探索招生和考试相对分离、学生考试多次选择、学校依法自主招生、专业机构组织实施、政府宏观管理、社会参与监督的运行机制。

（三）实施全日制与非全日制研究生招生并轨

2014年，在职人员全国联考制度进行改革，逐步并入全国统考范围。国务院学位委员会办公室明确规定[②]，从2016年起，不再组织在职人员攻读硕士专业学位全国联考，除高级管理人员工商管理硕士外，其他类别的在职人员攻读硕士专业学位招生工作，将以非全日制研究生教育形式纳入国家招生计划和全国硕士研究生统一入学考试。2016年，教育部发文[③]指出，从2017年起，

① 白丽新，江莹，张立迁，张军．我国硕士研究生“招考分离”制度改革研究［J］．国家教育行政学院学报，2018（4）：30—35+72.

② 教育部．关于2014年招收在职人员攻读硕士专业学位工作的通知［EB/OL］．［2014-06-05］．http://www.cdgdc.edu.cn/xwyyjsjyxx/zxkb/hyxx/bgs/278970.shtml.

③ 教育部．关于进一步规范工商管理硕士专业学位研究生教育的意见［EB/OL］．［2016-03-22］．http://www.moe.gov.cn/srcsite/A22/moe_826/201604/t20160406_236783.html.

高级管理人员工商管理硕士统一纳入全国硕士研究生考试招生，由教育部划定统一的工商管理硕士专业学位分数线并向社会公布，培养院校按照国家统一招生政策自主录取。在职专业学位联考各专业学位类别均并入全国统一考试，满足录取条件的学生将可以选择以全日制或非全日制的形式攻读学位。

2017 年，国家继续推进招考方式改革，推进分类考试，《学位与研究生教育发展“十三五”规划》强调，进一步深化硕士研究生考试招生改革，推进分类考试，优化初试科目和内容，强化复试考核，推荐免试、GCT 联考、管理类联考等均是对招考分离改革的有益探索。

总的来看，硕士研究生招生一直是以全国统一考试的方式为主，初试一般采取笔试方式，包括公共基础课、专业基础课、专业课，复试内容和形式则由招生单位根据当年国家相关文件规定和本单位具体情况自主确定。在 40 年的改革实践中，逐步确立推荐免试与单独考试方式，根据培养要求和生源特点设置专业学位招考方式，尝试 GCT 联考、管理类联考等方式，开展了一系列卓有成效的改革。中国硕士研究生招考方式改革路线见图 4–1。

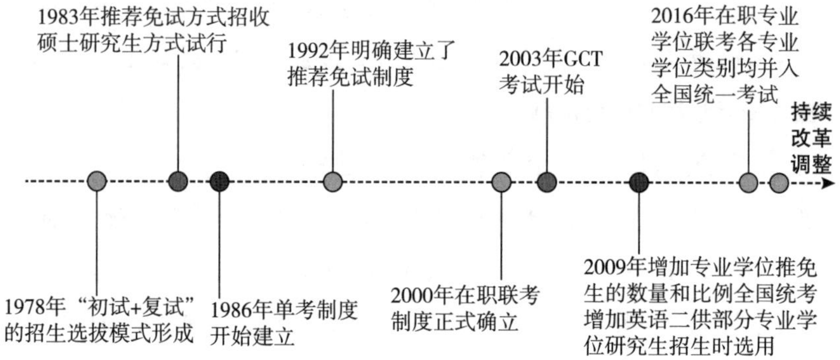

图 4–1　中国硕士研究生招考方式发展改革路线

二、博士研究生招考方式的演变

改革开放 40 年，中国博士生的招生工作经历了一系列的调整：保持了公开性质的普通招考方式不变，先后增加了提前攻博、硕博连读、直接攻博、“申请 – 考核”制等多种形式，以便通过不同形式的招考方式吸引优秀的潜在科研力量，培养国家需要的高级科学专门人才。博士生的招生规模，从1981年的900人增加到2017年的82565人，累计招生115万人，为国家选拔并培养了一大批为社会主义建设服务的高层次人才①。

（一）起源于四年制研究生

中国博士生的培养，起源于改革开放初期的四年制研究生。《1979年招收研究生简章》对研究生学制做了明确说明："脱产研究生的学习期限，分为三年制、二年制和四年制三种。四年制研究生，是根据国家需要和学校条件，从二年制毕业的研究生中，择优选拔，再培养两年，着重进行科学研究和写作论文。"②之后的《1980年招收研究生计划的通知》中提到："招收四年制研究生（根据国家需要和学校条件，从二年制毕业的研究生中，择优选拔，再培养两年），每个指导教师每年招收研究生的人数不应过多。四年制的不宜超过三名（四年制前两年招生人数也可以是五名）。"③可以看出，自1979年开始招收研究生，对二年制、三年制、四年制的研究生培养目标和条件分别做出了定义，其中四年制研究生的培养目标是"着重进行科学研究和写作论文"，与如今博士生的培养非常相似，可以认为四年制研究生的招生制度即是博士生招生制度的初期萌芽。

（二）实施公开招考方式

1981年《学位条例》颁布之后，中国研究生教育实行分层次，开始博士生的招生与培养。博士生招生一开始就确立了公开招考方式，并一直贯彻至今④。当年博士生的招生对象为："1980年、1981年的毕业研究生中，思想进步，业务优秀，身体健康，年龄一般不超过40岁，经培养单位或所在单位同意，可以报考。"1982年，《招收攻读博士学位研究生的暂行规定》出台，明确

---

① 吴东姣，包艳华，马永红．改革开放以来我国博士研究生招生制度变迁的逻辑分析——基于历史制度主义视角［J］．中国高教研究，2018（6）：37—43.

② 教育部高校学生司．1977—2003年全国研究生招生工作文件选编（上下册）［M］．北京：北京航空航天大学出版社：2003：34—38.

③ 教育部高校学生司．1977—2003年全国研究生招生工作文件选编（上下册）［M］．北京：北京航空航天大学出版社：2003：27—29.

④ 教育部高校学生司．1977—2003年全国研究生招生工作文件选编（上下册）［M］．北京：北京航空航天大学出版社：2003：77—79.

提出："以公开招考方式招收博士生，实行考试与推荐相结合、笔试与口试相结合的方法。科目一般包括马克思列宁主义理论课、外国语和业务课。业务课的门数由各招生单位确定。除笔试、口试外，招生单位还可以举行其他必要的测验。考试日期由各招生单位自行确定。"① 该文件明确了硕士学历、应届毕业硕士生、同等学力者等群体均可报考，报考材料涉及专家推荐书，由指导教师提出录取意见，这些要求一直贯彻并延续至今，突出高校博士生招生工作的自主权。

（三）新增提前攻博方式

为加速培养中国社会主义现代化建设需要的高级专门人才，对博士的招生增加了提前攻读博士的方式。1984 年，针对少数有进一步培养前途的优秀硕士生，教育部决定：在有权授予博士学位的学科、专业内试行提前攻读博士学位的招生办法。提前攻博须由硕士生本人提出申请，经一系列审核通过后，再参加该年度的博士生入学考试，或院系单独组织的考试，成绩合格后方可转为博士生②，这是中国最早关于长学制培养理念的萌芽。公开招考与提前攻博这两种招生方式持续了十几年的时间。

（四）新增博士专业学位的招生

1997 年，中国试行博士专业学位的培养，博士生专业学位招生工作也随之启动。博士专业学位的招生条件包括：拥有学士或硕士学位证书；具有相关工作经验；相关专家的推荐信；英语水平资格证书。因此，中国博士专业学位招生是按照"推荐＋审核"制度来执行的。

（五）新增硕博连读 / 直接攻博方式

1998 年，博士生招生方式增加"硕士博士学位连读"方式。拟进行硕博连读的学生被录取为硕士生后即可提出申请，经本专业博士生导师同意及招生单位核准取得硕博连读资格，在完成规定的课程学习并通过博士生资格考核后

① 教育部高校学生司. 1977—2003 年全国研究生招生工作文件选编（上下册）[M]. 北京：北京航空航天大学出版社：2003：93—95.

② 教育部高校学生司. 1977—2003 年全国研究生招生工作文件选编（上下册）[M]. 北京：北京航空航天大学出版社：2003：157—158.

进入博士生阶段的学习[1]，硕博连读的招生培养方式，标志着中国贯通式培养模式的开始。2002年，博士生招生方式又增加了直接攻博的形式，允许特定学科和专业的本科毕业生直接取得博士研究生入学的资格[2]，增加了贯通式培养模式的种类。之后，国家对直接攻博的选拔比例做了进一步的规范，规定“招生人数原则上不得超过本校博士生招生规模的10%”。2009年，对博士生招生做了新的调整，取消了提前攻博这一方式，保留普通招考、硕博连读、直接攻博三种，并一直沿用至今[3]。

（六）推行“申请－考核”制度

随着教育全球化的推进，为了与世界一流大学接轨、加大对创新型人才的招生与选拔，中国政府和高校开始重视并积极借鉴国外博士生招生考试中的“申请－审核”制度，形成了有中国特色的“申请－考核”制度，进一步扩大了高校在博士生招生过程中的自主权，加强了对报考者拔尖创新能力的考察。21世纪初，北京大学首先尝试申请考核制，将博士生“入学考试”改为“入学选拔”，将博士生选拔分为初试、提交申请材料和复试三部分，改革重点在于加大了复试和申请材料所占的比重，特别要求提交学术论文、专利和其他研究成果以及研究计划等材料。同年，复旦大学在全国率先实行博导自主招收博士生改革，40多个重点学科领域均实行博士生导师自主招生，考试方式、考试内容将由博导自行确定。之后，复旦大学医学院招生要求报考除公共卫生学院、药学院外的医学类专业博士生，翔实提供7份申请材料，包括学习和从事临床或科学研究的经历、硕士学位论文、已有科研成果、专利、发表论文等，这次招生改革被普遍认为是国内高校首次正式通过“申请－考核制”招收博士生。随后，清华大学、东南大学、浙江大学等高校也加入申请考核制招生改革

① 教育部高校学生司．1977—2003年全国研究生招生工作文件选编（上下册）[M]．北京：北京航空航天大学出版社：2003：692—695.

② 教育部高校学生司．1977—2003年全国研究生招生工作文件选编（上下册）[M]．北京：北京航空航天大学出版社：2003：869—872.

③ 教育部，等．教育部国家发展改革委财政部关于深化研究生教育改革的意见[EB/OL]．[2013-04-19]．http://www.moe.gov.cn/srcsite/A22/s7065/201304/t20130419_154118.html.

的试点行列[①]。2012 年，中国农业大学出台《博士研究生招生制度改革实施细则》，并于 2013 年开始全面实施，成为我国率先全面实行博士生申请考核制的高校。[②]“十三五”期间，国家对博士生招考改革的“申请–考核”制度正式进行了明确：推进完善“申请–考核”的招生选拔机制。强化申请材料的审核，进一步明确了博士生的申请–考核招生方式[③]。中国博士生招生考试方式改革见图 4–2。

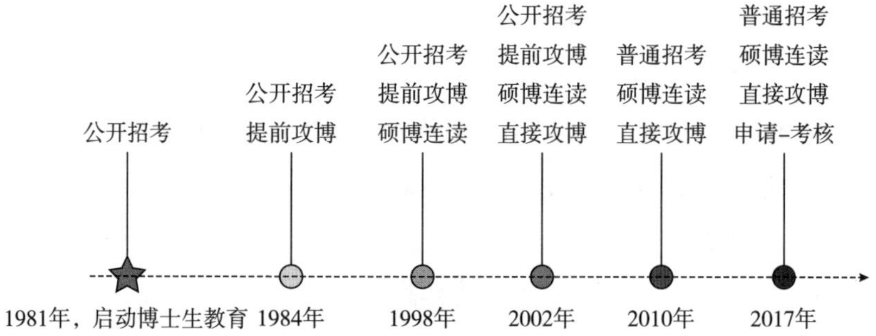

图 4–2　中国博士生招生考试方式发展改革

（七）实行招生计划的弹性管理

为推进招生计划管理改革，中国在博士生招收指标上加大了灵活调整的力度，进一步下放招生计划管理权。2012 年，教育部提出，建立博士生招生计划的分类指导和动态调整。选择少数“985 高校”，开展博士生招生计划弹性管理改革试点，发文批准哈尔滨工业大学、中国科学技术大学、西安交通大学、浙江大学、南京大学、上海交通大学、复旦大学、清华大学、北京大学 9 所高校开展博士研究生招生计划管理改革试点工作，在国家下达招生计划的基础上适度调整招生规模，弹性幅度不超过当年博士研究生招生计划的 10%，该试点工作一直持续至今。2016 年，教育部发文同意上海、江苏、广东三省、

①② 艾子. 卫国. 我校在全国率先全面实行博士生申请考核制［N］. 中国农大校报，2013-05-25.

③ 教育部办公厅. 教育部办公厅关于做好 2017 年招收攻读博士学位研究生工作的通知［EB/OL］.［2017-04-10］. http://www.moe.gov.cn/srcsite/A15/moe_778/s3114/201704/t20170421_303012.html.

直辖市在不超过5%比例范围内上浮所辖高校硕士研究生招生计划[①]，弹性招生改革日渐深入，横向扩大了试点范围，允许更多的高校和省市试行弹性制度，也纵向加大了试点深度，允许个别高校完全自主招生。

第二节 研究生培养模式的改革与发展

改革开放40年，经过不断的探索与创新，中国日渐形成了具有中国特色的研究生培养模式，主要经历了以下方面的改革：培养类型从单一的学术型培养模式逐步转变为学术型、专业型两者并重、分类培养的模式；课程设置从按二级学科为依据转变为按一级学科为依据；随着研究生规模的增长，导师指导方式从最初的“一带一”的师徒制模式，转向“一名导师带多名学生”、多种指导方式并存、强调“双师型”的联合培养模式；研究生创新基地、研究生暑期学校、博士生学术论坛等教育创新计划项目逐步出台并日渐完善，成为改变研究生培养模式、推动学生自主创新的重要平台。

一、硕士研究生培养模式的演变

从1978年恢复研究生招生以来，为满足国家战略发展的需求，硕士研究生从最初的纯学术型、补充师资的培养模式，历经应用型人才、联合培养、专业学位、创新型人才、分类培养等的改革与发展，为中国经济与社会发展提供了必要的人才支持。

（一）依据二级学科，实行纯学术的培养模式

1978年，中国开始恢复研究生招生，但并未区分硕士、博士，而是统称为研究生，以学习年限为依据，划分为二年制、三年制和四年制研究生三种，其

① 教育部办公厅．教育部办公厅关于开展扩大省级政府硕士生计划管理统筹权改革试点工作的通知［EB/OL］．［2016-03-22］．http://www.moe.gov.cn/srcsite/A03/moe_1892/moe_630/201604/t20160408_237314.html.

中前两者是中国硕士研究生的雏形。当时，国家各项事业处于恢复阶段，硕士研究生教育以培养高等学校师资和科学研究人才为主要目标，培养具有社会主义觉悟的，熟悉马克思主义，具有系统而坚实基础理论、专业知识和科学实验的技能，至少熟练地掌握一门外国语，身体健康，能够独立进行科学研究工作的科学技术和马列主义理论研究人才，研究生毕业后主要从事科学研究工作和高等学校的教师①，这一纯学术、单一的培养目标与当时恢复高考后国家缺乏此类人才是相联系的。这个时期的培养模式是以课程学习为主。由于师资、生源的差异，所采取的指导方式也有所不同。有的采取单一导师指导，由导师决定所学课程，比如中国“第一号”博士马中骐在攻读硕士研究生之前已有其他课程的学习基础，研究生期间只需学习英文和微分几何两门课，其余时间从事科研工作。有的采取导师指导小组集体指导的形式，如大连理工大学在 1978 年招收了 9 个专业的共 108 个学生，工程力学研究所（当时力学分系和所，系招收本科生，所招收研究生）的工程力学专业 34 人，编成一个班，导师组由钱令希、唐立民、钟万勰三位教师领衔，统一上课，集体培养。这个时期也必将注重研究生的国际交流与联合培养。1978 年，中国在研究生教育上也确立了“重点突出、统筹兼顾、保证质量、力争多派”的国家公派留学生派选原则，制定了 3000 人的派遣计划，派出人员以进修生、研究生、部分本科生。1979 年，邓小平访问美国并签订中美互派留学生协议，确立了改革开放初期研究生国际教育以留学教育为主的思想，奠定了中外联合培养研究生的基础。

随着学位条例制度的确立，研究生培养开始走向规范，校际、学科间开始相互交流、集思广益，培养过程逐步规范。1980 年，《中华人民共和国学位条例》经第五届全国人民代表大会审核通过，将中国高等教育层次结构划分为学士、硕士和博士三个等级，对培养对象、培养目标、课程要求和论文标准和导师资格及遴选上给出了具体的规定，为研究生培养的规范化提供了法理依据。同年，很多学校已开始对改革开放时期入学的第一届研究生（在校的二年级研究生）提出完成学位论文的要求，如大连理工大学当时的工程力学研究

① 教育部高校学生司. 1977—2003 年全国研究生招生工作文件选编（上下册）[M]. 北京：北京航空航天大学出版社，1978：14—16.

所第一批研究生 34 人起初都不分研究方向,《学位条例》审核通过后，学校要求他们完成学位论文，并将他们安排到 5 个研究室（结构分析和优化、有限元理论和应用、弹塑性理论、流体力学和实验力学），由研究室的老师确定论文题目，安排指导教师。1981 年《学位条例》正式实施后，大连理工大学对第一批的 100 名研究生进行学位论文公开答辩，成为中国实施学位制度后的首批硕士学位获得者。同年 5 月,《中华人民共和国学位条例暂行实施办法》(简称《实施办法》) 正式实施，标志着中国研究生人才培养制度的初建。这个时期的硕士研究生培养对象，不仅面向优秀本科应届毕业生，也面向在职人员。这个时期的招生培养方式，是国内攻读与国外攻读相结合[①]。《实施办法》明确了硕士学位的考试课程和论文标准：课程包括马克思主义理论课、一门外国语和三至四门基础理论课、专业课。学位论文对所研究地课题应当有新的见解，表明作者具有从事科学研究工作或独立担负专门技术工作的能力，确立了科研与课程在硕士研究生培养中并重的模式。硕士生的指导教师遴选的具体标准和实施办法一直由学位授予单位自行拟定，延续至今。[②] 规定了硕士生导师的资格“每个招收硕士生的学科、专业须在指导力量、研究工作和物质条件等方面具备必要的条件。须有学术水平较高、在教学或研究工作中有成绩、目前正在从事科学研究的教授、副教授（研究员、副研究员或相当职称的人员）担任指导教师”[③]，沿用至今。1981 年 11 月，国务院批准首批硕士学位授权单位 358 个，拥有硕士学位的学科、专业点 3185 个，当年硕士的招生录取数为 9600 人，硕士在校生为 32200 人，每个单位平均 90 人，每个专业平均 10 人，虽然可以实行指导教师负责制或研究生指导小组集体负责制[④]，但实际上绝大多数单位采取的是单一导师指导的“师徒制”。

① 教育部高校学生司. 1977—2003 年全国研究生招生工作文件选编（上下册）[M]. 北京：北京航空航天大学出版社，1981：61—63.

② 教育部. 我国有对研究生导师遴选的相关标准吗 [EB/OL]. [2009-11-24]. http://www.moe.gov.cn/jyb_hygq/hygq_zczx/moe_1346/moe_1366/tnull_55131.html.

③ 教育部高校学生司. 1977—2003 年全国研究生招生工作文件选编（上下册）[M]. 北京：北京航空航天大学出版社，1981：61—63.

④ 教育部高校学生司. 1977—2003 年全国研究生招生工作文件选编（上下册）[M]. 北京：北京航空航天大学出版社，1977：3.

经过几年的发展，讨论与制定硕士研究生培养方案受到各单位关注，并开始初期探索。1982年，教育部委托华东化工学院、复旦大学等邀请有关学科的专家进行培养方案的集中研讨，会后下发了《教育部部属高等学校化工流体力学与传热、传质与分离工程、化学反应工程三个专业攻读硕士学位研究生培养方案》《教育部部属高等学校理论物理、固体物理专业攻读硕士学位研究生培养方案》《关于印发教育部、农牧渔业部部属高等学校研究生培养工作经验交流会纪要的通知》等文件，开展培养工作经验交流，制定部分领域的培养方案，用于指导各有关单位开展研究生教育，满足国家重点领域建设对于高层次人才的迫切需求。

这一时期，伴随着中国学科目录设置的明确，培养单位开始按二级学科尝试培养硕士研究生。1983年，国务院学位委员会第四次会议审议通过《高等学校和科研机构授予博士和硕士学位的学科、专业目录（试行草案）》，共设置了63个一级学科，638个二级学科，促进了硕士研究生培养的规范化。因各培养单位均处在研究生培养的探索时期，所以在硕士学位课程建设上出现了指导教师和硕士生把学位课程局限于具体的研究方向、学位课程制定得不够合理等问题。为解决这些问题，各培养单位开始加强交流。成立于1981年的“教育部直属综合大学研究生教育管理研究会”（中国学位与研究生教育学会文理科工作委员会的前身），曾举办过多届学术研讨年会，交流探索研究生招生、培养工作，推动了研究生培养共识的形成及管理的规范化，各培养单位开始完善学位课程。1985年，西安交通大学提出按照二级学科建立硕士学位课程的构想，要求每个硕士生严格按照各专业的学位课程确定培养计划。

（二）试点推行应用型人才培养模式和联合培养模式

随着中国现代化建设对于高层次工程领域人才需求的不断增加，工程硕士人才培养开始试点改革。1984年，西安交通大学邀请清华大学等11所高等工科院校，在西安召开培养工程类型硕士学位研究生研讨会。会议交流了各校对培养工程类型硕士学位研究生的设想和方案，会后向教育部提出了《关于培养工程类型硕士生的建议》，教育部转发了这个建议，并同意在11所高等工科院校进行培养工程类型硕士生的试点工作。由此，中国硕士研究生培养目标开始突破单一的学术型人才培养，开启了应用型人才培养的尝试。同年，为提高研究生在实践过程中的应用能力，部分高校和科研院所尝试联合培养硕士研究生。复旦大学、浙江大学与上海光学精密机械研究正式联合培养研究生，成立联合指导小组，开展联合招生、联合制订和实施培养计划、共同编写研究生教材、进行论文答辩与学位评定等①，其中一年半的课程学习主要由复旦大学、浙江大学负责，在二年级第一学期期末，双方老师根据联合培养研究生的学习情况与所在学校的实验条件，逐个讨论研究生的论文选题。1986 年，国家教育委员会《关于改进和加强研究生工作的通知》明确提出，在每个层次特别注重应用型学科研究生的培养，标志着硕士研究生培养模式从单一的传统学术型向学术型、应用型并重的模式转变。

随着在职人员攻读硕士研究生学位比例的日益增加，在该领域进行了双导师联合培养的改革尝试。1987 年，国家教育委员会明确指出，在职人员被录取为委托培养研究生后，由招生单位的指导教师和有关单位具有高级技术职务并符合硕士生指导教师条件的专家合作指导②，开启了硕士生培养中双导师联合培养的先河。

硕士研究生教育从恢复到发展的这 10 年后，初步缓解了中国高级专门人才青黄不接的局面。此后，中国人才培养的领域也逐步进行了调整与优化，以更加符合这一时期国家事业建设的需要。1988 年，国家教育委员会发文，提出要加强和改革高等文科教育③，并提出要改革农科类研究生教育、不宜扩大规模④。1989 年，国家教委发布《关于加强培养工程类型工学硕士研究生工作的通知》指出：高等学校和科研机构人才紧缺的状况已得到缓解，而厂矿企业、工程建设等单位高级专门人才数量不足，要面向厂矿企业、工程建设等单

① 周桂清. 所校联合培养研究生初探［J］. 学位与研究生教育，1986（4）：14—15+25.

② 教育部高校学生司. 1977—2003 年全国研究生招生工作文件选编（上下册）［M］. 北京：北京航空航天大学出版社，1981：289—291.

③ 国家教育委员会. 我国学位与研究生教育大事记（1988 年）［J］. 学位与研究生教育，1988（3）：77.

④ 国家教育委员会. 我国学位与研究生教育大事记（1988 年）［J］. 学位与研究生教育，1988（3）：77.

位，培养工程类型的工学硕士研究生，这是高等学校研究生培养工作中的一项重要任务和变革。这个时期的人才培养规格，是采取在原有的学科类型下进行扩充，如工学硕士（工程类型）、货币银行学（应用类）等。按照新的培养类型，各工科院校从培养目标、招生对象、培养方法、教学要求、论文标准等方面重新设定，制定了专门的培养方案，虽然并没有在制度上进行突破，但意义重大，开启了培养高层次应用型人才的步伐，对于后来培养专业学位硕士研究生起到了很好的示范作用。这个时期，国家鼓励厂矿企业、工程建设等单位与高等学校密切配合，提供科研课题、经费和必要的工作条件支持研究生联合培养，这是"产学研联合培养"的起源。理工类高校按照文件精神，以培养校所学术科研力量及工程应用高级人才为主要任务，积极开展产学研联合培养，构建了中国研究生联合培养初期的规章制度。之后，"产学研联合开发工程"正式启动，主要是在经济领域，但却在提高研究生科教水平方面起到了助推作用。中国科学院、清华大学、复旦大学等单位与技术创新试点企业密切合作，为企业定向培养研究生，初步探索了产学联合培养研究生的机制和制度，提高了研究生的技术水平和实践能力①。

（三）开设专业学位，加快在职人员的培养

20世纪90年代前后，中国专业学位研究生教育开始起步，标志着研究生人才培养类型从学术型向学术型、应用型的多元化模式转变。1989年，国务院学位办发文提出设立培养中国式MBA研究小组②，试行专业学位硕士研究生的培养。1990年，国务院学位委员会通过《关于设置和试办工商管理硕士学位的几点意见》，标志着中国第一个专业学位的确立。1992年，受国务院学位委员会办公室和国家教委研究生工作办公室的委托，工商管理硕士协作组召开了研讨小组会议，会议制定了中国培养工商管理硕士学位研究生的参考性培养方案——《工商管理硕士生培养管理的若干规定（征求意见

---

① 李金龙，万明，裴旭，等. 我国研究生联合培养政策变革及实践发展历程、特征与趋势［J］. 研究生教育研究，2016（6）：8—12.

② 国务院学位委员会、国家教委研究生司. 国务院学位委员会、国家教委研究生司关于设立"培养中国式MBA研究小组"的通知［EB/OL］.［1989-3-10］. http://bbs.pinggu.org/zyzt/46415/2/.

稿）》[①]。同年，国务院学位委员会批准了黄达等学位委员提出的“按专业授予专业学位证书”的建议，按专业学位本身而不是学科门类授予学位，这是对《学位条例》中学位授予方式的主要变革，突破了在原有的学科类型下加括号标注人才培养规格的方式。

1990 年，中国颁发了新的《高等学校和科研机构授予博士、硕士学位的学科、专业目录》。在新的学科目录的指导下，部分高校如哈尔滨工业大学组织了硕士研究生培养方案的修订，优化学科结构和研究方向，拓宽了二级学科内涵。1997 年，国务院学位委员会颁布了新的《高等学校和科研机构授予博士、硕士学位的学科、专业目录》，后续微调了硕士研究生课程设置，可按一级学科范围内相关的二级学科进行拓宽，要体现二级学科本身的特征和学科应有的知识结构[②]，奠定了硕士研究生按一级学科培养的基础。部分培养单位开始按一级学科培养硕士研究生，如哈尔滨工业大学的计算机科学与工程硕士培养方案[③]。

1997—2008 年，面向在职人员的专业学位得到了快速发展，到 2008 年专业学位类别 19 个，各专业学位授权点 1481 个，专业学位教育、招生规模由 1997 年的 9395 人增加到 2008 年的 151869 人，大多数以非全日制的方式进行培养，与企事业单位进行全面合作，引入“订单式”培养，聘请在职人员所在单位的高级技术专门人才作为校外导师。

（四）构建研究生创新平台，提升创新能力

随着中国创新型国家建设步伐的日益加快，硕士研究生教育中逐步加大了创新能力的培养。1999 年，国家发布《2000 年全国招收攻读硕士学位研究生简章》明确提出，硕士研究生需要培养具有创新精神的人才。2003 年，《2003—2007 年教育振兴行动计划》出台，明确提出推进研究生教育创新计划，鼓励并资助研究生科研创新，促进研究生教育与生产劳动和社会实践紧

① 我国学位与研究生教育大事记（1992 年）[J]. 学位与研究生教育，1993（4）：57—62+22.

② 教育部. 教育部关于修订研究生培养方案的指导意见 [EB/OL]. [1998-04-28]. http://www.docin.com/p-513333345.html.

③ 蒋宗礼，张晓霞. 计算机科学与技术学科硕士研究生课程体系之我见 [J]. 学位与研究生教育，1999（5）：32—34.

密结合，提高研究生培养质量，促使拔尖创新人才脱颖而出。2005年，研究生教育创新计划正式开始实施①，相关的项目开始启动②，包括研究生暑期学校、研究生创新中心等。研究生暑期学校主要是利用暑期邀请某一学科领域的专家开展讲座论坛、前沿报告等，部分院校还增加了实验室参观、项目设计等活动，旨在推动研究生优质教育教学资源，包括实验室资源、某一学科领域的中外专家资源的共享，以拓展研究生的学术视野，激发研究生的创新思维。该项目前期采取国家审批的方式，每个项目资助约30万元，十年之后转变为自行举办模式，日渐成为研究生创新教育与创新型人才培养的重要部分，成为弥补研究生日常培养过程中创新性、开放性不足的重要平台。2003—2012年，中国研究生暑期学校已举办近200校次，举办院校有60多所，参加学员2万多人③，学校受益面不断扩大，学科领域不断拓宽。北京航空航天大学前后共举办了十余届宇航科学与技术（后演变为航空航天国际）研究生暑期学校，至今仍在持续，在国内外同学科领域获得了广泛赞誉。研究生创新中心则是集中了优质教育教学资源，为研究生的创新活动与科研实验提供了良好的实践平台。2003—2007年，依托高校已有的教学科研平台，中国共批准建设了59个以开放、共享和自主创新为特点的创新基地④。重庆大学的研究生创新中心建设了多个跨学科的实验室，鼓励研究生自主选题、创新与管理。西北工业大学的研究生创新中心以实验中心、主题实验室、虚拟实验室三位一体的方式，鼓励研究生开展创新研究。河海大学得到了长江水利委员会、黄河水利委员会的支持和经费投入，在武汉和郑州两地共建研究生联合培养实践基地，实现了基地的联合举办与共建共管。

---

① 教育部. 关于实施研究生教育创新计划，加强研究生创新能力培养，进一步提高培养质量的若干意见［EB/OL］.［2005-01-21］. http://www.moe.gov.cn/publicfiles/business/htmlfiles/moe/moe_836/201002/xxgk_82745.html.

② 教育部. 关于加强研究生教育创新计划项目管理的通知［EB/OL］.［2005-01-28］. http://www.cdgdc.edu.cn/xwyyjsjyxx/xwbl/zcfg/zywj/262707.shtml.

③ 谢丹，马永红，张循哲. 我国研究生暑期学校建设绩效调查［J］. 研究生教育研究. 2012（2）：45—48.

④ 谢丹，马永红，王悦. 中国高校研究生创新基地建设效果研究与建议［J］. 北京航空航天大学学报（社会科学版），2014（1）：108—112.

（五）实行学术学位与专业学位分类培养，全面提高质量

“十一五”末期，随着中国各行各业的均衡发展，对于高层次应用型人才的需求更为突出，加大专业学位研究生培养成为新的热点。2008 年，国务院学位委员会第 26 次会议指出，要调整学术学位和专业学位的比例，改变全日制硕士研究生以攻读学术型学位为主的局面，为各行各业培养一线专业人才。大力培养专业学位硕士研究生，加强应用型高层次人才的培养力度，成为硕士研究生培养的主要改革方向。2009 年 3 月，130 位出席全国专业学位教育指导委员会联席会年度工作会议的代表向教育部建议，调整、优化硕士研究生教育培养结构，随后教育部发文确定了中国硕士研究生教育将逐渐从以培养学术型人才为主向以培养应用型人才为主转变的战略方向，明确招收应届本科毕业生攻读全日制专业学位，强调建设一支高水平“双师型”教师队伍①。自此，中国专业学位硕士研究生培养进入新的历史阶段，联合培养成为新趋势。《国家中长期教育改革和发展规划纲要（2010—2020 年）》《国家中长期人才发展规划纲要（2010—2020 年）》纷纷出台，强调建立以科学与工程技术研究为主导的导师责任制和导师项目资助制，推行产学研联合培养研究生的双导师制；建立学校教育和实践锻炼相结合、国内培养和国际交流合作相衔接的开放式培养体系，为硕士研究生联合培养与发展营造了良好的政策环境②。此后，教育部、中国科协下发文件，选择清华大学等 6 所高校，中国科技馆等 7 家科技场馆，联合开展培养高层次科普专门人才试点工作，科普硕士挂靠于教育硕士、新闻传播硕士、艺术硕士等专业，形成了不同方向、不同侧重点的联合培养模式。

“十二五”期间，硕士研究生的课程设置、培养模式、教学方式均开展了改革与探索。随着研究生教育的发展和完善，按二级学科设置课程体系来培养硕士研究生已满足不了“宽口径、厚基础”的人才培养要求，也不利于研究生

① 教育部. 关于做好全日制硕士专业学位研究生培养工作的若干意见［EB/OL］.［2009-03-26］. http://www.cdgdc.edu.cn/xwyyjsjyxx/gjjl/zcwj/267236.shtml.

② 李金龙，万明，裴旭，等. 我国研究生联合培养政策变革及实践发展历程、特征与趋势［J］. 研究生教育研究，2016（6）：8—12.

知识体系的构建。2011年《学位授予和人才培养学科目录》颁布，各高校尝试按一级学科设置课程、培养研究生。2013年，《关于深化研究生教育改革的意见》出台，明确提出推进分类培养模式改革，随后《关于深入推进专业学位研究生培养模式改革的意见》出台，提出以职业需求为导向，以实践能力培养为重点，以产学结合为途径，鼓励培养单位结合区域经济社会发展特点和自身优势，制定各具特色的培养方案。在此背景下，各大高校积极探索硕士研究生学术学位、专业学位的分类培养模式改革。清华大学将研究生的分类培养与硕士、博士的各自定位相结合进行了改革，确立研究型、复合型、应用型并存的多元化人才培养目标，实施针对性的培养计划提升研究生的核心能力；针对应用型硕士研究生，实施"应用型创新人才培养计划"和"专业实践能力培养与训练计划"。中国科学技术大学对专业学位研究生采取集团化培养模式，将专业相近的专业学位统筹设置在管理学院、公共事务学院、软件学院、纳米学院、人文学院5个学院，加快资源共享和优势互补。哈尔滨工业大学在分类培养中，创造性地增设分类选型阶段，以科学学位入学的硕士研究生根据就业取向和课题方向，可自由选择学术研究型或应用研究型培养模式。分别制定培养方案[①]。2014年，《关于改进和加强研究生课程建设的意见》出台，提出要改变只重科研而忽视课程建设的倾向，将课程质量作为评价学科发展质量和衡量人才培养水平的重要指标，强调了硕士研究生培养中科研与课程学习并重的模式。2015年《关于加强专业学位研究生案例教学和联合培养基地建设的意见》出台，强调案例教学、交流合作平台等。

"十三五"期间，学术学位与专业学位的硕士研究生分类培养改革仍在继续。2016年，教育部发文规定，从2016年12月1日后录取的研究生从培养方式上按全日制和非全日制形式加以区分[②]。2017年，《学位与研究生教育发展"十三五"规划》出台，勾勒出了中国2020年以前学位与研究生教育改革发展

① 吴蔚，何昌清，古继宝. 我国研究生分类培养的理念、实践与困惑［J］. 研究生教育研究，2015（1）：48—52.

② 教育部. 关于统筹全日制和非全日制研究生管理工作的通知［EB/OL］.［2016-09-14］. https://yz.chsi.com.cn/kyzx/kydt/201609/20160914/1554112506.htm.

的路线图，加强学术学位研究生创新能力培养，加强专业学位研究生实践能力培养，到 2020 年专业学位硕士生比例将达到总体的 60% 左右。中国硕士生培养模式的发展见图 4–3。

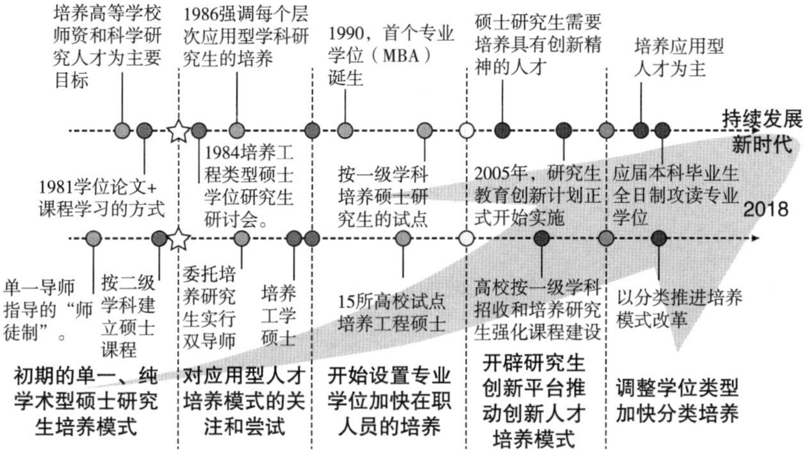

图 4–3　中国硕士生培养模式的改革与发展

二、博士研究生培养模式的演变

博士研究生教育是中国现行教育结构和学位层次结构中的最高级教育，担负着为国家输送高级人才的任务。经过多年的发展与实践，基本形成了具有中国特色的博士生培养模式，并实现了以下方面的转变：从纯学术型的培养模式逐步转变为基于学术与专业学位并存的、多元化培养模式；从分段式培养逐步转变为分段式和贯通式培养相结合；由注重科研训练和论文写作逐步转变为对科研课题、论文课程的全面要求；由单一导师指导的师徒制转变为鼓励导师负责的集体培养并重；由校内导师指导逐步转变为校所、中外等多导师联合培养的集体指导模式；由二级学科培养逐步转变为一级学科培养。

（一）启动培养工作

1981 年起正式实施的《中华人民共和国学位条例》，将中国高等教育层次结构划分为学士、硕士和博士三个等级，标志着改革开放以来中国博士生培养的开端[①]。但实际上，1979 年开始招收的四年制研究生，其培养规格和要求已经可以看作博士生培养的萌芽。1981 年 11 月，国务院批准首批 151 个博士学位授予单位及博士学位授予学科和专业 812 个，博士生导师 1155 人。此时博士生导师的遴选聘任，须经国务院学位委员会审核，由国务院批准。1982 年，《关于招收攻读博士学位研究生的暂行规定》出台，明确了博士生的培养目标、招生、报考、录取等内容，博士生培养进入制度化的有序发展时期。该文件中指明中国博士生的培养目标是："德智体全面发展，在本门学科上掌握坚实宽广的理论基础和系统深入的专门知识，具有独立从事科学研究工作的能力，在科学和专门技术上做出创造性成果的高级科学专门人才。"博士生培养初期，国内高等教育领域面临着师资力量薄弱、师资水平偏低的问题。这一时期博士生培养的重点是为了解决师资和学术人才缺乏的问题，博士生的培养对象除了应届毕业硕士生还包括符合条件的在职人员[②]，博士生培养呈现出生源多样化的特点。培养过程上，主要以科学研究为主，辅以少量课程[③]。课程由马克思主义理论课、基础理论课和专业课、两门外语课组成[④]。其中，基础理论课和专业课根据各高校的办学特色和学科特点自行进行设置，体现学科发展的前沿性与新颖性，适应高层次人才培养的高精深要求。要考核的课程，包括马克思主义理论课和外语课，但是基础理论课和专业课考试门数由学位授予单位决定[⑤]。

1983 年，国务院学位委员会第四次会议审议通过《高等学校和科研机构授予博士和硕士学位的学科、专业目录（试行草案）》，博士生的培养按照二

---

① 教育部高校学生司. 1977—2003 年全国研究生招生工作文件选编（上下册）[M]. 北京：北京航空航天大学出版社，2003：77—79.

② 教育部高校学生司. 1977—2003 年全国研究生招生工作文件选编（上下册）[M]. 北京：北京航空航天大学出版社，2003：137—138.

③ 侯卉，卜庆芊，郭述贤. 适应医学发展 改革医学研究生教育 [J]. 学位与研究生教育，1996（3）：54—58.

④ 国务院. 中华人民共和国学位条例暂行实施办法 [EB/OL]. [1981-05-20]. http://www.moe.edu.cn/s78/A02/zfs__left/s5911/moe_620/tnull_3133.html.

⑤ 国务院. 国务院学位委员会《关于国务院学位委员会第一次（扩大）会议的报告和中华人民共和国学位条例暂行实施办法》的通知 [EB/OL]. [1980-12-15]. http://www.moe.gov.cn/s78/A22/xwb_left/moe_817/flfggz_xx/tnull_4081.html.

级学科目录进行，但由于博士生培养规模小，课程难以形成体系，专业课程基本由导师根据研究方向直接讲授，注重博士生科研能力的训练和学术论文的撰写。在导师指导方式上，虽然要求实行教研室或研究室集体为基础的导师个人负责制[①]，但实际上绝大多数采取的是单一导师指导的“师徒制”[②]。这一阶段的博士生导师，有的是新中国成立前从欧美获得博士学位后回国的，有的是“文化大革命”前培养的老研究生[③]，数量少，但是导师的水平高，导师和博士生之间有着充分的交流和沟通，很多是“多带一”的师徒制模式。如中国第一批博士学位获得者马中骐博士的导师是胡宁教授。马中骐在做博士论文时也得到了著名数学家谷超豪的指导。[④]这一时期博士生培养的质量很高。1983 年中国授予了第一批博士学位，获得者共 18 人，其中也有来自 1978 年招收的硕士生中成绩突出、学术水平达到了博士学位标准的候选人。1982—1983 年，中国科学院、中国科学技术大学、复旦大学、华东师范大学、山东大学等单位对 18 名通过硕士学位课程考试的硕士生，进行了博士学位课程考试和博士学位论文答辩，这些人获得通过后被授予博士学位[⑤]。如李尚志1978年考入中国科学技术大学的研究生，1980 年写出了第一篇论文，被专家们认为已达到了博士水平。1982 年 5 月 25 日中国科学技术大学学位委员会批准授予其博士学位，之后经由中国科学院及国务院审查，1983 年 5 月 27 日在人民大会堂接受了中国首批博士学位授予仪式，成为 18 名博士中的一员。

这个时期负责博士生的管理机构多是与教务处、科研处等合署办公。1984 年北京大学等22所高校开始试办研究生院[⑥]，形成了一批研究生培养基地，由

---

① 中国学位与研究生教育发展报告课题组．中国学位与研究生教育发展报告（1978—2003）[M]．北京：高等教育出版社，2006.

② 中国博士研究生培养模式改革研究 [R]．北京：北京航空航天大学高等教育研究院，2017.

③ 刁承湘，王亚平，唐佩禄，等．立足国内培养博士生的条件与途径——从一篇高水平的优秀博士生论文谈起 [C]// 立足国内培养跨世纪研究生．北京：北京理工大学出版社，1996.

④ 百家号．兰大毕业留校、北京两次读研、中国“第一号”博士马中骐 [EB/OL]．[2018-03-08]．https://baijiahao.baidu.com/s?id=1594333399495428305&wfr=spider&for=pc.

⑤ 周光礼．中国博士质量调查——基于 U/H 大学的案例分析 [M]．北京：社会科学文献出版社，2010.

⑥ 中国学位与研究生教育信息网．关于在北京大学等二十二所高等学校试办研究生院的通知 [EB/OL]．[2018-10-18]．http://www.chinadegrees.cn/xwyyjsjyxx/xwbl/zdjs/yjsy/.

此开始了博士生教育集中管理和分散培养相结合的管理方式[①]。1981—1985年，博士教育发展速度惊人，5 年间增长了 6 倍，每年录取人数分别为 403 人、281 人、315 人、1926 人、2361 人[②]。

（二）强调科教融合和应用型人才的培养

1985 年,《关于改革博士学科点专项科研费管理办法的通知》《高等学校博士学科点专项科研基金暂行办法》《关于试办博士后科研流动站》《关于申请试办博士后科研流动站的通知》等文件相继出台，强调了博士生培养与学科点建设、与科研课题相结合、体现科教融合的要求，博士生培养进入重视科研训练的关键时期。以中国科学院为例，为了保证博士生的培养质量，"博士生的论文必须体现基础性、系统性、创造性。学位论文的选题，必须是导师所从事的研究领域中的基础性课题，且进行全面深入的研究，给出有一定创造性的研究成果[③]"。同年，博士生导师权限下放，由国务院学位委员会审核批准[④]。经国务院学位委员会学科评议组审核通过的博士、硕士学位授予单位及其学科、专业和博士生指导教师名单，也改由国务院学位委员会批准。

经过几年的迅速发展，中国高校和科研机构的教学研究型人员短缺问题得到较大的缓解，同时根据国家新的建设需要，加大了对博士生应用型人才的培养力度。1986 年，国家教委发布《关于改进和加强研究生工作的通知》指出："每个层次要注意多种规格培养，特别是应用学科的研究生，如工程博士、临床医学博士等。既要培养大学教师和科研人员，也要注意培养应用部门的高层次人才。"清华大学在对博士生学位论文的要求中提到，为了使研究生毕业后尽快适应四化建设的需要，其学位论文由重学术研究向包括基础研究、应用研究、技术开发、工程设计等多种类型转变，实现研究生培养的多

① 吴本夏．学位与研究生教育文集［M］．西安：西安交通大学出版社，2000.

② 教育部高校学生司编．"十五"期间研究生招生政策与实践［M］．北京：北京师范大学出版社，2006:381.

③ 李云玲．发扬特色和优势办好中科院研究生教育［C］// 林功实．立足国内培养跨世纪研究生，北京：北京理工大学出版社，1996：242.

④ 张淑林，裴旭，方俊，等．我国研究生导师聘任制的历史沿革和未来走向——以中国科学技术大学博士生导师聘任制改革探索为例［J］．学位与研究生教育，2010（11）：17—21.

规格[①]。同年，国务院学位办公室发布了《培养医学博士（临床医学）研究生的试行办法》，标志着中国博士研究生培养模式开始由单一学术型人才向学术型和应用型人才并重转变[②]。在此形势下，有临床医学博士学位授予权的高等医学院校和医学科研机构的学科、专业点试行临床医学博士培养：一类以培养科学研究能力为主，达到博士水平的，授予医学博士学位；一类以培养临床实际工作能力为主，达到博士水平的，授予医学博士（临床医学）学位，两种学位在培养要求、知识结构和能力结构上各有侧重[③]。临床医学博士生的培养年限一般为4—5年，采取分阶段直接攻读博士学位的培养方法。第一阶段一般为2年，主要进行临床实践和学位课程的学习，并从中择优选拔升入第二阶段继续培养；第二阶段一般为2—3年，学习和掌握本学科临床技能和理论知识，完成全部学位课程，撰写学位论文。临床医学博士的考核实行筛选制度，部分学生择优录取升入第二阶段学习，未能升入第二阶段的学生在完成规定课程和论文后，可转成硕士学位；对于不合格的学生则终止其学习过程，只发放结业证书。该方式虽然是以培养应用型人才为目的，但这一时期的临床医学博士学位依旧是学术型学位。

这个时期对于博士生人才培养的改革，还体现在中期淘汰、中外合作培养等方面。《关于改进和加强研究生工作的通知》指出："在博士生进入论文写作之前，也要进行一次考核，对不能达到基本条件者，停止论文写作，其中已取得硕士学位的，仍按硕士毕业生分配工作，未取得硕士学位的，改写硕士学位论文。"初步体现了博士生培养上分流淘汰的理念。以北京大学为例，1986年之前，学科综合考试多在学位论文答辩之前进行，考试成绩合格者方可进行博士学位论文答辩。1986年之后，学科综合考试调整到学位论文撰写之前，更有利于促进博士生的学习和科研工作，保证培养质量。北京大学还要求博士生在学位论文答辩之前，在国内一级刊物或国际核心刊物上至少发表或被接受

---

① 徐远超，林功实，梁尤能. 国民经济发展与研究生教育沿革［J］. 立足国内培养跨世纪研究生，1996.

② 李盛兵. 研究生教育模式嬗变［M］. 北京：教育科学出版社，1997.

③ 教育部高校学生司. 1977—2003年全国研究生招生工作文件选编（上下册）［M］. 北京：北京航空航天大学出版社，2003：225—235.

2 篇论文，不达要求者不能参加博士论文答辩[①]。

1986 年，国家教委发布《关于 1986—1987 年度资助部分高等学校选派博士生与国外合作培养的通知》，提出要积极开辟中外合作进行科学研究和培养博士生的途径，先在部分培养博士生多、国际学术交流基础好的高等学校进行试点，选派 100 名博士生与国外合作培养。合作培养的博士生一般在国内学完中国学位条例所规定的学位课程后，根据博士论文工作的需要到国外进行为期一年至一年半学习和研究工作，回国进行博士学位论文答辩，由派出学校授予博士学位。博士生培养开始了走国际化道路、中外合作培养的路径。1987 年，中国博士生教育开启了对外合作培养博士生的新模式，联合培养博士生项目，出现在中国－加拿大大学管理教育合作项目协议中[②]，以中方为主，同加方联合培养博士生，由中方授予学位，开始博士生的深度合作培养。

1990 年，中国颁发了新的《高等学校和科研机构授予博士、硕士学位的学科、专业目录》，博士生的培养仍然按照二级学科目录进行，但是对博士生的培养制度进行了完善。1992 年，《关于印发〈博士生培养工作暂行规程）和〈关于加强博士生培养工作的意见〉（征求意见稿）的通知》等相继印发，对于博士生的培养内容等进行了明确："博士生的培养以科学研究工作为主，重点是培养独立从事科学研究工作的能力。并应根据本学科博士生培养方案的规定、学位论文工作的需要和个人特点，继续学习一些有关课程，在拓宽和加深基础理论、专业知识以及掌握学科前沿动态的基础上学会进行创造性研究工作的方法和培养严谨的科学作风。"

（三）试点按一级学科培养及贯通式培养

据 1991 年统计，全国每个博士点平均招收 1.4 名学生，每位导师招收 0.4 名学生，博士生生源严重不足[③]。1993 年，《中国教育改革和发展纲要》出台，

---

① 曹在礼，汪太辅．进一步提高博士生培养质量［C］// 林功实．立足国内培养跨世纪研究生．北京：北京理工大学出版社，1996.

② 教育部高校学生司．1977—2003 年全国研究生招生工作文件选编（上下册）［M］．北京：北京航空航天大学出版社，2003：270—271.

③ 刘元芳，陆敏．博士生生源问题的分析和对策．高层次人才培养的研究［M］．北京：清华大学出版社，1995：124.

提出了“211 工程计划”[①]，并提出“努力扩大研究生培养规模”的方针。在此形势下，博士生规模快速增长，1993—1999 年博士生规模年增长率为 20.6%，远远超过硕士生的 12.3%[②]。在《中国教育改革和发展纲要》文件精神指引下，一些高校开始进行培养模式的改革，试点按照一级学科或学科群进行博士生培养。西安交通大学试点按照一级学科招收培养博士生，一级学科统一命题、阅卷、录取，对考生的研究方向进行调剂。按照一级学科制定培养方案：每个一级学科设置 10—15 门专业课，每门课 2 学分，博士生需选择 4—6 门；开设 1 门讲座课，博士生须参加 8 次讲座，共计 2 学分。按照一级学科进行博士生的培养，规范了课程教学与考试内容，有利于一级学科间导师、师生之间的交流，加强了学科建设，促进了博士生培养质量的提高[③]。华南理工大学是由几个不在同一个（或在同一个）一级学科的相关二级学科群来招收培养博士生，建立超越二级学科的导师组[④]。导师组发挥多学科交叉、渗透的优势，加强师资力量，提供更多更好的仪器和设备，促进了学术交流。培养模式的改变促进了导师指导方式的改革。1994 年，北京大学倡导建立由导师牵头、相关学科的教授、副教授参加的学术集体，负责研究生学业考核与论文指导工作，实行导师个人负责与集体培养相结合[⑤]。这时对于博士生指导教师的审核，也进行了权力下放。1995 年，国务院学位办发布《关于改革博士生指导教师审核办法的通知》，博士生指导教师由国家审核，改为由国务院学位办审核，国家聘博导的模式成为过去式。为了保障培养质量，这一阶段的培养过程已开始注重课程学习与学位论文写作并重的方式[⑥]，在一些高校中实施博士生课程学分制，

① 中共中央，国务院．中国教育改革和发展纲要［EB/OL］．［1993-02-13］．http://www.moe.gov.cn/jyb_sjzl/moe_177/tnull_2484.html.

② 周光礼．中国博士质量调查——基于 U/H 大学的案例分析［M］．北京：社会科学文献出版社，2010：36.

③ 张文修，姚天祥，蒋德明．按照一级学科招收培养博士生的实践与认识［J］．学位与研究生教育，1995（6）：32—34.

④ 罗文标，王国荣．按学科群招收培养博士生的思考［C］// 立足国内培养跨世纪研究生．北京：北京理工大学出版社，1996：210.

⑤ 赵光武．遵循教育规律　提高培养质量［J］．学位与研究生教育，1996（3）：7—9.

⑥ 国务院．国务院关于《中国教育改革和发展纲要》的实施意见［EB/OL］．［1994-07-03］．http://old.moe.gov.cn/publicfiles/business/htmlfiles/moe/moe_177/200407/2483.html.

严格规定课程考试、学科综合考试等制度，体现了对博士生课程学习的严格要求[①]。1995 年，清华大学在校博士生 1200 多人，博士生导师 342 人，17 个一级学科，64 个博士授权点，在招生时要求博士生导师提出准备参加指导的副导师或导师小组的组成，在博士生点建设规划中也要求各个学科点明确学术梯队构成。[②]

1997 年，国务院学位委员会颁布了新的《高等学校和科研机构授予博士、硕士学位的学科、专业目录》，一级学科数量继续增加，二级学科减少。之后，国务院学位委员会和教育部颁布了第四次学位授予和学科调整目录[③]。新的学科门类共设置了 13 个学科门类、109 个一级学科，对 2 个一级学科进行了更名，没有公布二级学科。自此，中国博士生的培养均按照一级学科执行。

为了更好地推动经济社会发展，服务国家各行各业建设，中国开始了博士专业学位的培养模式。自 1997 年试行临床医学专业博士学位开始，中国先后设置了兽医、口腔医学、教育、工程、中医等 6 个博士专业学位，以更好地服务国家发展战略需求。博士专业学位的培养目标是造就既有较好的理论基础、又有较强实践能力的高级专门人才，培养对象均强调有相关的工作经验和教育背景，培养方式多以课程讲授、案例研讨、社会实践、跟师学习、专业训练和科研实践等多种形式相结合，实行导师或导师组负责制。作为第一批试点临床医学专业博士学位的高校，北京大学医学部自 1998 年开始，在下属综合医院、专科医院招收和培养临床医学专业博士学位的研究生和在职人员，以培养高层次临床医师为目标，侧重于实际工作能力的培养。课程学习实行学分制，采用自学与授课相结合的方式。专业基础课可由学生在专门开设的几门课中选修，包括基础医学与临床医学紧密结合的课程、与临床医

---

① 汪太辅，林钧敬，张丽霞．实现高层次专门人才培养立足国内的几个问题的研讨［C］// 立足国内培养跨世纪研究生．北京：北京理工大学出版社，1996：52.

② 白永毅，林功实，陈欣欣．改革与发展中的我国博士生教育．高层次人才培养的研究［M］．北京：清华大学出版社，1995：117.

③ 国务院学位委员会．关于印发《学位授予和人才培养学科目录（2011 年）》的通知［EB/OL］．［2011-03-08］．http://old.moe.gov.cn/publicfiles/business/htmlfiles/moe/moe_834/201104/116439.html.

疗密切相关的课程、与心理社会因素相关的高级医学心理学、心理咨询与治疗课程等，统一在晚上和周末上课，以保证有足够的临床训练时间；在导师的指导上，采用导师指导与科室集体相结合的方式。考核实行轮转考核与阶段考核相结合的方式[①]。

1998年，博士生的招生方式新增硕士、博士学位连读方式[②]，加速了博士生贯通培养的模式，后又增加了直接攻博[③]，进一步扩大了贯通式培养的比例。同年，全国优秀博士论文评选开始，并下发了专项资金资助办法，旨在提升博士学位论文质量与科研创新水平。

（四）加快内涵式发展，注重创新能力的培养

进入21世纪，中国建设创新型国家的进程加快，博士生的培养从注重其“专门”能力的训练向“创新”能力的培养转变，从注重规模的扩张向内涵式发展转变，为推动中国更好地参与国际竞争，实现从教育大国向教育强国的转变提供必需的人力资源保障[④]。1999年，全国研究生培养工作会议提出“加强建设、深化改革、注重创新、保证质量”。2000年，《关于加强和改进研究培养工作的几点意见》出台，强调“推进素质教育，突出对研究生创新能力、实践能力、创业精神的培养，增进研究生人文素养和科学素质。博士生教育应以培养教学、科研方面的高层次创新性人才为主”。2003年，教育部启动研究生教育创新计划，批准11个学校的13个博士生教育创新计划项目，包括举办全国博士生学术论坛，建设研究生创新中心，开设研究生精品课程，以及优秀博士生科研创新和国际联合培养等。同年，以“启迪智慧、推进创新”为主题的首届全国博士生学术论坛在清华大学举行，围绕法学、物理学、力学、计算机科

① 段丽萍，侯卉，王晓军，等. 临床医学博士专业学位培养模式及质量监控体系的建立［J］. 学位与研究生教育，2008（5）：17—19.

② 教育部高校学生司. 1977—2003年全国研究生招生工作文件选编（上下册）［M］. 北京：北京航空航天大学出版社，2003：692—695.

③ 教育部高校学生司. 1977—2003年全国研究生招生工作文件选编（上下册）［M］. 北京：北京航空航天大学出版社，2003：869—872.

④ 教育部. 教育部关于做好2006年招收攻读博士学位研究生工作的通知［EB/OL］.［2005-11-11］. http://www.moe.gov.cn/jyb_xxgk/gk_gbgg/moe_0/moe_1133/moe_1134/tnull_14162.html.

学与技术、信息与通信工程、建筑学、材料科学与工程、管理科学与工程、生命科学9个学科的前沿问题进行交流。后续的4年间，清华大学共举办了31次全国博士生学术论坛（分学科领域），征集学术论文稿件数15387篇，录用论文7825篇，博士生代表8943人，其中海外博士生代表70余人[①]。2004年，教育部扩大了支持面，批准20个学校的22个创新计划项目。2005年，42个单位的近50个创新计划项目获批，增加了项目类型，包括举办全国博士生学术论坛、建设研究生创新中心、开展研究生培养及课程改革、组织研究生访学等。2006年和2007年，承办单位进一步增加，并积极推动各省级学位与研究生教育管理部门开展本地区或区域合作的研究生教育创新计划活动[②]。创新计划项目的组织力度与社会影响进一步扩大。

为进一步提升博士生培养质量，博士生培养模式进一步深化改革，加大了中外联合、校所联合。2006年，教育部和国家留学基金管理委员会联合发出《关于积极组织推荐优秀博士研究生赴国外联合培养的通知》，要求进一步加大博士生赴国外联合培养力度，提升博士生教育的国际化水平。2009年，中国开始试行高校和科研院所联合培养博士生；在导师指导方式上，"联合培养采取导师组集体指导，主管导师负责的指导方式。导师组的成员必须具有对方单位聘请的兼职博士生导师资格"[③]。之后，《关于深化研究生教育改革的意见》出台，强调要进一步加强高等学校与科研院所和行业企业的战略合作，支持校所、校企联合建设拔尖创新人才培养平台，完善校所、校企协同创新和联合培养机制[④]。《学位与研究生教育发展"十三五"规划》出台，强调要加大行业企业及相关协会等社会力量参与专业学位研究生培养过程的力度，支持建设

---

① 360百科. 研究生教育创新计划项目[EB/OL].[2018-11-14]. https://baike.so.com/doc/25785364-26921599.html.

② 教育部学位管理与研究生教育司. 关于加强研究生教育创新计划区域合作的意见[EB/OL].[2006-05-22]. http://www.moe.gov.cn/s78/A22/xwb_left/moe_826/201002/t20100224_82730.html.

③ 全国研究生招生工作选编（2004—2016）[Z]. 2017：2113—2121.

④ 教育部，国家发展改革委，财政部. 教育部国家发展改革委财政部关于深化研究生教育改革的意见[EB/OL].[2013-03-29]. http://old.moe.gov.cn/publicfiles/business/htmlfiles/moe/A22_zcwj/201307/154118.html.

一批专业学位研究生联合培养基地[①]。

（五）强调实施分流淘汰制度

2013 年，《关于深化研究生教育改革的意见》出台："加强培养过程管理和学业考核，实行严格的中期考核和论文审核制度，畅通分流渠道，加大淘汰力度"，分流淘汰的培养模式得到继续强化。"十三五"期间，在博士生培养上加大分流调节、开展动态调整、提升培养质量的改革步伐进一步加快。2017 年，《学位与研究生教育发展"十三五"规划》提出："进一步完善研究生学籍管理办法，加强研究生课程学习、中期考核、资格考试、论文开题、答辩等环节的过程管理和考核，畅通博士研究生向硕士层次的分流渠道，加大分流退出力度。"同年，《博士研究生教育综合改革试点任务指南》指出："探索博士研究生培养中期分流机制，畅通分流渠道；加强过程管理和学业考核，实行严格的中期考核和论文审核制度，加大分流力度。"博士生培养模式改革发展见图 4-4。

经过 40 年的发展，中国建立了既不同于欧洲师徒模式，也不同于美国重视课程的模式，而是兼具欧美特征，既实行导师制、也重视导师组的指导作用，将课程学习与论文写作同等重视、具有中国特色的博士生培养模式。

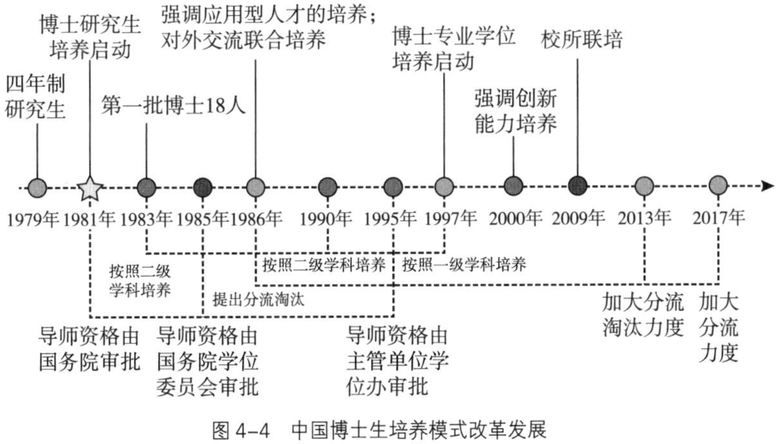

图 4-4　中国博士生培养模式改革发展

① 教育部国务院学位委员会．教育部印发学位与研究生教育发展"十三五"规划的通知［EB/OL］．［2017-01-17］．http://www.gov.cn/xinwen/2017-01/20/content_5161660.htm.

第三节 思想政治教育和资助体系的建立与发展

研究生思想政治教育是研究生教育的重要组成部分，育人为本、德育为先，立德树人是教育的根本任务。加强和改进研究生思想政治教育，是深入推进素质教育、全面提升研究生培养质量、推动高等教育改革发展的需要，是维护高等学校和社会稳定、建设和谐校园、构建和谐社会的需要。研究生资助体系，作为保障研究生思想稳定、安心学习的物质保障，其改革与发展过程也在本节一并进行梳理总结。

一、研究生思想政治教育的发展

（一）研究生思想政治教育的恢复与完善

研究生的思想政治教育工作是伴随着中国学位与研究生教育的发展而逐步发展起来的。

1978年至20世纪90年代末，中国研究生教育恢复发展，特别是研究生教育达到一定规模后，思想政治教育工作越来越受到党和政府的重视。1981年的《学位条例暂行实施办法》中明确规定将马克思主义理论课作为硕士生和博士生获得学位的考试课程，要求“掌握马克思主义的基本理论”。1984年，上海市召开了高校研究生思想政治工作会议。这是第一次完全针对研究生思想政治工作的会议，标志着新时期对研究生思想政治工作探索与改革的正式启动。会后，上海交通大学、吉林大学等高校分别制定了《关于加强研究生思想政治工作暂行规定》《研究生思想政治工作条例》等，明确和健全了相应的工作体制机制。清华大学、西安交通大学等高校也在制定有效措施和规章方面做了工作。

1987年，国家教委召开全国高校思想政治工作会议。会后国家发文强调，改进和加强研究生思想政治工作已成为当时的迫切任务[①]。同年，国家教委发文强调，充分发挥研究生导师教书育人的作用，加强研究生党支部的建设，健全研究生思想政治工作的机构，加强党委对研究生思想政治工作的领导[②]等。这是中国关于研究生思想政治教育方面的第一个文件，标志着研究生思想政治教育工作开始逐步走向正轨。文件下达后，有关省份和很多高校认真学习贯彻文件精神，检查分析了本单位研究生思想政治工作存在的问题，陆续开展了对研究生德育工作的体制、队伍、内容、途径和方法的探索与研究，相继建立了研究生思想政治教育机构，使研究生的思想政治教育工作逐步走向正规。如同济大学建立了研究生工作领导小组；江苏省委及西安交通大学、哈尔滨工业大学分别召开了研究生思想政治工作会议，进一步明确研究生思想政治教育的指导思想，并把研究生的思想政治素质作为衡量学位质量的重要组成部分；清华大学、中国人民大学、北京农业大学等高校也认真组织研究生参加社会实践，接触实际。

1990 年，国家教委在吉林大学召开了研究生思想政治工作座谈会，会后进行了总结，“总的看，研究生的质量是好的和比较好的，但是研究生教育与社会主义建设需要仍不相适应，研究生的思想政治素质与社会主义建设和改革的要求尚存很大差距[③]。并提出了改进措施：坚持社会主义道路和树立为人民服务的人生观，用马列主义、毛泽东思想武装研究生头脑；加强研究生中党的建设，充分发挥党支部的战斗堡垒作用；建立和健全研究生思想政治教育工作体制和队伍；充分发挥导师教书育人作用；加强管理，将思想政治工作的要求贯穿到研究生工作的各个环节，等等。

1991 年，国务院学位委员会办公室发出《关于科学社会主义等三个专业学位授权点及其研究生教育质量评估工作的通知》，对科学社会主义学位点进

① 中共中央. 中共中央关于改进和加强高等学校思想政治工作的决定 [EB/OL]. [1987-05-29]. https://baike.so.com/doc/7607243-7881338.html.

② 国家教育委员会，中宣部. 关于加强研究生思想政治工作的几点意见 [EB/OL]. [1987-08-12]. http://www.chinalawedu.com/falvfagui/fg22598/36571.shtml.

③ 国家教育委员会. 研究生思想政治教育工作座谈会纪要 [EB/OL]. [1991-03-05]. http://www.moe.gov.cn/jyb_sjzl/moe_1695/tnull_190200.html.

行质量评估，进一步提升研究生思政教育的学科建设与人才培养水平。

1995 年，国家教委发文强调，硕士和博士研究生的思想理论教育应有更高的要求，要根据他们的特点，结合所学专业，帮助进一步树立正确的信念和高尚的理想情操，提高马克思主义理论水平和理论思维能力，并用以指导科学研究。要继续开好原定的课程并保证相应的学时①。同年，国家教委发文规定了高校德育工作的内容，提出在党委领导的统一部署下建立和完善校长及行政实施为主的德育管理体制，校长对学生德、智、体全面负责②。按照文件精神，一些高校结合本校实际制定了研究生德育实施细则，并成立了思想政治教育工作指导委员会或学生工作指导委员会，建立了由校长（党委书记）任主任，主管学生工作的副书记和分管教学、后勤的副校长任副组长，党政部门配合、各司其职、综合培养的领导体制，形成党委领导、党政结合、齐抓共管的格局，使研究生思想政治教育工作逐步走向科学化、系统化、规范化。

（二）研究生思想政治教育的全面发展

21 世纪初，中国高等教育进入大众化阶段，研究生教育进入了快速发展轨道，研究生思想政治教育工作进入一个全面发展时期。2000 年，教育部出台德育工作文件，对加强和改进研究生的德育工作提出了比较全面和系统的意见，充分认识加强研究生德育工作的重要性和紧迫性③；采取切实措施，加强和改进研究生德育工作；建立和健全研究生德育工作管理体制，切实加强领导。2010 年，教育部颁布了思想政治教育工作文件④，分别从充分认识、加强和改进研究生思想政治教育的重要性和紧迫性，健全完善研究生思想政治教育的领导体制与工作机制，拓展新形势下研究生思想政治教育的有效途径，充分发挥研究生

---

① 国家教育委员会. 国家教委印发《关于高校马克思主义理论课和思想品德课教学改革的若干意见》的通知 [EB/OL]. [1995-10-24]. http://www.chinalawedu.com/falvfagui/fg22598/57240.shtml.

② 国家教育委员会. 国家教委关于颁发试行《中国普通高等学校德育大纲》的通知 [EB/OL]. [1995-11-23]. http://www.chinalawedu.com/falvfagui/fg22598/19422.shtml.

③ 教社政. 教育部关于加强和改进研究生德育工作的若干意见 [EB/OL]. [2007-03-08]. http://www.moe.edu.cn/s78/A12/szs_lef/moe_1407/moe_1414/s6876/201210/t20121009_142977.html.

④ 教思政. 教育部关于进一步加强和改进研究生思想政治教育的若干意见 [EB/OL]. [2010-11-17]. http://www.moe.gov.cn/srcsite/A12/moe_1407/s6875/201011/t20101117_142974.html.

在思想政治教育中的主体作用，切实加强研究生思想政治教育工作队伍建设以及为研究生思想政治教育工作持续开展提供保障等方面提出了建设性意见。这标志着中国对研究生思想政治教育的认识与重视提高到了一个新的层次。

2016 年，全国高校思想政治工作会议在北京召开。习近平总书记出席会议并发表重要讲话，强调："高校思想政治工作关系高校培养什么样的人、如何培养人以及为谁培养人这个根本问题。要坚持把立德树人作为中心环节，把思想政治工作贯穿教育教学全过程，实现全程育人、全方位育人，努力开创中国高等教育事业发展新局面。"新形势下，各高校不断探讨研究生思想政治工作的新挑战、新方法、新途径，很多高校设置了马克思主义学院，并申请了马克思主义一级学科点，积极引导研究生思想政治教育工作深入开展。

改革开放 40 年，中国研究生思想政治教育工作的管理模式可归纳为三种：第一种模式是将研究生的思想政治教育工作直接纳入本科生的思想政治教育工作体系，由校党委学生工作部（处）统一协调，实行大学工体制。这种模式的优势是把全校的学生思想政治教育工作统一协调，弊端是研究生思想政治教育与专业培养脱离。第二种模式是将研究生的思想政治教育工作单独设立。研究生规模较大的高校设立党委研究生工作部，将其作为党委的一个职能部门，负责全校研究生的思想政治教育，研究生工作部长兼任研究生院副院长。这种管理模式随着研究生数量的增多日益流行，优势是研究生思想政治工作得到加强，弊端是可能造成研究生思想政治教育与专业培养相分离。第三种模式是将研究生思想政治教育工作机构挂靠或与研究生培养部门合署办公，将研究生思想政治教育与培养结合起来。这种模式有利于把思想政治教育工作落实到研究生培养的各个环节，弊端是可能会带来专业培养取代思想政治教育。但是这种模式目前在高校是最广泛的。

二、研究生资助体系的改革与发展

研究生资助体系作为研究生学习与生活的物质保障，在研究生教育过程中不断得到完善。改革开放以来，研究生资助体系大体经历了一些历史性变迁：人民助学金制度为主；发放生活补助费；奖学金与贷学金制度并存；“奖、贷、助、补、减”多元化的资助体系；试点动态激励导向改革；正式实施研究生资助体系动态激励导向。

（一）实行人民助学金制度

1977 年，实施以人民助学金为主的资助体系。符合在读研究生条件的学生均可免除学费与住宿费，并获得一定数额的助学金、物价补贴。国家实施对高等学校的学生包括研究生在内，享受人民助学金待遇，按学校所在地普通高等学校应届毕业生工资标准的 90% 由学校发给本人，学校另按研究生每人每月 2 元编列预算并作为研究生特殊困难补助[①]。

（二）取消人民助学金，实行奖助、奖贷制度

1985 年，取消人民助学金，发放生活补助费，实行奖助制度。国家取消人民助学金，实行奖学金与学生贷款为主、个人学生困难补助为辅的学生资助政策。生活补助为：博士生 76 元 / 月，硕士生 58 元 / 月；博士生书籍补助 100 元 / 年，硕士生书籍补助 60 元 / 年，学校按每人每月提取 2 元的特殊困难补助费，由学校统一管理使用。1991 年，国家教委、财政部联合发出《普通高等学校研究生奖学金制度试行办法》，将研究生生活补助改为试行研究生奖学金制度，并设助研、助教、助管等岗位津贴。奖学金分为普通奖学金和优秀奖学金。专业学习和研究成绩突出的研究生，除享受普通奖学金外，还可享受优秀奖学金。普通奖学金标准为：博士生未参加工作的 90 元 / 月，工作满 2 年的 100 元 / 月，满 4 年的 110 元 / 月；硕士生依次为 70 元、80 元、90 元。优秀奖学金标准：博士生 200 元 / 月，硕士生 150 元 / 月。

1997 年，奖学金与贷学金制度并存，实行奖贷制度。中国高等学校普遍实行学生缴费上学的制度，为中国高等教育成本分担政策的制定及实施进行了有益的探索。[②]高等学校的学生按国家规定缴纳学费，家庭经济困难的学生，

① 教育部，财政部. 关于普通高等学校、中等专业学校和技工学校实行人民助学金制度的办法［EB/OL］.［2018-04-25］. https://baike.baidu.com/item/%E4%BA%BA%E6%B0%91%E5%8A%A9%E5%AD%A6%E5%85%A8/22536363.

② 何元琴，熊红华. 新形势下地方农林高校研究生资助体系的构建［J］. 南昌教育学院学报，2014（4）：37—40.

可以申请补助或减免学费。[1]国家设立各种形式的奖学金，对品学兼优的学生、国家规定的专业的学生，以及到国家规定的地区工作的学生给予奖励；设立各种形式的助学金，对家庭经济困难学生提供帮助。[2]

（三）实行“奖贷助补减”多元化资助制度

2000年以后，建立了“奖贷助补减”多元化资助体系。教育部继续加强对研究生的资助力度，在高等学校中逐步建立起了以奖学金、学生贷款、勤工助学、特殊困难补助和学费减免（简称“奖贷助补减”）为主体的多元化资助政策体系。2003年，教育部发出《关于切实做好资助高校经济困难学生工作的紧急通知》，全面落实和推进奖学金、学生贷款、勤工助学、特殊困难补助和学费减免政策及“绿色通道”制度，使资助高校经济困难学生工作得到进一步发展[3]。2004年，温家宝总理亲自主持召开国务院常务会议，研究资助贫困家庭学生问题，对资助贫困家庭学生工作做了全面部署。2005年，国家进一步调整完善了以国家助学贷款为主体的高校贫困家庭学生资助政策体系。从2005年起，教育部改“国家奖学金”为“国家助学奖学金”，用于资助品学兼优和生活困难的研究生。[4]至此，中国研究生资助形成了以奖学金、学生贷款、勤工助学、特殊困难补助、学费减免等多元化的体系。

（四）实行以奖促优、动态激励的资助制度

2006年，开始以奖促优、动态激励的奖助体系试点。2006年，哈尔滨工业大学等三所中央部属院校开始试点研究生培养机制改革，2009年推广到所有中央部属院校。从2009年起，中央部属院校研究生不分公费和自费，统一交费，学校“以奖促优”方式，设立奖学金、助学金、三助岗位等资助形式，

---

① 中华人民共和国高等教育法·第五十四条［EB/OL］.［2015-12-27］. https://baike.baidu.com/item/%E4%B8%AD%E5%8D%8E%E4%BA%BA%E6%B0%91%E5%85%B1%E5%92%8C%E5%9B%BD%E9%AB%98%E7%AD%89%E6%95%99%E8%82%B2%E6%B3%95/2342685?fr=aladdin.

② 袁潇. 建国六十周年以来研究生资助政策研究［J］. 国家教育行政学院学报，2009（10）：26—29.

③ 赵军，惠鑫. 研究生资助体系：回顾与展望［J］. 三峡论坛（三峡文学·理论版），2010（11）：99—103.

④ 何元琴，熊红华. 新形势下地方农林高校研究生资助体系的构建［J］. 南昌教育学院学报，2014（4）：37—40.

鼓励研究生致力于科学研究。在此期间，大部分地方院校仍以高比例的公费资助为主，动态测评导向的奖助制度并未大面积铺开。2012 年，国家为奖励学习成绩优异、科研能力显著、发展潜力突出的研究生，开始设立研究生国家奖学金，每年奖励 1 万名博士研究生和 3.5 万名硕士研究生。奖励标准为博士研究生 3 万元 /（次・年），硕士研究生 2 万元 /（次・年）。①

2014 年，推行全面收费制度，正式实施动态激励的奖助模式,《关于完善研究生教育投入机制的意见》出台，提出了“完善投入机制”“完善奖助政策体系”，明确了自 2014 年起，高校开始向所有纳入国家计划的新入学研究生收取学费。2014 年，教育部、财政部、国家发展改革委联合出台了若干文件，从奖励资助比例、标准与基本条件、评审组织与程序、资金管理与发放监督、工作机制和政策宣传等方面下达做好研究生奖助工作的有关规定，要求各高校实行研究生教育收费制度的同时，建立健全研究生多元奖助学金体系。② 自 2014 年起，国家正式实施以动态激励为导向的研究生奖助新模式。坚持“三助一辅”与国家奖学金、学业奖学金、国家助学金等制度、政策的统筹设计，调动师生积极性、支持完成学业、提高培养质量。至此，以研究生国家奖学金、学业奖学金、国家助学金、研究生“三助”岗位津贴、国家助学贷款、基层就业学费补偿和国家助学贷款代偿、应征入伍服义务兵役国家资助等一体化的研究生奖助政策体系基本完成。

第四节　培养模式的特色成就与展望

改革开放 40 年，中国研究生教育取得了巨大成就：培养了数以百万计的研究生人才，为国家经济建设与社会发展提供了充足的人力资源保障，有力地

---

① 叶松东，刘邦卫. 新中国成立后我国研究生奖助体系的演变研究［J］. 当代教育论坛，2016（4）：13—19.

② 孙雪颜，张悦刊，韩宝坤. 全面收费形势下研究生奖助体系的构建与探索［J］. 黑龙江教育（高教研究与评估），2017（11）：39—41.

推动了中国产业的转型升级；形成了较为完善的学位授予体系与培养管理制度，建立健全了各培养单位的运行、管理机制，实现了研究生人才培养的有序发展与教学科研的平稳运行；改善了研究生教育过程中资源与平台的建设，支持、支撑了一批国家重点学科和培养基地的建设，提升了各培养单位的整体科研实力；加大了研究生教育的国际学术交流与合作，促进了中国研究生教育与国际接轨、培养国际通用人才。在取得这些成就的同时，形成了具有中国特色的研究生培养模式。

一、研究生培养模式的特色

中国一方面借鉴研究生教育发达国家的经验，另一方面从自身国情出发，不断探索、改革、创新，初步走出了一条符合中国国情的、具有中国特色的研究生培养模式之路。这一模式与国际接轨，综合了将研究生作为初级科研助手、跟随导师从事科研工作的欧洲模式，也综合了导师小组集体指导、通过系列课程来保证培养质量的美国模式，不仅得到了国际高等教育界的认可，而且有自己的特色，可以称之为研究生培养的“中国模式”，其特色可以归纳如下。

（一）坚持中国特色社会主义办学方向，注重思想政治教育

中国研究生人才培养的基本出发点，是培养德智体全面发展的社会主义事业建设者和接班人。1978 年恢复研究生招生以来，研究生的思想政治教育一直被列入研究生人才培养的首要出发点，无论是从招生环节、培养过程到最终毕业，还是从培养对象和导师要求方面，都强调政治素质、品德修养。从招生环节来看，马克思主义基本理论是入学考试的必考科目。对报名考生有明确的政治条件要求，考生须通过思想政治理论课的考试。从培养环节来看，政治理论课是研究生教育期间的必修课程。1981 年颁布的《学位条例暂行实施办法》就明确规定了硕士学位、博士学位的考试课程之一就是马克思主义理论课。1998 年,《关于修订研究生培养方案的指导意见》中规定：“政治理论课程和外国语课程的设置按国家有关规定执行。”2012 年，教育部发布《关于全

面提高高等教育质量的若干意见》指出："全面实施思想政治理论课课程方案，推动中国特色社会主义理论体系进教材、进课堂、进头脑。"在导师素质要求上，也强化了对思想政治理论的要求。研究生教育过程中，对于研究生导师一直都有政治条件的要求，要有坚定的政治立场和正确的世界观，倡导导师立德树人、教书育人。2018 年，教育部发布《关于全面落实研究生导师立德树人职责的意见》进一步明确指出："政治素质过硬，坚持正确的政治方向，拥护中国共产党的领导，不断提高思想政治觉悟。引导研究生正确认识世界和中国发展大势，正确认识远大抱负和脚踏实地。"

（二）坚持德育为先，严把学术道德与学术诚信关

在研究生培养过程中，中国对于研究生学术道德与学术规范的要求也是一提再提。1981 年，《中华人民共和国学位条例》强调："学位授予单位对于已经授予的学位，如发现有舞弊作伪等严重违反本条例规定的情况，经学位评定委员会复议，可以撤销。"2002 年，《关于加强学术道德建设的若干意见》强调："采取切实措施端正学术风气，加强学术道德建设。"2010 年，《国务院学位委员会关于在学位授予工作中加强学术道德和学术规范建设的意见》出台，对在学位授予工作中加强学术道德和学术规范建设提出了 9 点意见，标志着学位授予管理的进一步严格化与规范化。2012 年，《学位论文作假行为处理办法》发布，明确了学位申请人员、指导教师、学生培养单位、学位授予单位及相关人员的责任，规定了学位论文作假行为 5 种情形及处理措施等。2017 年，《学位与研究生教育发展"十三五"规划》强调："将学术规范和职业伦理教育课程纳入培养方案，构建科研诚信和学术道德建设的长效机制。"2018 年，《关于全面落实研究生导师立德树人职责的意见》强调："谨遵学术规范，恪守学术道德，自觉维护公平正义和风清气正的学术环境。指导研究生恪守学术道德规范。培养研究生严谨认真的治学态度和求真务实的科学精神。杜绝学术不端行为。"

（三）突出服务国家建设需求的培养导向，满足高层次人才需求

中国研究生人才培养的理念，更多地体现了满足国家各个时期、各类人才的需求，服务国家事业建设发展的导向。1979 年，教育部发布《关于制订

一九七九年招收研究生计划的通知》指出:“招收研究生，要突出重点。对农业、能源、材料、电子计算机、激光、空间、高能物理、遗传工程8个影响全局的综合性科学技术领域、重大新兴技术领域和带头学科，应尽量多招研究生。”1984年，教育部发布《关于制订一九八四年招收攻读博士学位研究生计划通知》指出:“有关单位要积极招收攻读博士学位研究生，为国家培养四化建设迫切需要的高级专门人才。”1993年，国务院批转国家教委《关于加快改革和积极发展普通高等教育意见的通知》规定:“要根据社会主义建设和学科发展的需要，加快研究生教育的发展。”2010年，国家发布《中长期教育改革和发展规划纲要(2010—2020年)》指出:“培养一批拔尖创新人才，为提升我国综合国力贡献力量。”2017年,《学位与研究生教育发展“十三五”规划》强调:“研究生教育是实施创新驱动发展战略和建设创新型国家的核心要素。把服务需求、提高质量作为发展主线。”从研究生教育实践来看，中国的研究生人才培养多年来一直服务国家建设发展需求。从最初的委托培养、研究生班，到后来的工程硕士培养、专业学位人才培养等，培养路径多元化，但是贯穿始终的是，人才培养的类型与领域均服务于国家建设与发展需求。改革开放初期，中国师资力量薄弱，研究生培养的很大一部分，是作为教学和科研人员，服务国家教育事业。20世纪90年代前后，随着国家产业结构的调整与优化，工程人才、文科人才等较为缺乏，中国研究生人才培养领域开始向这些方面倾斜，开设了MBA专业学位。21世纪以来，为满足高层次应用型人才需求，中国专业学位人才培养数量大幅增加，这些都反映了研究生教育服务国家需求的人才培养导向。

(四)形成课程与论文并重、有条件遴选导师的模式，硕士是独立学位

与西方国家不同，中国对研究生教育过程中的课程比较重视，硕士生课程学习时间约为其培养时间的一半，博士生也要学习一定的课程，其中马克思主义理论课是必修课。根据《中华人民共和国学位条例》要求，在完成课程学习的基础上，研究生还要参与科研实践，完成学位论文。中国的研究生导师队伍作为研究生人才培养质量的重要保障，在导师遴选和资格认定上有着严格的标准。早在1981年，国务院学位委员会就有文件规定,“符合政治条件要

求，学术水平较高，在教学和研究工作中有成绩，目前正在从事科学研究的教授、副教授”才可担任硕士生的指导教师。相应地，“学术造诣较高、在教学或研究中成绩显著、目前正在从事较高水平的科学研究工作并获得一定成果的教授”可以担任博士生指导教师①。硕士生指导教师资格由学位授予单位批准。博士生指导教师资格在 1993 年以前由国务院学位委员会审定，其后则逐渐实行由学位授予单位自主审定。这种中国特有的研究生指导教师资格制度，对中国研究生培养质量的保证，发挥了重要作用。

与英国、美国等西方国家把硕士学位作为过渡学位不同，中国的硕士生教育是一个完整的、独立的学位层次，是一级独立的培养阶段，有一定的学术水平要求。

（五）寓教于研，强化科教融合的人才培养路径

中国研究生人才培养上，无论是人才培养规格要求，还是实际培养过程，均体现了教学与科研融合开展的导向。特别是博士生培养，更是强调科教融合、科研为先。1979 年，《关于制订一九七九年招收研究生计划的通知》明确指出：“争取时间培养出大批基础比较坚实，能够独立进行研究工作的科学技术人才。”1981 年，《中华人民共和国学位条例》规定：“高等学校和科学研究机构的研究生授予博士学位要具有独立从事科学研究工作的能力；在科学或专门技术上做出创造性的成果。”1992 年，国家教委汇总了 31 所成立研究生院的高等学校开展研究生兼任助研、助教、助管工作情况，其中研究生中兼任“三助”工作的占 50% 左右，有 2/3 是从事科研工作。2009 年，《关于进一步做好研究生培养机制改革试点工作的通知》指出：“研究生的培养必须强化科研导向，促进研究生培养与科学研究工作紧密结合，保证研究生能够在科学研究中学习、在科学研究中创新。”2012 年，教育部发布《关于全面提高高等教育质量的若干意见》指出：“学术学位研究生导师应通过科研任务，提高研究生的理论素养和实践能力。”2017 年，教育部发布《学位与研究生教育发展

① 国务院学位委员会. 国务院学位委员会关于审定学位授予单位的原则和办法[EB/OL].[1981-02-24]. http://www.chinaacc.com/new/63/73/128/2006/2/su90468354162260022048-0.htm.

"十三五"规划》指出:"鼓励学校设立科研基金，资助研究生独立选定前沿课题开展科学研究。"

（六）强化产学研融合，提升专业学位人才的实践能力

中国专业学位研究生教育在发展过程中，一直充分强调实践环节的教学，强调职业导向型和实践教学、论文设计的统一，强调实践训练在专业学位研究生知识建构和能力培养中的作用。在培养过程中，加快推进产学研合作，充分利用行业、企业的资源，不断探索创新培养专业学生研究生实践能力的新形式，进一步加大产教融合力度。很多高校与行业、企业联合建立了研究生校外实践基地，邀请行业或学员所在单位的高级技术人员担任校外导师，加大实施校内外双导师制，成为专业学位研究生教育的基本模式。专业学位培养模式的实践性也体现在加快案例库建设与案例教学的推广上。如 2013 年 5 月，国务院学位委员会办公室和教育部指导启动中国专业学位教学案例中心建设工作，各相关专业教育指导委员会共同参与，各高校积极参加，每年投入 180 万元，重点支持 60 个专业学位研究生教学案例的编写。中国人民大学设立了处级建制的中国社会科学案例中心，目前入库社会科学案例已达 2000 个。

（七）强化论文发表、评选、抽检，确保学术水平

虽然在研究生相关文件中，没有明确规定论文发表数量与质量标准，但是各培养单位均鼓励研究生发表论文，将达到一定数量的论文发表作为毕业论文答辩的前提条件。"985 大学"的理工科领域研究生基本要求是在《科学引文索引》（SCI）《工程索引》（EI）等收录的国际期刊上发表论文，人文社科领域研究生基本要求是在《中文社会科学引文索引》收录期刊（CSSCI）上发表数篇文章，"211 大学"的研究生也均有论文发表的要求。开展优秀论文评选，成为提升研究生学术水平的途径，有国家统一组织开展的、也有行业协会或学会组织、高校自己开展的优秀论文评选。国家统一组织的优博论文评选是从 1998 年开始，到 2013 年结束，每两年进行一次，每次评选出的优秀论文不超过 100 篇，并发放相应的专项奖励资金。2013 年至今，各行业协会，如中国学位与研究生教育学会、中国高等教育学会等，继续开展优秀研究生论文评选，继续积极地为提升研究生学术水平发挥作用。加大学位论文抽检，也成为

提升研究生培养质量的一大措施。近年来，国家对于学术论文的抽检力度在加大，2012—2013 年，国务院学位委员会办公室连续反馈了全国博士学位论文抽检通信评议结果。2014 年，国务院学位委员会、教育部印发了《博士硕士学位论文抽检办法》，对学位论文抽检比例、抽检方式、评议方式、评议意见的使用等加以规定，进一步强化学位论文抽检执行力度。

（八）持续提升研究生创新能力，保障人才培养质量

研究生教育作为高等教育的顶端，是培养高层次拔尖创新人才、建设创新型国家的核心要素。作为国家创新体系的重要组成部分，中国历来重视对于研究生创新精神与创新能力的培养。1981 年的《中华人民共和国学位条例》《学位条例暂行办法》中对于硕士生、博士生均有创新能力的要求，“硕士学位论文对所研究的课题应当有新的见解”“博士生在科学或专门技术上要做出创造性的成果”。1998 年，国家发布《中华人民共和国高等教育法》规定：“高等教育的任务是培养具有创新精神和实践能力的高级专门人才。博士研究生教育应当使学生具有独立从事本学科创造性科学研究工作和实际工作的能力。”2004 年，《2003—2007 年教育振兴行动计划的通知》提出：“推进研究生教育创新计划。鼓励并资助研究生科研创新，促使拔尖创新人才脱颖而出。”2005 年，教育部对全国性的研究生教育创新计划项目进行立项并给予资助。2017 年，教育部发布《学位与研究生教育发展“十三五”规划》指出：“加强学术学位研究生创新能力培养。健全完善博士研究生培养与科学研究相结合的培养机制，着力提高博士研究生的原始创新能力。”

（九）形成了激励导向的多元化奖助体系

中国的研究生资助体系发展至今，已经形成奖学金、助学金、助教助研助管岗位津贴等多样化的奖助体系，有效地促进了研究生的全面发展。该体系首先考虑贫困学生的上学问题，家庭经济困难学生可通过申请国家助学贷款、特殊困难补助或各类奖助学金等予以解决[①]。研究生奖学金体系也强调激励措施，注重拔尖人才的培育，奖励学习优秀、科研创新能力突出的学生，有研究

---

① 全国学生资助管理中心. 研究生资助政策详解：“三助”岗位津贴［EB/OL］.［2015-08-17］http://kaoyan.eol.cn/bao_kao/zheng_ce_bian_hua/201508/t20150817_1303813.shtml.

生国家奖学金、学业奖学金等，金额也有较大提升[①]。一名硕士研究生一年内获得的奖助学金最高可达3.4万元，其中研究生国家奖学金2万元、国家助学金6000元、学业奖学金8000元[②]。“三助”岗位注重培养研究生的实践能力，强调导师责任制和导师项目资助制；多元化的奖助体系，体现了多样性与服务性相一致、发展性与相对性相结合、学术性和专业性相结合[③]，为研究生的学习和生活提供了保障，成为研究生教育制度中不可或缺的一部分。

二、研究生培养模式的未来展望

（一）坚持立德树人，全方位开展育人工作

新形势下研究生思想政治教育将围绕立德树人根本任务，坚持引导研究生形成正确的世界观、人生观、价值观，将中国特色社会主义核心价值观教育继续深化、入脑入心；基于研究生的培养目标及自身发展的特征，围绕研究生关心的时政热点，提升思政课主渠道教学效果。强化导师在研究生思想政治工作中的作用，注重朋辈教育作用，构建党政齐抓共管协同配合的思政工作领导体制，通过研究生党建、学风建设、集体组织建设、个人综合能力提高等途径，实现全员育人、全方位育人、全过程育人。

（二）探索线上教育，教育方式更加灵活多样

“互联网+”经济的到来，为研究生人才培养模式带来了新的呈现手段，通过线上方式开展教育教学的方式日益流行。2017年，《学位与研究生教育发展“十三五”规划》提出：“探索在线开放等形式的教学方式，建设一批优质研究生网络公开课程。丰富信息化教育资源和手段，加强优质数字教育资源开发与共享，构建信息化学习与教学环境，满足个性化学习需求。”同年，《国家

① 中国学位与研究生教育发展改革报告课题组. 中国学位与研究生发展报告（1978—2003）[M]. 北京：高等教育出版社，2006：363.

② 中华人民共和国中央人民政府. 国家学生资助政策体系：高校学生资助政策 [EB/OL]. [2014-02-13]http://www.gov.cn/banshi/2012-11/20/content_2270862.htm.

③ 罗丽英. 论大众化趋势下研究生教育质量观的内涵与构建 [J]. 当代教育论坛，2010（2）：71—72.

教育事业发展“十三五”规划》提出：“积极发展互联网+教育。引导学校与教师依托网络学习空间记录学生学习过程。推进优质教育资源共建共享。加快推动教育服务模式和学习方式的变革。”线上教育最具代表性的是清华大学2013年正式启动的学堂在线，这是清华大学研发出的中文慕课（MOOC）平台，面向全球提供在线课程。2015年，学堂在线运行了包括清华大学、北京大学、复旦大学、斯坦福大学、麻省理工学院、加州大学伯克利分校等国内外几十所顶尖高校的优质课程，涵盖计算机、经管创业、理学、工程、文学、历史、艺术等多个领域。2016年发布的“全球慕课排行”中，学堂在线被评为“拥有最多精品好课”的三甲平台之一。截至2016年10月，学堂在线注册用户数达到500万，选课人次690万，运行的课程数量已经超过1000门。

（三）招生培养就业联动机制将日渐优化

随着研究生规模的扩展，社会各界对于研究生人才培养质量、加强内涵建设的呼声与关注日益高涨。为了实现研究生规模与质量的共同促进，国家加大了对研究生就业情况的关注，通过就业走向指导培养单位适当调整学科专业设置方向，提升服务社会需求的实际能力，来实现研究生人才培养的“供给侧改革”。根据社会需求、就业动向来调整研究生人才培养的类型、规格，随着产业结构、市场需求的变化而调整人才选拔目的，实现供需平衡。2017年，教育部发布《关于推动高校形成就业与招生计划人才培养联动机制的指导意见》指出：“推动高校形成就业与招生计划、人才培养联动机制。”高校和政府将会更加重视招生、培养、就业的联动，搭建有效的联动机制，使其成为提高高校人才培养质量的核心和枢纽。

（四）产教融合、科教融合的力度将进一步加大

随着各国之间综合国力的竞争日益激烈，未来的研究生培养中将分为两类人才：一类是重在科研创新能力的学术学位人才；另一类是重在高层次应用技能的专业学位人才，科教融合、产教融合的力度会进一步加快。2017年，《学位与研究生教育发展“十三五”规划》强调：“加强学术学位研究生创新能力培养，强化问题导向的学术训练，围绕国际学术前沿、国家重大需求和基础研究，着力提高博士研究生的原始创新能力；加强专业学位研究生实践能力培养，加大行业、企业及相关协会等社会力量参与专业学位研究生培养过程的力度，构建互利共赢的应用型人才产学合作培养新机制，支持建设一批专业学位研究生联合培养基地。”同年,《国家教育事业发展“十三五”规划》强调:“紧密结合承担国家和区域重大科研任务，强化博士生原始创新能力，加快培养科技创新前沿的领军人才。探索专业学位研究生开放式培养模式，推行“双导师”等行业企业联合培养机制，结合承担行业企业实际科研生产项目，加快培养能够解决一线实际问题、宽口径的高层次复合型人才。”

（五）进一步提升从国际化视野培养国际通用人才的力度

随着经济一体化、全球化时代的到来，中国与世界各国的交流、合作日益紧密。尤其是2013年习总书记提出“一带一路”合作倡议以来，中国积极发展与沿线国家的经济合作伙伴关系，共同打造政治互信、经济融合、文化包容的利益共同体、命运共同体和责任共同体，中国在世界舞台上发挥着越来越重要的作用。服务国家“一带一路”合作倡议，从全球化视角培养研究生层次的国际通用人才，成为研究生人才培养的新趋势。2017年，教育部发布《学位与研究生教育发展“十三五”规划》指出:“积极对接国家外交战略，在更宽领域、更深层次上开展研究生教育的国际交流与合作。以‘一带一路’等国家重大战略为引领，加快培养一批具有国际视野与跨文化交流能力、通晓国际规则、能够参与国际事务和国际竞争的高层次专门人才。”2017年,《国家教育事业发展“十三五”规划》指出:“统筹推动教育开放，优化教育对外开放布局，实施共建‘一带一路’教育行动。对接‘一带一路’沿线国家和地区，遴选一批具备一定学科专业、国际交流和人才培养、国别研究基础的高校和职业学校，建设一批‘一带一路’人才培养基地，专门培养高素质复合型人才。”

（六）进一步加大对师资培训力度，持续推进导师小组集体指导形式

随着研究生教育内涵、质量的关注度越来越高，进行分类指导、提升研究生人才培养质量也收到前所未有的关注。随着导师负责制的不断深化落实，研究生培养的质量与导师的业务水平与能力有着密切关系，加大对研究生导师思想政治、道德品质、教学科研等各方面的培训显得尤为重要。越来越多的高校，加大对研究生导师海外进修与访学活动的支持，提升研究生导师的整体素质与能力。在指导研究生方式上，通过导师组联合指导的方式也更加普及，越来越倾向于通过多种途径与方式，无论是中外导师、校所导师、校企导师，还是科研团队中的导师合作组，充分发挥中外、校内外的导师科研与实践资源，共同指导研究生学业，提升其综合素质与能力水平。

（七）进一步促进多途径、多样化的跨学科学习与研究模式

在研究生人才培养过程中，跨学科、跨领域的多元化学习与科研方式也将更加普及，包括设置跨学科的课程，建立一体化的课程体系；设置跨学科的科研课题，由多个不同学科领域的导师集体指导；设置跨学科的学位委员会，对跨学科培养研究生进行审核把关等，以适应复合型人才的培养需求。2017 年，教育部发布《学位与研究生教育发展“十三五”规划》指出：“支持导师合作开发、开设课程，鼓励国际和跨学科合作。鼓励跨学科、跨机构的研究生协同培养。构建跨学科平台，培养跨学科人才。”通过跨学科的学习、科研训练、论文答辩等，实现复合型创新人才的培养。

第五章

大学学科建设

中国学科建设的发展，是伴随着学位与研究生教育共同成长发展起来的。改革开放 40 年，在国家层面开展了学位授权点审核与动态调整、重点学科评选、重点建设等工作，通过政策引导、经费支持、相关资源配套等手段，推动着中国学科建设工作不断前进发展。高等学校作为学科建设的主体，在积极落实国家有关政策和项目的同时，不断根据自己的特色和发展方向，以学科建设为引导学校发展的龙头，开展内涵建设，提升学校核心竞争力。国家主导与高校自身发展相结合，走出了具有中国特色的学科建设发展之路。

第一节　学科建设的发展历程

开展学科建设，最初的出发点就是学位授权点建设，学位授权审核基本条件所涉及的内容成为学科建设的重要内容，其审核基本条件的不断变化牵引着学科建设思路和内容的不断变化，从二级学科授权到一级学科授权，学科建设的口径随之扩大；从学位授权点合格评估到学科水平评估，促使高等学校以评促建；从增列为主到动态调整，学科水平与建设效益成为学科建设重点。同时，中国的重点学科评选与建设政策，是在资源有限的情况下集中力量发展一批优质学科，大大激发了高等学校开展学科建设的积极性。学位授权点审核和重点学科评选，在改革开放 40 年的历程中，相互发展与促进，共同组成了中国学科建设的主要内容。

一、学位授权点审核

中国从 1981 年开始，组织了十二批次的学位授权审核，审核的目的、指导思想、条件、口径等不断发生变化，变化过程是一个适应时代发展、不断创新进取的过程，也是学科建设不断发展的过程。由于学位授权点的获得与资源获取密切联系，因此申报学位授权点成为高等院校学科建设的重要工作内容，也是很多高等院校学科建设的起点和首要目标。

（一）学位授权点审核

1978 年改革开放后，经济建设成为社会发展的第一要务，经济建设对研究生教育的需求也日益迫切。为了更好地开展研究生教育，1980 年 12 月，五届全国人大常委会第十三次会议通过了《中华人民共和国学位条例》，国务院学位委员会第一次（扩大）会议通过了《国务院学位委员会关于审定学位授予单位的原则与方法》，为中国开展首次学位授权审核做好了准备。

1. 初步创立与规范起步

1981 年 2 月，国务院学位委员会发出《关于做好学位授予单位审定工作的通知》，首次开展学位授权单位的审核工作，审核工作在二级学科上开展。首次审核对授予博士学位的单位及其学科、专业限定为原则上主要是全国高等学校和国务院有关部门主管的科学研究机构中的学科，并且要求具备一定的基本条件：①有学术造诣较深、在教学或研究工作中成绩显著、目前正在从事较高水平的科学研究工作并获得一定成果的教授（研究员或相当职称的人员）担任指导教师。少数新兴学科、边缘学科和国家急需发展的学科，有学术造诣较高、在研究工作中成绩显著的副教授（副研究员或相当职称的人员）担任指导教师。②能为攻读博士学位研究生提供充分的学习条件，保证研究生完成课程学习。③在培养研究生的有关学科方面，属于全国同类学科中学术水平较高的，有较好的科学研究基础，并承担国家重点科学研究项目或国务院各部委和省、自治区、直辖市重点科学研究项目或其他有重要价值、学术水平较高的科学研究水平，能解决研究生做博士论文所需要的科学实验设备及有关图书、资料。④研究生考核管理制度健全。可以看出，首次学位授予单位的审核，从师资队伍水平、课程学习条件、科学研究水平及基础、考核管理制度等方面提出了较高的要求。这样的审核要求，很大程度上指导了各个单位的学科建设工作。学位授权审核采取同行评议、无记名投票的方式进行。同年 11 月，国务院批准首批有权授予博士的学科、专业点 812 个，博士生指导教师 1155 人；有权授予硕士学位的学科、专业点 3185 个。严格的学位授权审核程序、明确的审核条件，保证了首次审核工作有序地开展，既体现了国家对于研究生教育的宏观调控，也促进了研究生教育的恢复与快速发展。

在认真总结首次学位授权审核工作的基础上，1983 年 3 月，国务院学位委员会启动第二批学位授权审核工作，强调要继续贯彻执行首批审核工作的有关方针和原则，坚持标准、严格要求、明确质量、公正合理。在本次审核工作中，首次明确规定，申请有权授予硕士学位的学科、专业，一般至少要在两个研究方向，有 3 名以上的教授、副教授或相当职称人员做指导教师；申请有权授予博士学位的学科、专业，必须在几个主要研究方向，已经形成一支有 4 名以上教授或副教授或相当职称人员以及其他人员组成的学术队伍。1984 年 1 月，国务院批准第二批博士和硕士学位授权学科、专业名单，有权授予博士学位的学科、专业点 316 个，博士生指导教师 601 个；有权授予硕士学位的学科、专业点 1052 个。

第三批学位授权审核工作于 1985 年 11 月启动，审核工作从社会主义物质文明和精神文明建设对高级专门人才的需要出发，结合已有博士、硕士学位、专业点的实际情况进行。1986 年 7 月，国务院学位委员会第七次会议审核批准了新增博士学位授权学科、专业点 675 个，博士生指导教师 1791 人；硕士学位授权点学科、专业点 2045 个。经国务院批准，从 1986 年 4 月起，国务院学位委员会学科评议组通过的博士、硕士学位授予学科、专业和博士生指导教师名单，不再上报国务院批准，改由国务院学位委员会批准。

2. 稳定发展与改革初探

经过三批次授权审核，中国的博士、硕士学位授权学科、专业点已具初步规模，但也存在一些问题，例如中青年博士生导师比例偏低、学科结构还需完善等[①]。因此，1988年10月，国务院学位委员会发出了《关于做好第四批博士、硕士学位授权学科、专业审核工作的意见》，指出第四次审核工作的指导思想是：在巩固提高现有博士点、硕士点的基础上，通过第四批的审核，补充一批博士点、硕士点和博士生指导教师，调整学科比例、地区布局和博士生指导教师年龄，理顺关系，使之更好地适应经济和社会发展的需要。1989年3月，国务院学位委员会启动了第四批学位授权审核工作，对于申请硕士学位授权学科、专业应有4名以上教授、副教授（研究员、副研究员或相当专业技术职务人员）为指导教师，申请博士学位授权学科、专业应有5名以上，这一条件略有提高。在国务院学位委员会学科评议组第四次会议对学位授权点和博士生导师进行审核时，采取了行政宏观指导和专家评审相结合的办法，与会专家参照通过博士点、硕士点的指导性控制数，本着按需择优、坚持标准、严格要求的原则进行了评审，每个博士点一般只增列一名导师，以增列中青年导师为主。这是与前三次审核的最大不同，前三次审核主要是按照条件和水平进行审定，而此次采取了指导性控制数的方式。1990年10月，国务院学位委员会第九次会议批准了第四批学位授权审核的结果，批准新增博士学位授权点297个，博士生导师1509人，硕士学位授权点999个。这一新增数量远远低于前三批的每批新增数量，体现了按需授权、质量第一的原则，引导授予单位不仅要重视授权点申报，更为重要的是加强建设。

为了适应经济社会发展对研究生教育需求的变化，使学位授权更好地促进研究生教育发展，1991年12月，国务院学位委员会第十次会议通过了《关于巩固加强现有博士点、增列博士生导师和改进学位授权审核工作的意见》，指出要本着坚持方向、稳定规模、充实调整、优化结构、巩固提高、保证质量的原则，有计划、有步骤地对博士学位授权审核办法进行改革，使之完善，

① 朱开轩在国务院学位委员会学科评议组第四次会议开幕式上的讲话。

更有利于加强博士点建设，培养高层次专门人才，培养社会主义事业的建设者和接班人；要调整博士生导师的年龄结构，稳步地进行博士点学术带头人的新老交替；今后一个时期，要把工作重点放在巩固提高已有博士点和硕士点上，在博士、硕士点相对稳定的前提下，调整学科结构和地区布局，努力做到按需授权。

根据调整结构布局、按需授权的原则，在1993年开展的第五批学位授权审核中，规定了定向申报的学科范围，引导学位授权单位申报与国民经济发展等密切相关的学位授权点，合理地调整授权点的学科结构。在本次授权审核中，委托了部分单位自行开展硕士点的审批工作。1993年12月，国务院学位委员会第十二次会议批准了第五批学位授权审核的结果，新增博士学位授权点274个，博士生导师1945人，另有34个试点单位自行审批增列博士生指导教授670人；硕士学位授权点864个，以及有关试点单位自行审批的硕士点253个。

为适应博士生教育发展的需要和扩大博士学位授权单位的办学自主权，国务院学位委员会第十三次会议决定全面改革现有的博士生指导教师评审办法，从1995年起不再单独审批博士生指导教师。

1995年4月，国务院学位委员会第十三次会议通过了《关于1995年博士和硕士学位授权工作的几点意见》，继续强调，增列博士点的学科、专业主要是国家经济建设、科技教育和社会发展以及国防建设方面，以及目前全国尚无授权点或授权点偏少的学科、专业，实行指南性的定向增列（发布了《1995年定向增列博士点学科、专业指南》），实行限额评审；允许和提倡学位授予单位适应经济建设、科技和社会发展需要，主动调整授权学科、专业，调整审核已有的博士点和硕士点，不计入总量控制数额。1995年5月，国务院学位委员会开展了第六批学位授权审核工作，对博士点的审核条件进一步明确并有所提高，具体为：至少有本单位3名教授（或相当技术职务者，年龄一般在60岁以下）分别为本学科、专业几个研究方向的学术带头人；至少有3个以上明确的、相对稳定的研究方向；有比较丰富的培养硕士研究生的经验。1996年4月，国务院学位委员会第十四次会议审议批准了第六批学位授权审核结果，批准新增博士学位授权点182个，调整已有博士点6个；新增硕士学位授权点1075个（包括全国评审的562个，授权六省、市学位委员会审批的454个，有关单位自行审核的59个），调整硕士学位授权点146个（包括统一评审调整的24个，授权六省、市调整的106个，有关单位自行调整的16个）。

为调整学科布局与结构，进一步扩大学位授予单位的办学自主权，提高研究生培养质量，根据国务院学位委员会第十三次会议的有关精神，1995年在数学、化学、力学、电工、计算机科学与技术五个一级学科选优评估的基础上开展了按一级学科行使博士学位授予权的审核试点工作。1995年9月，国务院学位委员会下发了《关于按一级学科进行学位与研究生教育评估和按一级学科行使博士学位授予权审核试点工作的通知》，对申报按一级学科行使博士学位授予权的一级学科基本条件做了规定，包括博士点覆盖面、师资队伍、学科整体学术水平与科研能力、科研条件、研究生培养经验、研究生考核管理制度等。根据文件精神，全国共有50个单位的82个一级学科点申请参加了评估；1996年6月，国务院学位委员会批准18个单位的25个一级学科获得了博士学位授予权，这是中国首批获得一级学科博士学位授予权的学科点。按一级学科行使博士学位授予权，有利于培养单位加强学科建设，有利于拓宽研究生的知识面，有利于提高研究生培养质量，是学位授权审核改革的方向和趋势[①]。

1997年4月，国务院学位委员会第十五次会议通过了《关于1997年博士和硕士学位授权审核工作的意见》，强调要贯彻“立足国内，适度发展，优化结构，相对集中，推进改革，提高质量”的基本方针，从中国经济建设、科技教育和社会发展以及国防教育的需要出发，适当增列博士、硕士学位授权点；在第六批审核试点的基础上，加快按一级学科审核授权的进程；增列博士和硕士点实行总量控制、限额评审，鼓励对现有博士和硕士点进行学科结构调整。1997年9月，国务院学位委员会下发了《关于做好1997年博士和硕士学位授权点审核工作的通知》，启动了第七批学位授权审核工作。此次审核，明确列

① 吴镇柔，陆淑云，汪太辅．中华人民共和国研究生教育和学位制度史［M］．北京：北京理工大学出版社，2001：173.

出了《博士学位授权学科、专业点基本条件》《硕士学位授权学科、专业点基本条件》《博士学位授权一级学科点基本条件》，从学术队伍、科学研究、研究生培养、物质条件、管理工作、相关学科条件（博士、硕士点）或学科覆盖面（博一点）6个方面，详细规定了博士、硕士授权点的基本条件，其中有数量指标，也有定性描述。这些详细的条件，使高等学校的学科建设工作内容更加翔实，促进了高等学校学科建设的有序开展。1998年6月，国务院学位委员会第十六次会议批准了第七批学位授权审核结果，新增博士点341个，硕士点363个，一级学科授权点304个。

3. 积极发展与深化改革

进入21世纪以来，社会发展对于高层次人才的需求极为迫切，研究生教育规模急需扩大，学位授权审核积极适应发展需要进行了深入的改革。2000年，根据国务院学位委员会第十七次会议的决定，启动了第八批博士、硕士学位授权审核工作。本次审核制定并发布了申报博士点的学科专业指南，较大幅度地扩大了按一级学科审核学位授权的学科范围，对博士学位授权一级学科点的审核增加了答辩程序，扩大了省级学位委员会和部分学位授予单位自审硕士点的试点范围。审核工作继续贯彻宏观调控与专家审核相结合的原则，总体上实现了授权点适度增列的目标。这次审核，增列博士学位授权一级学科点310个；增列博士点442个，调整原有博士点1个；增列硕士点2598个（其中，国务院学位委员会审批的硕士点229个，省级学位委员会审批的硕士点1765个，部分学位授予单位自行审批的硕士点604个），调整原有硕士点11个。

2002年3月，国务院学位委员会第十九次会议通过了《关于进行第九次博士、硕士学位授权审核工作的几点意见》，强调要积极发展、深化改革、坚持标准、公正合理的指导思想，努力满足国家经济建设、科技进步、社会发展及国防建设的需要；要调整学位授权的学科专业结构，主动为实现国家现代化建设的战略目标服务；要贯彻落实西部大开发的战略思想，坚持在保证质量的前提下，西部优先发展；深化学位授权审核体制改革，加强省级人民政府对本地区学位与研究生教育的统筹，进一步扩大高等学校的办学自主权。继续推行按一级学科审核博士、硕士学位授予权，保留按二级学科审核博士、硕士学位授予权；对博士点、硕士点新增规模实施总量控制。2002 年 11 月，国务院学位委员会下发了《关于进行第九次博士、硕士学位授权审核工作的通知》，启动了审核工作。2003 年 7 月，国务院学位委员会第二十次会议批准了第九批学位授权审核结果。

为适应全面建设小康社会和实施人才强国战略的需求，2005 年 1 月，国务院学位委员会第二十一次会议批准了《关于进行第十次博士、硕士学位授权审核工作的意见》，指出要调整学位授权的学科结构和层次结构，积极推动新兴学科、交叉学科的建设和发展；进一步推行按一级学科申报审核博士学位授权，允许按照二级学科申报和审核，委托北京大学和清华大学自行审核其已有二级学科博士点所在一级学科的博士学位授权；试行按一级学科申报审核硕士学位授权，同时保留按二级学科申报和审核，委托各省级学位委员会、军队学位委员会、教育部批准设置研究生院的学位授予单位和中国社会科学院研究生院自行审核已有二级学科硕士点的一级学科硕士学位授权点。本次审核，进一步扩大了高等学校的办学自主权。第十次博士、硕士学位授权审核于 2005 年 4 月启动，先后进行了单位申报、申报材料公示、专家通信评议初审、学科评议组会议复审、审核结果公示。2006 年 1 月 23—24 日召开的国务院学位委员会第二十二次会议审议批准增列博士学位授权一级学科点 390 个，博士点 678 个；增列硕士学位授权一级学科点 2163 个，硕士点 4099 个。本次审核“首次采取了审前公示、接受投诉、逐项核查、现场答辩的办法，发出了树立严谨学风、弄虚作假必定要付出代价的明确信号，在学位与研究生战线上引起很大震动”①。

4. 科学发展与机制创新

为进一步规范审核程序、加强省级统筹、扩大学校自主权，2008 年 1 月，《博士、硕士学位授权审核办法改革方案》经国务院学位委员会第二十五次会议审议并原则通过，进一步加强了省级政府在本地区优化学位授予单位布局等方面的统筹规划作用；进一步扩大了学位授予单位的自主权，同时试点委托部

① 中华人民共和国教育部. 中国教育年鉴 2006［EB/OL］.［2018-08-16］http://www.moe.edu.cn/jyb_sjzl/moe_364/moe_1588/moe_1597/tnull_25712.html.

分单位开展自行审核博士学位授权学科，但增列数量实行限额控制；进一步拓宽了学位授权审核的口径，一般按一级学科进行申报和审核。2010 年 5 月，第十一批学位授权审核工作正式启动。本次审核主要是对已有二级学科博士点的一级学科申请增列一级学科博士点和已有二级学科硕士点的一级学科申请增列一级学科硕士点的审核工作，授权审核全部按照一级学科进行。同时，进一步扩大学位授权单位的自主权，放权给 58 所经教育部批准设立研究生院的学位授权单位自行审核增列博士、硕士点，采取限额增列的方式进行宏观控制。此次审核增列结果于 2011 年 2 月召开的国务院学位委员会第二十八次会议批准，审核通过一级学科博士点 1004 个，一级学科硕士点 3806 个。这是学位授权审核历程中首次完全按照一级学科申报和审核。这一政策的改变对高等学校的发展产生了重大影响，很多学校重新按照一级学科调整组建了二级学院、梳理了学科队伍，学校的许多政策也改为围绕着一级学科来制定，学科建设的口径从二级学科拓宽到一级学科，研究生招生、培养、学位授予也都随之拓宽到了一级学科。

2011 年学位授权审核结束后，经济社会快速发展，中国研究生教育的规模也快速扩大，对于学位授权质量的要求日益凸显，内涵发展成为主旋律。2017 年 3 月，国务院学位委员会下发了《博士硕士学位授权审核办法》，该办法的出台是为了进一步规范学位授权审核标准和程序，保证学位授权质量，促进研究生教育发展，服从服务国家发展战略。该办法对原有的学位授权审核办法进行了较大的改革，主要表现在 6 个方面：①加强授权审核制度的整体设计，统筹学术学位和专业学位授权，同步开展两类学位授权；建立常态化授权审核机制，将学位授权分为新增学位授权审核和学位授权点动态调整两部分，新增学位授权审核侧重于增量结构调整，每 3 年实施一次，学位授权点动态调整侧重于存量结构优化，每年开展一次；进一步明确国务院学位委员会、省级学位委员会和学位授予单位的职责；进一步明确授权审核范围，新增单位原则上只在普通高等学校范围内进行，新增学位点原则上不接受已转制为企业的学位授予单位的新增申请。②突出质量标准在授权审核中的主导作用。③确立以省级学位委员会为主的审核模式。④强调授权审核与结构优化、研究生培养和资源配置的衔接，从严控制新增学位授予单位数量和增长速度。⑤进一步激发高等学校办学活力。⑥加大对授权审核的监管处罚力度。适当增加公开环节，加强社会对审核工作的监督。

2017 年 3 月，国务院学位委员会下发了《关于开展 2017 年博士硕士学位授权审核工作的通知》。这是在中国研究生教育迈入新的历史阶段、“服务需求、提高质量”已成为学位与研究生教育改革发展的主线时开展的一次学位授权审核。这次审核，以推动研究生教育内涵发展为目的，以激发活力为导向，以优化结构为重点，坚持服务需求、提高质量，加强省级统筹，强化自律监管，依法依规开展。

本次审核，最大的变化是制定了学位授权审核的基本条件，包括新增博士学位授予单位基本条件、新增硕士学位授予单位基本条件、自主审核单位基本条件、一级学科博士硕士学位授权点申请基本条件、专业学位类别学位授权点申请基本条件。其中，一级学科博士、硕士学位授权点申请基本条件从学科方向与特色、学科队伍（人员规模、人员结构、学术带头人与学术骨干）、人才培养（培养情况、课程与教学、培养质量）和培养环境与条件（科学研究、学术交流、支撑条件）等方面，确定了该一级学科授权点的最低条件与要求；专业学位类别学位授权点申请基本条件，从专业特色、师资队伍（人员规模、人员结构、骨干教师）、人才培养（课程与教学、培养质量）、培养环境与条件（科研水平、实践教学、支撑条件）等方面，确定了该类别学位授权点的最低条件与要求。这些基本条件的确定，在一定程度上改变了之前部分单位盲目申报学位点但不重视内涵建设的现象；同时，详细的基本条件也为学科内涵建设提出了具体要求，使得学科建设更有针对性。

2017 年的授权审核程序也有所变化，主要有 7 个环节：①各省级学位委员会根据实际需求制定申报指南；②各学位授予单位根据本地区省级学位委员会发布的申报指南提出申请；③省级学位委员会核查申请材料并确定申请资格；④省级学位委员会组织专家评审组进行评议，并召开省级学位委员会会议提出新增博士硕士学位授权点推荐名单，公示后报国务院学位委员会；⑤国务院学位委员会在核查材料的基础上，委托学科评议组和专业学位教指委，以通信评议方式对推荐新增的博士学位授权点进行限额复审；对推荐新增的硕士学位授权点仅进行材料核查；⑥国务院学位委员会对拟新增学位授权点进行公示；⑦国务院学位委员会正式审批。

2018 年 1 月国务院学位委员会召开第三十四次会议，审批通过新增博士、硕士学位授权点名单。新增博士点 655 个中，原有二级学科博士点升级为一级学科博士点 283 个，完全新增的一级学科博士点 324 个，专业学位博士点 48 个。在新增的一级学科博士学位授权点中，增列最多的是马克思主义理论，为 37 个，其次是生物学 18 个，物理学、机械工程、工程博士均为 16 个；增列最多的门类为工学 212 个，最少的是历史学博士 6 个。

（二）学位授权点动态调整

2015 年 11 月，国务院学位委员会下发了《关于开展博士、硕士学位授权学科和专业学位授权类别动态调整工作的通知》，决定自 2016 年起，在全国范围实施博士、硕士学位授权学科和专业学位授权类别动态调整工作。

实施动态调整，是给学位授权单位下放自主权的一种形式，使授权单位可以根据自己的特色与需求，主动撤销一些与本单位发展不符、社会也没有太多需求的老旧学科，并在一定范围内自主确定亟须发展的学科，以优化学科布局、调整学科结构，真正做到有上有下、动态建设，激发学位授权单位的办学活力。各个学位授权单位积极响应，于 2016 年、2017 年在全国范围内开展了动态调整工作。

2016 年，有 25 个省份的 175 所高校撤销了 576 个学位点，其中博士学位授权一级学科点 28 个，博士学位授权二级学科点 23 个，硕士学位授权一级学科点 201 个，硕士学位授权二级学科点 220 个，硕士专业学位授权点 104 个；撤销最多的是软件工程为 35 个，其次是工程硕士（项目管理）21 个。25 个省份的 178 所高校增列了 366 个学位点，其中博士学位授权一级学科点 32 个，硕士学位授权一级学科点 169 个，硕士专业学位授权点 164 个；增列最多的是会计硕士 23 个，艺术硕士 17 个。

总体而言，2016 年撤销数量大于增列数量，一定程度上反映了现有学位授予单位对于学位授权点增列已经从盲目扩张数量转向理性发展、内涵建设上；特别是对于研究型大学来说，结构调整、水平提升更是首要任务。排在撤销学位点数量前三名的分别是浙江大学 34 个、中南大学 26 个、北京理工大学 20 个，而这三所高校增列的数量分别是 0、0、1。

2017 年，有 25 个省份的 129 所高校撤销了 340 个学位点。其中，博士学位授权一级学科点 7 个，博士学位授权二级学科点 11 个，硕士学位授权一级学科点 78 个，硕士学位授权二级学科点 182 个，硕士专业学位授权点 62 个。撤销最多的是工程硕士（项目管理），有 16 个；其次是软件工程，有 14 个；撤销最多的前两个学科与 2016 年的相同。24 个省份的 87 所高校增列了 184 个学位点，其中博士学位授权一级学科点 18 个，硕士学位授权一级学科点 110 个，硕士专业学位授权点 56 个；增列最多的是法学，有 7 个，以及公共管理，有 7 个。

学位授权点动态调整，已经成为各个授权单位的年度工作，在自主办学、优化学科结构布局方面将起到重要作用。

（三）自主设置二级学科

在 2009 年国务院学位委员会下发的《学位授予和人才培养学科目录设置与管理办法》中，规定了二级学科由学位授予单位依据国务院学位委员会、教育部发布的一级学科目录，在一级学科学位授权权限内自主设置与调整。为了规范授予博士、硕士学位和培养研究生的二级学科（以下简称二级学科）自主设置，教育部办公厅于 2010 年印发了《授予博士、硕士学位和培养研究生的二级学科自主设置实施细则》（下面简称《实施细则》），2011 年国务院学位委员会办公室下发了《关于做好授予博士、硕士学位和培养研究生的二级学科自主设置工作的通知》。在《实施细则》中，规定了二级学科设置的基本条件、目录内二级学科的自主设置与调整、目录外二级学科的自主设置与调整、交叉学科的自主设置与调整等。

根据来自教育部学位与研究生教育发展中心网站 2018 年 7 月 12 日数据显示，全国共有 429 家单位、设置学科 3203 个、学科点 5021 个。其中，目录外二级学科点 4511 个、交叉学科点 510 个。4511 个目录外二级学科点，分属于 98 个一级学科。

自主设置二级学科，给了学位授权单位较大的自主权，可以在一级学科范围内，根据学校的发展和研究生培养需要，自主确定二级学科，并进行研究生招生、培养。但在快速发展的过程中，也出现了一些问题，例如设置学科名称不规范、设置学科内涵不清晰等，今后需要从自律和他律两个方面加以监督和控制。

学位授权点的审核增列与调整，有力地推动了各培养单位的学科建设。在学位授权审核工作中，国务院学位委员会发布了学位授权点申请条件，在学科方向、师资队伍、科研成果、人才培养、职称条件等方面有较为明确的定量和定性指标，为了获得授权，各个单位提高了竞争意识，加强了学科建设力度，如增加相应的人力、物力、财力投入，通过学科建设来提高研究生培养质量和水平。进入新时代后，高等教育内涵发展的要求更为迫切。通过学位授权审核增列、学位授权点动态调整等改革措施，各单位积极调整学科布局、优化结构，努力构建与本单位特点和发展相适应的学科体系，从而更好地提升学校整体的竞争力和学科水平。今后，国家进行宏观控制与监督、省级学位委员会根据区域特点进行中观调控、各个单位根据自身发展需要在一定条件约束下开展学位授权点的审核工作，将可能成为学位授权审核的发展方向。

二、重点学科

1978 年中共十一届三中全会以后，中国高等教育特别是研究生教育逐步走上正常发展的轨道。为了集中力量办大事、快速提升部分学科水平、进而带动研究生教育的整体发展，国家开展了三次重点学科的评选，并进行了重点建设；各省份也纷纷跟进，根据发展需要开展了省份级重点学科的评选与建设。

（一）国家重点学科

1. 第一次国家重点学科评选

1983 年 5 月，改革开放后的第一次全国高等教育工作会议在武汉召开，会议文件之一的《关于调整改革和加快发展高等教育的若干问题》中指出：

“在发展中必须注意切实办好一批重点学校、重点学科（专业），使之成为高等教育的骨干，成为教育和科学研究中心。”“重点学科（专业）是重点大学的基础，只有建设好一批重点学科（专业），才能办好重点大学；重点大学的每一个学科（专业）并不一定都是重点学科，非重点大学的某些学科也可以是重点学科（专业）。各学校的主管部门都要优先保证重点大学、重点学科的师资、校舍、设备和图书等办学条件，并要求他们为国家做出更大贡献”“要建立定期评定重点大学、重点学科的制度。”本次会议在高等学校学科建设发展史上具有重要意义。

1985 年 5 月,《中共中央关于教育体制改革的决定》中明确提出:“为了增强科学研究的能力，培养高质量的专门人才，要改进和完善研究生培养制度，并且根据同行评议、择优扶植的原则，有计划地建设一批重点学科。重点学科比较集中的学校，将自然形成既是教育中心，又是科学研究中心。”

1986 年上半年，国家教育委员会主持开展了对重点学科的论证研究工作，明确了建设重点学科的主要目的、拟建数量等；1986 年 7 月，提出了全国高等学校重点学科规划设想和按学科的布点预测方案。

为贯彻落实中央精神，国家教育委员会于 1987 年 8 月下发了《关于做好评选高等学校重点学科申报工作的通知》，决定在高等学校进行重点学科评选工作。同时，国家教育委员会还发布了《关于评选高等学校重点学科的暂行规定》和《关于高等院校重点学科评选工作的几点意见》《高等学校重点学科通讯评选暂行办法》和《高等学校重点学科评选专家小组审核办法》等文件，完善了高等学校重点学科评选的机制。

根据以上文件、会议精神，中国在 1987 年开展了第一次高等学校重点学科评选工作。1987 年上半年，在经济学、化学、电子学与通信、动力机械及工程热物理 4 个一级学科开展试点评选工作；1987 年下半年，在文、理、工科开展评选工作；1988 年，在农、林、医科全面展开评选工作。

在《关于评选高等学校重点学科的暂行规定》中提出以下要求。

（1）重点学科的评选和建设必须根据国家四化建设对培养高级专门人才的需求、科技发展的趋势和国家财力的可能，综合考虑后确定。重点学科的门类要比较齐全，科类结构比例和布局应力求合理，要有利于促进学科间的横向联合，逐步形成高校科研优势。“七五”期间，国家教委拟会同有关部门在全国高等学校中教学科研基础好、对四化建设和科技、社会发展具有重要意义的学科中择优确定一批重点学科点。

（2）重点学科点应从符合条件的博士点中选定。重点学科点应承担教学、科研双重任务，要逐步做到能够自主地、持续地培养与国际水平大体相当的博士、硕士、学士；能够接受国内外学术骨干人员进修深造，进行较高水平的科学研究；能够解决四化建设中重要的科学技术问题、理论问题和实际问题，能为国家重大决策提供依据，为开拓新的学术领域、促进学科发展做出较大贡献。

（3）建设资金可采取国家扶植、学校主管部门投资以及学校自筹等办法，主要依靠学校和重点学科自身的活力，以培养出高质量的人才和高水平的科研成果来争取多种渠道的资助和合作支持，并根据需要和可能分批建设。

同时，确定了高等学校重点学科应当在学科发展研究方向、研究队伍、教学科研工作基础、科研实验设备与图书资料等方面具备良好的条件。

评选的具体工作步骤是：学校申报、通信评选、初步汇总、专家审核、国家教委审核批准等环节。

1987—1988 年，共有 1184 个博士点进行申报，涉及 60 个一级学科；国家教委聘请了 1063 为同行专家组成 105 个小组，进行了通信评选；随后，国家教委分 4 批组成 47 个专家组进行专家审核。最终于 1988 年 7 月、1989 年 11 月分别下达了高等学校文、理、工、农、医各学科的重点学科名单。第一次高等学校重点学科评选工作，在全国范围内共评选出 416 个重点学科点（包含军队高校所拥有的重点学科），其中文科 78 个，理科 86 个，工科 163 个，农科 36 个，医科 53 个，涉及 107 所高等学校和 36 个主管部门。

第一次重点学科评选后，国家利用“211 工程”和“985 工程”建设，对重点学科进行了重点建设。部分省市和有关部委也开展了省部级重点学科的评选和建设工作。有关高等学校更是高度重视学科建设特别是重点学科建设，把学科建设作为学校的龙头工作，带动了学校的整体发展。

2. 第二次国家重点学科评选

在“211工程”和“985工程”实施若干年后，时隔14年的2001年2月，教育部下发了《关于开展高等学校重点学科评选工作的通知》，第二次评选高等学校重点学科。

在下发的通知中，明确了评选高等学校重点学科的主要目的：①促进我国高等学校的学科建设，进一步提高我国高等学校教学科研的能力，形成一批立足国内培养高层次专门人才、解决经济建设和社会发展重大问题的基地。②根据目前我国经济建设、社会发展、科技进步和国防建设的需要，对高等学校的学科建设方向进行引导和示范，使高等学校学科建设进一步适应现代化建设的需要。③优化高等教育资源配置，集中国家和地方有限财力，通过重点建设，逐步在全国范围内形成布局合理、各具特色和优势的重点学科体系，巩固和扩大高等学校在人才培养、科学研究方面的综合优势。

此次高等学校重点学科评选工作的指导思想为调整结构，合理布局，择优确定，公平竞争。

文件中对重点学科进行了界定，明确了“重点学科是根据国民经济建设和社会发展对培养高级专门人才的需求、科技发展趋势和国家财力的可能，在高等学校择优确定并安排重点建设的学科。重点学科应为总体水平处于国内同类学科前列，并有一定国际影响的博士点”。

对于重点学科评选的口径，主要以1997年版《授予博士、硕士学位和培养研究生的学科、专业目录》中的二级学科为依据划分。

重点学科评选的主要内容包括学科方向，学术队伍，人才培养，科学研究，条件建设和学术交流；重点学科应具备的基本条件是：①学科方向对推动学科发展、科技进步，促进我国经济、社会、文化发展和国防建设具有重要意义；②有在本学科学术造诣高、有一定国际影响或国内公认的学术带头人，有结构合理的高水平学术梯队；③培养博士生的数量和质量位于国内同类博士点前列；④已形成有较大影响的学术特色，取得一定数量较高水平的研究成果，对经济建设和社会发展做出重大贡献；目前承担着具有重要理论和现实意义的研究项目；⑤教学、科研条件居国内同类学科先进水平，具有较强的与相关学科相互支撑的能力和获取国内外信息资料的先进手段；⑥学术气氛浓厚，国际国内学术交流活跃。

经过单位申报、主管部门推荐、专家评选（同行专家通信评议和专家组会议评审）、教育部审核，批准了964个重点学科点，覆盖了当时学科目录中全部的12个学科门类、88个一级学科中的84个一级学科、381个二级学科中的332个二级学科。其中，哲学16个，经济学44个，法学35个，教育学19个，文学41个，历史学18个，理学177个，工学373个，农学62个，医学138个，军事学10个，管理学31个，涉及182所高等学校。

此次评选，入选的重点学科点从416个增加到964个，覆盖了所有12个学科门类，涉及的高校数从107所增加到182所；为了体现国家重点学科评选与建设为国家重大需求服务的要求，重点考虑了与信息、生命、材料和能源等高新技术紧密相关的学科及对行业或区域经济发展起重要作用的学科。

3. 第三次国家重点学科评选

为了更好地适应高等教育、特别是研究生教育发展的需要，加强国家重点学科建设的制度化，2006年10月，教育部制定并颁发了《关于加强国家重点学科建设的意见》和《国家重点学科建设与管理暂行办法》，明确了国家重点学科建设的目的和意义、国家重点学科建设的指导思想、国家重点学科建设的主要措施、国家重点学科须具备的基本条件、建设与经费、考核与认定、管理与职责等。

本次国家重点学科评选的指导思想为服务国家目标，提高建设效益，完善制度机制，建设一流学科。

在主要措施中，确定了国家重点学科的考核每5年进行一次，考核的依据是各国家重点学科制定并备案的学科建设与发展规划，考核的主要内容是各国家重点学科规划的完成情况。国家重点学科在定期考核的基础上，对符合条件的由教育部按有关程序经过考核重新确定为国家重点学科；一级学科国家重点学科由教育部按照确定标准和程序，从符合条件的二级学科国家重点学科中直接确定；二级学科国家重点学科的增补，将与国家和区域发展的重大需求相结合，经选优推荐并通过专家评审后增补。

根据意见和暂行办法，2006年12月，教育部学位管理与研究生教育司发出《关于做好国家重点学科考核评估工作的通知》，启动了第三次国家重点学科评选工作。评选工作分为以下三个阶段进行。

（1）原有国家重点学科点考核评估

首先由各学校统一组织对所属国家重点学科的建设情况逐一进行自我考评，并撰写各国家重点学科的建设总结报告，填写《国家重点学科建设情况汇总表（2001—2005）》，总结报告要从建设目标、学术团队、人才培养、科学研究、学术交流、条件建设等方面总结本学科建设规划的完成情况，对建设成效进行客观分析，找出本学科建设中存在的不足。

国家重点学科考核评估一般按一级学科分组进行。考评工作采取学校评审代替专家个人评审的方式进行。有关学校（或科研机构）受委托参加国家重点学科的考核评估工作，按照考评程序组织校（或院）内同行专家，从学科水平和建设成效两个方面，对送评的国家重点学科进行综合考评，并以学校（或科研机构）的名义提交考评结果。

根据考评结果，对国家重点学科做如下处理：对考评成绩排名靠前的国家重点学科将保留其国家重点学科资格；对考评成绩排名靠后的国家重点学科则须进入第二阶段——国家重点学科增补与淘汰工作；对总结报告和汇总表中有弄虚作假行为的按排名靠后处理，对情节严重的将取消其国家重点学科资格，同时取消其在下一轮增补与淘汰工作中的申报资格。

2007年5月，国家重点学科考核评估阶段工作完成，在被考核的964个国家重点学科点中，共有44个国家重点学科点因排名靠后进入第二阶段，重新申报增补国家重点学科的评选；其余920个确定为二级学科国家重点学科点不再参与第二阶段。

（2）二级学科国家重点学科的增补评选

2007年6月，教育部学位管理与研究生教育司下发《关于开展国家重点学科增补工作的通知》，本着“调整结构，优化布局，择优确定，公平竞争”的指导思想，开展国家重点学科增补工作。增补工作与国家和区域发展的重大需求相结合，采取单位申请，主管部门审查和推荐，同行专家评议和行政审批的方式进行。评选口径基本按照二级学科开展，医学门类中的内科学、外科学按三级学科申请，未设二级学科的一级学科按一级学科申请。经过原国家重点学科所在单位及新申请单位的相互评审，共评选出 403 个二级学科国家重点学科。

（3）一级学科国家重点学科认定

教育部学位管理与研究生教育司按照一级学科下二级学科国家重点学科至少为 2 个，且二级学科覆盖率不低于 30% 的标准，对一级学科国家重点学科进行了认定。

2007 年 8 月，教育部发布了《关于公布国家重点学科名单的通知》，共批准一级学科国家重点学科点 287 个，二级学科国家重点学科点 693 个。国家重点学科点覆盖了除军事学门类外的 11 个学科门类、89 个一级学科中的 81 个一级学科、386 个二级学科中的 349 个二级学科，涉及 196 所高等学校。

2007 年 11 月，教育部决定在国家重点学科评选的基础上，择优确定一批水平较高的学科，作为国家重点学科的培育对象，共批准国家重点（培育）学科点 219 个。

4. 国家重点学科审批的取消

2014 年 2 月 15 日，为了提高政府管理科学化、规范化水平及落实简政放权，国务院办公厅发布《国务院关于取消和下放一批行政审批项目的决定》，决定取消国家重点学科审批。

国家重点学科在 30 年的发展过程中，通过重点带动效应，大大促进了各校学科建设与发展，为研究生教育整体水平的提升做出了重大贡献。国家重点学科的评选制度趋于完善，特别是第三次重点学科评选，采取了原有考核、增补评选、一级学科认定的三步走方式，引导学校和学科点要注重建设而不是申报；评选指标体系也更加多元化，不仅要考察水平，还要考察建设成效，更加强调过程建设；专家投票方式由之前的个人投票改为学校投票与互评，减少了非学术因素的影响。评审方式、评选指标体系等的变化，都促使单位和国家重点学科点要以评促建，高度重视建设过程。

（二）省部级重点学科

省部级重点学科的评选与建设，基本是跟随着国家重点学科的评选而逐步开展和深化的。在 1987 年《关于评选高等学校重点学科的暂行规定》中指出“中央部委和地方教育主管部门还可根据实际需要和可能条件，参照本办法适量确定和扶植一些部门或地方一级的重点学科”。

最早的省部级重点学科评选甚至早于国家重点学科的评选。1983 年，浙江省在省属高校中，确定了 38 个重点学科进行重点建设，并于 1984 年拨出专款进行重点扶持。1984 年，上海市高等教育局对市属高校 21 个学科进行重点建设。大部分的省部级重点学科评选是在第一次国家重点学科评选之后进行的。1986 年，山东省在省属院校中确定了 12 个重点学科并进行重点扶持。1992 年，甘肃省评选出 7 个学科作为省级重点学科。截至 1991 年年底，有 18 个部委（总公司）和 18 个省、自治区、直辖市开展了重点学科的评选工作，共评选出部委和省级重点学科点 600 多个，并给予了相应支持。

在第二次、第三次国家重点学科评选后，省部级重点学科的再次评选也随之展开。2001 年年底，北京市教育委员会开展了北京市重点学科评选工作，确定了 113 个北京市重点学科、69 个北京市重点建设学科，并投入专项经费进行支持建设；2007 年，北京市教育委员会在对之前的重点学科全面验收的基础上，开展了第二轮北京市重点学科评选工作，评选出交叉学科北京市重点学科 29 个、一级学科北京市重点学科 41 个、二级学科北京市重点学科 168 个、一级学科北京市重点建设学科 15 个、二级学科北京市重点建设学科 94 个，并继续投入专项经费进行建设。原国防科学技术委员会为了加强国防基础研究和人才培养实力，分别于 2001 年和 2007 年评选了国防科工委重点学科；国防科技工业局于 2016 年评选了国防特色学科。省部级重点学科的评选和建设，有力地支持了行业和地方的发展。

各个级别重点学科的评选与建设，大大提升了高等学校学科建设水平，推动了学科结构的调整与优化，汇聚了高水平的师资队伍，增强了科学研究实力，为培养高层次优秀人才提供了良好的基础与平台，为国家、地区、行业以及高等学校的发展做出了重大贡献。

第二节 重点建设

改革开放后，中国的综合国力日益增强，作为国家综合国力和科学文化水平标志的大学需要快速发展、提升竞争力，特别是需要一些能够尽快在国际高等教育界占有一定位置的一流大学。在中国国力有限的情况下，国家采取“重点建设、带动全局”的建设方式，集中有限的优势资源，重点支持建设若干所国内顶尖的一流大学和一流学科走向世界，进而带动中国高等教育水平的整体提升。从 1993 年开始的“211 工程”，到 1998 年启动的“985 工程”，再到 2015 年的“双一流建设”，对于快速提升中国高等教育水平、建设高等教育强国，发挥了战略性关键作用。

一、“211 工程”

20 世纪 90 年代初，科教兴国被提到了国家战略地位，为中国高等教育的发展提供了历史机遇。如何在较短时间内，由高等教育大国发展为高等教育强国，缩小与发达国家高等教育之间的差距，“重点建设”的方式就被推上了建设现代大学的历史舞台。

（一）实施背景

1991 年 1 月，全国人大七届四次会议批准了《中华人民共和国国民经济十年规划和第八个五年计划纲要》，指出：有重点地办好一批大学，加强一批重点学科点的建设，使其在科学技术水平上达到或接近发达国家同类学科的水平。7 月，为了落实该规划，国家教委向国务院上报了《关于重点建设好一批重点大学和重点学科的报告》，指出：建议由国家教委设置重点大学和重点学科建设好项目，该项目简称为“211 计划”。12 月，国家计委、国家教委、财政部共同向国务院报送了《关于落实建设好一批重点大学和重点学科的实施方案的报告》，提出：一致同意国家设置与国家经济、社会发展相适应的“重点大学和重点学科建设项目”（简称为“211”计划）。

1992 年 8 月，国务院常务会议原则同意“211 工程”规划意见。

1993 年 2 月，中共中央、国务院共同印发了《中国教育改革和发展纲要》，提出：“要集中中央和地方等方面的力量办好 100 所左右的重点大学和一批重点学科。”2 月，国家教委召开党组会议，决定成立“211 工程”协调小组和领导小组，由国务委员兼国家教委主任李铁映通知担任协调小组和领导小组组长，下设“211 工程办公室”负责日常工作。3 月，国家教委下发《关于成立“国家教委‘211 工程’办公室”的通知》。7 月，国家教委印发了《关于重点建设一批高等学校和重点学科点的若干意见》，对“211 工程”的定义、建设目标、实施方法、立项程序等做了明确阐述，是第一个指导性文件。之后，国家教委“211 工程”办公室发出《关于做好重点建设一批高等学校和重点学科点主管部门预审工作的通知》，开始了预审的工作。9 月，国家教委任命王忠烈任“211 工程”办公室主任，李仁和、吴镇柔为副主任。

1994 年 7 月，在国务院发布的《关于〈中国教育改革和发展纲要〉的实施意见》中提出：“211 工程”，面向 21 世纪，分期分批重点建设 100 所左右的高等学校和一批重点学科，使其到 2000 年在教育质量、科学研究、管理水平及办学效益等方面有较大提高，在教育改革方面有明显进展。

1995 年 11 月，经国务院批准，国家计划委员会、国家教育委员会和财政部，联合下发《“211 工程”总体建设规划》，拉开了中国高等教育领域新中国成立以来规模最大、层次最高的重点建设工程的帷幕。

“211 工程”，即面向 21 世纪、重点建设 100 所左右的高等学校和一批重点学科，是“中华民族面向世纪之交的国内、国际形势而做出的发展高等教育的高瞻远瞩的重大决策”[①]。“211 工程”从 1995 年开始实施，历经“‘九五’‘211 工程’”“‘十五’‘211 工程’”“211 工程”三期共 3 个阶段的建设，共重点建设了 112 所高校。“211 工程”名单和分布见表 5-1。

① “211 工程”部际协调小组办公室．“211 工程”发展报告（1995—2005）[M]．北京：高等教育出版社，2007.

表 5-1 “211 工程”学校名单和分布

地区	数量	学校名称
北京	23	北京大学、中国人民大学、清华大学、北京交通大学、北京工业大学、北京航空航天大学、北京理工大学、北京科技大学、北京化工大学、北京邮电大学、中国农业大学、北京林业大学、北京中医药大学、北京师范大学、北京外国语大学、中国传媒大学、中央财经大学、对外经济贸易大学、北京体育大学、中央音乐学院、中央民族大学、中国政法大学、华北电力大学
天津	3	南开大学、天津大学、天津医科大学
河北	1	河北工业大学
山西	1	太原理工大学
内蒙古	1	内蒙古大学
辽宁	4	辽宁大学、大连理工大学、东北大学、大连海事大学
吉林	3	吉林大学、延边大学、东北师范大学
黑龙江	4	哈尔滨工业大学、哈尔滨工程大学、东北农业大学、东北林业大学
上海	10	复旦大学、同济大学、上海交通大学、华东理工大学、东华大学、华东师范大学、上海外国语大学、上海财经大学、上海大学、第二军医大学
江苏	11	南京大学、苏州大学、东南大学、南京航空航天大学、南京理工大学、中国矿业大学、河海大学、江南大学、南京农业大学、中国药科大学、南京师范大学
浙江	1	浙江大学
安徽	3	安徽大学、中国科学技术大学、合肥工业大学
福建	2	厦门大学、福州大学
江西	1	南昌大学
山东	3	山东大学、中国海洋大学、中国石油大学
河南	1	郑州大学
湖北	7	武汉大学、华中科技大学、中国地质大学、武汉理工大学、华中农业大学、华中师范大学、中南财经政法大学
湖南	4	湖南大学、中南大学、湖南师范大学、国防科学技术大学
广东	4	中山大学、暨南大学、华南理工大学、华南师范大学
广西	1	广西大学
海南	1	海南大学
四川	5	四川大学、西南交通大学、电子科技大学、四川农业大学、西南财经大学
重庆	2	重庆大学、西南大学
贵州	1	贵州大学

续表

地区	数量	学校名称
云南	1	云南大学
西藏	1	西藏大学
陕西	8	西北大学、西安交通大学、西北工业大学、西安电子科技大学、长安大学、西北农林科技大学、陕西师范大学、第四军医大学
甘肃	1	兰州大学
青海	1	青海大学
宁夏	1	宁夏大学
新疆	2	新疆大学、石河子大学

注：数据来自教育部网站

（二）"'九五''211工程'"建设

《"211工程"总体建设规划》是"211工程"建设的指导性文件，明确规定了总体建设目标及任务、工程建设资金、建设程序与组织管理等。

"211工程"的总体建设目标是：面向21世纪，在此期间重点建设一批高等学校和重点学科。并在此基础上经过若干年的努力，使100所左右的高等学校以及一批重点学科在教育质量、科学研究、管理水平和办学效益等方面有较大提高，在高等教育改革特别是管理体制改革方面有明显进展，成为立足国内培养高层次人才、解决经济建设和社会发展重大问题的基地。其中，一部分重点高等学校和一部分重点学科，接近或达到国际同类学校和学科的先进水平，大部分学校的办学条件得到明显改善，在人才培养、科学研究上取得较大成绩，适应地区和行业发展需要，总体处于国内先进水平，起到骨干和示范作用。

工程建设的主要内容包括学校整体条件、重点学科和高等教育公共服务体系建设三大部分。学校整体条件建设是基础。重点学科建设是核心，是体现教学科研水平的重要标志，是带动学校整体水平提高的有效途径。高等教育公共服务体系以重点建设的学校为依托，按照资源共享、服务全国的原则，从整体上加强中国高等教育基础设施建设，提高高等学校的办学水平和办学效益。

"九五"期间"211工程"建设任务为：①首先重点建设2所高等学校，

使其在教学、科研和人才培养的整体水平上，接近和达到国际先进水平，并在国际上确立较高的声誉和地位。②着重提高和改善25所左右与我国社会主义建设密切相关、重点学科比较集中、承担较多公共服务体系建设任务的高等学校的教学和科研基础设施条件，使其在人才培养质量上有显著提高，一些重点学科接近或达到国际水平，并在高等学校中起到骨干和示范作用。要注重支持与基础产业、支柱产业密切相关院校和重点学科点的建设，加大国家急需的高级专门人才和应用技术人才的培养力度，以体现“211工程”建设面向经济建设主战场。③加强300个左右与经济社会发展、科技进步和国防建设密切相关的重点学科点，增强持续培养适应社会主义市场经济需要的相关领域高水平人才的能力。④完成高等教育公共服务体系的基本框架建设。

对于“211工程”所需建设资金，文件规定采取国家、部门地方和高等学校共同筹集的方式解决。建设资金主要由学校所属的部门和地方政府筹措安排，中央安排一定的专项资金给予支持，对工程建设起推动、指导和调控作用。

“211工程”作为国家重点建设项目列入国民经济和社会发展中长期规划和第九个五年计划，从1995年起实施。“211工程”的建设程序与组织管理包括：①成立由国家教委、国家计委、财政部有关负责同志组成的协调小组，协调决定工程建设中的重大方针政策问题。协调小组下设“211工程”办公室，具体负责“211工程”建设项目的实施管理和检查评估工作。办公室由国家教委、国家计委、财政部有关同志组成，地点设在国家教委。②“211工程”按基本建设程序进行审批和管理。包括部门预审、报送预备立项备案材料、报送项目可行性研究报告、国家计委审核确定，成熟一所，批准一所。③“211工程”建设项目均实行业主负责制管理。各项目主管部门具体负责建设项目的管理工作。

《“211工程”总体建设规划》下发后，各项实施工作紧锣密鼓地展开。1995年12月，国家计委、国家教委、财政部联合召开专家审核会议，分别对北京大学、清华大学“211工程”建设项目可行性研究报告进行了审核，标志着“211工程”立项审核工作正式启动。为加强“211工程”建设的统筹规划和领导，经国务院批准，1996年3月成立了“211工程”部际协调小组，国务院副秘书长徐志坚任组长。在“211工程”部际协调小组第一次会议上，原则同意国家计委、国家教委、财政部多次研讨协商提出的“九五”期间“211工程”中央专项资金支持的高等学校名单（33所）。4月，“211工程”部际协调小组办公室成立，赵沁平同志兼任办公室主任。部际协调小组随后召开了重点学科建设项目专家咨询会、大型仪器设备购置专家咨询会、部属有关部门的有关高校进行“211工程”建设项目可行性研究报告专家审核和立项论证工作。8月，随着国家计委正式批复北京大学、清华大学“211工程”建设项目可行性研究报告，“211工程”建设进入实质性阶段。

为了加强“211工程”建设资金管理、实施管理等，有关部门先后下发了文件，包括：①国家教委、国家计委、财政部联合下发的《关于印发〈“211工程”专项资金管理暂行办法〉的通知》，明确规定了资金开支范围、资金预算、划拨及决算以及资金管理和监督办法。②国家教委财务司、财政部文教司联合下发的《关于印发〈“211工程”计划管理费使用管理暂行办法〉的通知》，对计划管理费的使用做出了明确规定。③“211工程”部际协调小组办公室发出的《关于印发〈“211工程”建设实施管理暂行办法〉的通知》，对“211工程”的组织实施、管理职责、建设资金、检查验收等都做出了明确规定。

“‘九五’‘211工程’”在99所高校中实施建设，主要安排了602个重点学科建设项目和2个全国高等教育公共服务体系建设项目。重点学科建设是“211工程”的核心内容，在重点学科中建设项目中，以基础产业和高新技术领域最多，为255个；然后是基础科学领域89个，医药卫生领域66个，人文社会领域62个，经济政法领域57个，环境资源领域42个，农业领域31个。

“‘九五’‘211工程’”建设资金为196.08亿元。其中，中央安排专项资金27.55亿元，部门和地方配套95.95亿元，学校自筹72.58亿元。用于重点学科建设67.54亿元、学校和全国的公共服务体系建设36.35亿元、基础设施建设等92.19亿元。

为了加强工程建设管理、提高建设质量、促进建设顺利进行、对后期建设提供依据，“‘九五’‘211工程’”进行了中期检查和项目竣工验收。1998年

8月，“211工程”部际协调小组办公室下发了《关于对有关高等学校开展“211工程”中期检查工作的通知》，对1997年底正式批复立项的32所学校开展了中期检查，主要检查内容包括：工程总体进展情况、年度计划的执行情况；标志性成果的预测、阶段进展，及具体支持措施；资金到位和使用情况、资金年度计划执行情况检查；需要调整、解决的主要问题。2000年10月，“211工程”部际协调小组办公室下发了《关于下发〈“211工程”“九五”期间建设项目验收办法〉的通知》，对验收对象、验收依据、验收阶段与时间、验收条件、验收主要内容、验收组织及程序、验收文件资料要求、验收结果等进行了明确规定，具体为：验收工作分为子项目验收和学校整体建设项目验收两个阶段，根据“建成一个，验收一个”的原则适时组织进行子项目验收；校内子项目验收的重点为重点学科建设项目和公共服务体系建设项目，主要内容包括建设任务完成情况、主要指标的实现情况、经费完成情况等；学校整体建设项目验收的主要内容包括各子项目完成情况、经费到位及完成情况、总体建设目标实现情况。

2002年9月，“211工程”部际协调小组办公室发布了《关于发布“211工程”“九五”期间建设项目验收结果的通知》，指出：“211工程”作为国家重点建设项目，在党中央、国务院的亲切关怀下，在各级有关部门和高校广大师生的共同努力下，经过五年的建设，全面、高质量地完成了“九五”期间的建设任务，实现了预期的建设目标，取得了一批标志性成果和明显的投资效益。标志着“‘九五’‘211工程’”建设圆满完成。

（三）“‘十五’‘211工程’”建设

经过“‘九五’‘211工程’”的重点建设，重点建设的学校和学科的教学、科研条件得到改善，高等教育公共服务体系的基本框架已建立，基础性工作已基本完成。2000年12月，在湖北省武汉市举行了2001年度教育工作会议。会议决定在检查评估“211工程”一期建设的基础上，启动二期工程建设项目。

在充分讨论、论证的基础上，2002年9月，经国务院批准，国家计委、教育部、财政部下发了《关于“十五”期间加强“211工程”项目建设的若干意见》的通知，指出：继续加强“211工程”建设，是新世纪初继续贯彻落实国家科教兴国战略的重要举措，对于应对日趋激烈的国际竞争，加快高素质创造性专门人才的培养，推进知识创新、科学技术成果向现实生产力转化，发展社会主义先进文化，增强高等教育为经济建设和社会发展的服务能力，贯彻实施国民经济和社会发展“十五”计划纲要，都具有极为重要的意义。“上质量、上水平”是“十五”期间加强“211工程”建设的宗旨；要进一步推动高等教育体制改革；继续以重点学科建设为核心；加强高等教育信息化建设；提升高等学校科研和成果转化的能力。

围绕着“上质量、上水平”，“‘十五’‘211工程’”的建设目标有所变化，表现为：继续重点建设“211工程”院校，使其中大多数学校整体教学、科研水平达到国内领先地位，成为国家和地方解决经济、科技和社会发展重大问题的基地；加强重点学科建设，加大学科结构调整力度，支持发展新兴和交叉学科，力争使其中部分学科接近或达到世界先进水平，建成布局和结构比较合理的高等教育重点学科体系；加快高等教育信息化步伐，增强全国教育和科研计算机网络、高等教育文献信息保障体系及图书数字化资源的服务能力，构建高等学校仪器设备等优质资源共享体系，使高等教育公共服务体系的运行环境得到较大幅度的改善，建立起辐射全国高等学校、带动中国高等教育整体发展的信息服务平台。

“‘十五’‘211工程’”的建设任务也发生了变化：①重点学科，着力建设和发展800个左右“211工程”重点学科建设项目。其中，对“九五”期间已建设的且需要加强发展的“211工程”重点学科建设项目继续进行支持；另选择一批新的学科项目进行重点建设。重点学科建设要加大结构调整力度，大力发展信息、生命、环保、新材料、新能源等高新技术学科和建立社会主义市场经济体制迫切需要的人文、社科学科，力争使其中的部分学科接近或达到世界先进水平，建成中国高等教育布局和结构比较合理的重点学科体系。充实和改善重点学科的教学和科研条件，加强学科梯队建设，提高高层次创新人才培养、高水平科研成果产出基地的现代化装备水平。②公共服务体系，实施中国教育和科研计算机网高速地区主干网升级工程、高等教育文献保障体系二期工程，建立仪器设备和优质资源共享系统。③“211工程”院校整体建设，围绕对重点学科和公共服务体系的支持，加强“211 工程”院校的整体条件建设，推进和深化教育改革，较大幅度地提高师资队伍、教育质量、科学研究、管理水平和办学效益，进一步发挥“211 工程”院校对整体高等教育发展的示范带动作用。

“‘十五’‘211 工程’”的建设资金采取国家、部门、地方和高等学校共同筹集的方式解决。“‘十五’‘211 工程’”建设管理，依然由部际协调小组协商决定项目中的重大方针政策问题，下设“211 工程”办公室，具体负责“211 工程”建设项目的日常实施管理和检查评估工作。建设项目均实行项目法人责任制、招投标制和工程监理制。

2002 年 9 月，“211 工程”部际协调小组办公室印发《关于做好“‘十五’‘211 工程’”建设项目可行性研究报告编制和立项审核工作的通知》，提出了可行性研究报告编制和立项审核原则为坚持高标准高水平、坚持突出重点整体推进、体现教育创新的时代要求、与国家其他重大建设计划统筹考虑。主要建设项目包括：重点学科建设项目、公共服务体系建设项目、师资队伍建设项目、基础设施建设项目。“‘十五’‘211 工程’”建设项目按基本建设程序和中央财政专项资金管理办法进行审批和管理。随后，国家计委、教育部、财政部联合召开了“‘十五’‘211 工程’”建设部署会议，标志着“‘十五’‘211 工程’”立项建设正式启动。

为加强“211 工程”专项资金的管理，2003 年 8 月，财政部、国家发展改革委、教育部联合印发了《“211 工程”专项资金管理办法》，从预算管理、支出管理、决算管理、监督检查等方面规范了“211 工程”专项资金的使用与管理。为保证“211 工程”建设的顺利实施，同期“211 工程”部际协调小组办公室印发了《“211 工程”建设实施管理办法》，从建设目的、建设内容、三级管理方式、组织实施、管理职责、建设资金、检查验收、项目评价等方面，对“211 工程”进行了详细、规范的阐述和定义。

随着国家发展和改革委员会对 44 所高校“‘十五’‘211 工程’”建设项目可行性研究报告的批复，“‘十五’‘211 工程’”建设全面展开。“‘十五’‘211 工程’”在 107 所高校中实施建设，主要安排了 821 个重点学科建设项目和 3

个全国高等教育公共服务体系建设项目。在重点学科建设项目中，更加注重结构的调整，遴选了一批信息、生命、环保、新材料、新能源等高新技术学科和建立社会主义市场经济体制迫切需要的人文、社会科学学科建设项目。从学科分布看，基础产业和高新技术领域 317 个，基础科学领域 117 个，医药卫生领域 90 个，人文社会领域 82 个，经济政法领域 73 个，环境资源领域 65 个额，农业领域 33 个。特别是为了突出人才队伍在学科建设中的重要作用，首次将师资队伍建设项目单独列出，进一步明确了师资队伍建设目标和建设任务。

“‘十五’‘211 工程’”建设资金 187.5 亿元。其中，中央安排专项资金 60 亿元，部门和地方配套 59.7 亿元，学校自筹 67.8 亿元。用于重点学科建设 97.9 亿元、学校和全国的公共服务体系建设 37.1 亿元、师资队伍建设 22.2 亿元、基础设施建设等 30.3 亿元。

2004 年 9 月，“211 工程”部际协调办公室下发了《关于开展“‘十五’‘211 工程’”中期检查工作的通知》，对 2003 年底前批复立项建设的 44 所学校进行中期检查，检查重点为项目提出的目标和任务的进展情况及年度计划执行情况、主要建设成效和可能形成的标志性成果分析及具体支持措施、资金到位和执行情况的分析、项目管理运行的机制和效果、建设中存在的主要问题及改进措施，以学校自查为主进行。2005 年 3 月，在学校自查基础上，组织专家对中国人民大学等 15 所学校的建设情况进行了抽查。

2005 年 11 月，“211 工程”部际协调办公室下发了《关于做好“十五”期间“211 工程”建设项目验收工作的通知》，启动“‘十五’‘211 工程’”验收工作，要求各项目单位全面检查“‘十五’‘211 工程’”建设目标、建设任务和建设资金的完成情况，认真总结取得的基本成绩、成功经验和存在问题。项目整体验收工作统一安排在 2006 年 4—6 月三个月内全部完成，子项目验收工作由学校适时组织完成。

2006 年 4 月，教育部、有关主管部门和地方政府分别对 95 所学校的“‘十五’‘211 工程’”建设项目进行了验收，历时 79 天。8 月，“211 工程”部际协调小组办公室组织专家分别对“中国教育和科研计算机网地区主干网”“中国高等教育文献保障体系”“高等学校一起和优质资源共享系统”3 个高等教育公共服务体系建设项目进行了验收。

"'十五''211 工程'"建设项目验收结果于 2007 年 11 月发布，标志着"'十五''211 工程'"建设正式结束。

经过十年建设，"211 工程"学校的整体实力显著提高，缩小了与世界一流大学的差距；基本形成了布局合理的重点学科体系，部分学科达到国际先进水平。

（四）"211 工程"三期建设

为了贯彻落实科教兴国和人才强国战略，根据建设创新型国家和《中华人民共和国国民经济和社会发展第是一个五年规划纲要》要求，国家决定实施"211 工程"三期建设。

2008 年 2 月，国家发展改革委、教育部、财政部联合下发了《关于印发〈高等教育"211 工程"三期建设总体方案〉的通知》，强调：以科学发展观为指导，以实现重点突破为目标；继续以重点学科建设为核心；突出创新人才培养和队伍建设；充分发挥"211 工程"的辐射和带动作用；推进机制体制创新；注重与其他重大计划的有机衔接。

2009 年 8 月，教育部、国家发展改革委、财政部联合下发《关于印发〈高等教育"211 工程"三期建设规划〉的通知》，作为"211 工程"三期建设总体方案的落实。2010 年，对建设规划进行了补充，主要是补充了海南大学、西藏大学、青海大学、宁夏大学、石河子大学 5 校的"211 工程"建设项目。

"211 工程"三期的主要建设目标为围绕创新型国家建设，加大学科结构调整、队伍建设和高层次创新人才培养力度，优化重点学科体系的结构和布局，使更多的学科接近或达到国际先进水平；以信息化带动教育现代化，构建具有国际先进水平的高等教育公共服务平台；进一步缩小与世界一流大学的差距，使"211 工程"学校成为培养创新人才和解决经济、科技和社会发展重大问题的基地，其中部分学校建成特色鲜明、优势突出、部分学科达到世界先进水平的国际知名大学。"211 工程"的三期建设，建设目标不断有所提升，从"接近或达到国际同类学校和学科的先进水平"发展到"接近或达到世界先进水平"，进而为"达到世界先进水平"，体现了经过连续建设、建设学科和大学的实力和水平持续提升，因而建设目标也不断提升。

“211工程”三期建设任务分为三大部分：①重点学科建设。统筹规划、重点建设1000个左右与经济建设、科技进步、社会发展和国家安全紧密相关的重点学科。②创新人才培养和队伍建设。适应建设创新型国家的要求，紧密结合重点学科建设，加强人才队伍和创新团队建设，着力培养学术领军人物和学术带头人；以学科为基点构筑汇聚和培养人才的高地，建设一支高水平的学术和管理队伍。大力引进海外优秀拔尖人才，重点支持高校引进具有世界领先水平的年富力强的战略科学家和杰出人才。鼓励高校与国外高水平大学进行联合培养或合作研究，促进高校教师跟踪国际学术前沿。加强创新人才培养体系建设，进一步改革培养机制和人才培养模式，加强培养研究生创新能力的研究平台建设，支持优秀的在学研究生特别是博士生到国外一流学科进行访学，拓宽学生的国际学术视野，营造有利于创新人才成长的培养环境。③高等教育公共服务体系建设。加强各高等教育公共服务建设项目的整合力度，全面统筹和规划建设方案，促进项目集成式发展。充分利用先进的传输网络和网格技术，实现图书文献、仪器设备和优质资源共享，建设具有国际先进水平的高等教育公共服务体系。

“211工程”三期重点学科建设项目1073项，高等教育公共服务体系建设3大项5小项。其中，重点学科建设项目中，基础产业和高新技术领域202项，基础科学领域153项，医药卫生领域120项，人文社会科学领域119项，农林领域68项，资源环境领域67项，经济领域54项，新兴交叉学科领域52项，管理领域51项，能源领域47项，信息领域42项，政法领域42项。

中央安排专项资金96.3亿元，其中重点学科建设65.2亿元，创新人才培养和队伍建设23.3亿元，高等教育服务体系建设7.8亿元。

2010年6月，“211工程”部际协调小组办公室下发中期检查的通知，决定对“211工程”三期进行中期检查。2012年1月，“211工程”部际协调小组办公室下发《关于做好“211工程”三期验收工作的通知》，要求全面检查三期建设项目的建设目标和建设任务完成情况、资金使用管理情况、项目管理情况以及建设成效等；探索国际评估。“211工程”三期采取按项目验收的方式进行，分为校内验收和国家验收两个阶段。2012 年 6 月，开展“211 工程”三期国家验收工作。国家验收包括网络验收、抽查验收和第三方验收三种形式，各有侧重，同步进行。“211 工程”三期验收结束后，建设正式结束。

“211 工程”是加快中国高等教育发展的“基础工程[①]”，是培养和造就创新人才的“人才工程”，是解决国家和地区科技、经济和社会发展重大问题的“带头工程”，是高等教育改革的“催化工程”。通过“211 工程”建设，大大加快了中国高等教育发展步伐，学科建设成效显著、学科水平大幅提升、学校实力整体增强，若干所大学与世界一流大学的差距明显缩小，部分学科已经接近或达到国际先进水平。学校育人能力大幅提升，教学改革成效明显，显著提升了中国科技和人才竞争力。

二、“985 工程”

在世纪之交的 1998 年，随着“211 工程”的实施，中国重点建设的大学办学条件得到了较大改善，学科水平大幅提升，学校整体实力明显增强。但是，与当时世界一流大学相比，在世界影响力、科技创新能力、高层次人才培养水平等方面，中国的大学还存在较大差距。因此，在人才竞争、科技竞争日趋激烈的背景下，对少数高校加大投入力度进行重点支持，使之成为世界一流大学，是时代发展的需要，“985 工程”应运而生。

（一）实施背景

1998 年 5 月 4 日，江泽民同志在北京大学百年校庆大会上宣布：“为了实现现代化，中国要有若干所具有先进水平的一流大学。这样的大学，应当是培养和造就高素质的创造性人才的摇篮，应该是认识未知世界、探求客观真理、为人类解决面临的重大课题提供科学依据的前言，应该是知识创新、推动科学技术成果向现实生产力转化的重要力量，应该是民族优秀文化与世界先进文明成果交流借鉴的桥梁。”1998 年 12 月 24 日，教育部发布了《面向 21 世纪教

① 郭新立. 中国高水平大学建设之路——从 211 工程到 2011 计划［M］. 北京：高等教育出版社，2012：26—28.

育振兴行动计划》，提出：若干所高校和一批重点学科进入或接近世界一流水平；经过长期的建设和积累，中国少数大学在少数学科和高新技术领域已达到和接近国际先进水平，拥有一批高水平的教授，尤其是本科生培养质量较高，为创建世界一流大学创造了条件；要相对集中国家有限财力，调动多方面积极性，从重点学科建设入手，加大投入力度，对于若干所高等学校和已经接近并有条件达到国际先进水平的学科进行重点建设。今后 10—20 年，争取若干所大学和一批重点学科进入世界一流水平。

1999 年 1 月，国务院批转了该项计划，“985 工程”正式实施。“985 工程”从 1999 年正式开始实施，历经“985 工程”一期（1999—2003 年）、“985 工程”二期（2004—2007 年）、加快推进世界一流大学和高水平大学建设（2010—2013 年）三个阶段。共重点建设高校 39 所，名单和分布见表 5-2。

表 5-2 “985 工程”建设高校名单和分布

地区	数量	学校名称
北京	8	北京大学、中国人民大学、清华大学、北京航空航天大学、北京理工大学、中国农业大学、北京师范大学、中央民族大学
天津	2	南开大学、天津大学
辽宁	2	大连理工大学、东北大学
吉林	1	吉林大学
黑龙江	1	哈尔滨工业大学
上海	4	复旦大学、同济大学、上海交通大学、华东师范大学
江苏	2	南京大学、东南大学
浙江	1	浙江大学
安徽	1	中国科学技术大学
福建	1	厦门大学
山东	2	山东大学、中国海洋大学
湖北	2	武汉大学、华中科技大学
湖南	3	湖南大学、中南大学、国防科学技术大学
广东	2	中山大学、华南理工大学
四川	2	四川大学、电子科技大学
重庆	1	重庆大学
陕西	3	西安交通大学、西北工业大学、西北农林科技大学
甘肃	1	兰州大学

注：“985 工程”高校名单［EB/OL］.［2018-08-07］. https://daxue.eol.cn/985.shtml.

（二）“985 工程”一期建设

1999 年 1 月，国务院批转教育部《面向 21 世纪教育振兴行动计划》，“985 工程”正式启动。“985 工程”一期建设从 1999 年开始，2003 年结束，建设周期为 5 年。

1999 年上半年，教育部决定重点建设北京大学、清华大学、南京大学、复旦大学、上海交通大学、中国科技大学、西安交通大学、哈尔滨工业大学和浙江大学。随后逐年扩大，至 2003 年扩大到 34 所高校。

“985 工程”一期的建设目标为从重点学科建设入手，加大投入力度，对于若干所高等学校和已经接近并有条件达到国际先进水平的学科进行重点建设。各个学校根据自己的情况确定建设项目，因为各个学校的建设内容有所不同。

“985 工程”一期建设，安排中央财政专项资金 145 亿元，地方政府配套资金约为 110 亿元，主管部门配套资金约为 16 亿元。

“985 工程”一期建设，为在中国建设世界一流大学和一流学科积累了宝贵的经验，增强了中国创建世界一流大学的信心，推动了“985 工程”建设的进一步开展。

（三）“985 工程”二期建设

2004 年 3 月，国务院批转教育部《2003—2007 教育振兴行动计划》，决定继续实施“985 工程”。3 月，为了加强对“985 工程”的统一领导和协调，保证建设目标的实现，提高投资效益，教育部、财政部决定成立“985 工程”领导小组、工作小组及办公室，领导小组组长为教育部部长周济，工作小组组长为教育部副部长吴启迪，办公室主任为周其凤。6 月，教育部、财政部联合下发了《关于继续实施“985 工程”建设项目的意见》，明确提出了继续实施“985 工程”的重要意义、总体建设思路、建设目标、建设任务、建设资金与管理等重要内容，用来指导“985 工程”二期的建设与实施。随后，教育部、财政部联合召开“985 工程”二期建设工作会议，标志着“985 工程”二期正式启动。

在《关于继续实施“985 工程”建设项目的意见》中，指出：世界一流大学是一个国家科学文化和教育发展水平的标志；建设世界一流大学，是推动中国高等教育整体水平跃升，实现跨越式发展的重要举措，是实施科教兴国战略和人才强国战略的重要组成部分；建设世界一流大学需要良好的基础和较长时间的建设和积累，因此要继续实施“985工程”，加大改革和投入力度，努力实现在中国建成若干所世界一流大学和一批国际知名的高水平研究型大学的目标。

“985工程”建设的总体思路是：以建设若干所世界一流大学和一批国际知名的高水平研究型大学为目标，建立高等学校新的管理体制和运行机制，牢牢抓住21世纪头20年的重要战略机遇期，集中资源，突出重点，体现特色，发挥优势，坚持跨越式发展，走有中国特色的建设世界一流大学之路。要遵循坚持以目标为导向、坚持改革和创新、坚持重点建设与整体统筹相结合的原则。

“985工程”二期建设目标为：巩固一期建设成果，为创建世界一流大学和一批国际知名的高水平研究型大学进一步奠定坚实基础，使一批学科达到或接近国际一流学科水平，经过更长时间的努力，建成若干所世界一流大学。通过管理体制创新，运行机制创新，积极探索世界一流大学建设的新机制。造就和引进一批具有世界一流水平的学术带头人和学术团队。结合国家创新体系建设，重点建设一批“985工程”科技创新平台和“985工程”哲学社会科学创新基地，促进一批世界一流学科的形成和推动学科建设。为了实现建设目标，设定了五大建设任务：机制创新、队伍建设、平台建设、条件支撑、国际交流与合作。

2004年7月，教育部、财政部同日下发了《“985工程”建设管理办法》和《关于做好“985工程”二期建设规划和编制“985工程”二期建设项目可行性研究报告的通知》。《“985工程”建设管理办法》中，规定了“985工程”建设项目的审批程序、管理职责、建设资金等内容，要求项目学校应成立“985工程”建设领导小组，下设专门机构具体负责本校“985工程”建设项目的规划、实施、管理和坚持等工作。各个高校成立的专门机构，有专门成立重大项目办公室，有在研究生院下设学科建设办公室的，有在发展规划处下设重大项目或者学科建设办公室的。

“985工程”二期首先要编制建设规划，然后编制可行性研究报告。在编制规划时，要求分析与世界一流大学的差距，结合学校的发展战略规划、学科建设和师资队伍建设规划、校园建设规划，研究确定学校“985工程”建设总体目标和分阶段目标，合理安排建设任务。要结合学校的特色和优势，把建设世界一流学科作为规划的重要内容。要以改革创新为突破，探索建立符合世界一流大学建设的管理体制和运行机制。要以造就一流的学术团队和提升科技创新能力为重点，以“985工程”科技创新平台和“985工程”哲学社会科学创新基地为载体，集成、整合相关资源，提高投资效益，加速世界一流学科的形成。在可行性研究报告中，要求阐明必要性和可行性、主要建设内容、建设资金、预期成效分析等；为了加强引导，提供了“985工程”科技创新平台和“985工程”哲学社会科学创新基地建设领域和方向建议。

各个高校根据要求编制了可行性研究报告，教育部、财政部联合组织专家分别对“985工程”平台和基地项目、建设项目整体进行审核后，于2004年11月下发了《教育部、财政部关于同意“985工程”二期建设项目可行性研究报告立项的通知》，标志着“985工程”二期建设开始全面实施。

“985工程”二期建设高校共39所。中央专项资金约189亿元，主要用于平台基地建设和队伍建设。其中，平台基地建设资金约129亿元，队伍建设资金约37亿元。在所建设的372个平台基地中①，面向世界科技发展前沿和中国经济建设、社会发展与国家安全的重大需求的Ⅰ类科技创新平台86个；面向科技发展方向、国家经济与社会发展以及国家安全的需求的Ⅱ类科技创新平台172个；面向世界科学前沿问题和国家现代化建设中的重大理论与实践问题的Ⅰ类哲学社会科学创新基地76个；以服务国家经济社会发展和中国特色社会主义物质文明、政治文明和精神文明为导向的Ⅱ类哲学社会科学创新基地38个。

2007年4月，教育部、财政部着手对“985工程”二期建设项目进行检查，

① “985工程”建设报告编研组.“985工程”建设报告［M］. 北京：高等教育出版社，2011：16.

以学校自查为主。2008 年 12 月，教育部、财政部决定对“985 工程”二期进行验收，验收分为验收准备和国家验收两个阶段。国家验收的主要程序为审阅材料、听取汇报、提问评议等，同时要求做好“985 工程”十年总结工作和研究制定“985 工程”三期建设规划工作。验收工作于 2010 年 3 月结束，“985 工程”二期建设结束。

（四）加快推进世界一流大学和高水平大学建设

“985 工程”二期结束时，教育部、财政联合召开了“985 工程”专家委员会第一次会议。随后，为加快推进创建世界一流大学步伐，加强对“985 工程”建设的统一领导和协调，教育部、财政部决定调整“985 工程”领导小组及办公室人员组成，教育部部长袁贵仁任领导小组组长，张尧学任“985 工程”办公室主任。

2010 年 6 月，教育部、财政部下发了《关于加快推进世界一流大学和高水平大学建设的意见》，指出：结合《国家中长期教育改革和发展规划纲要（2010—2020 年）》的制定和实施，决定在下一阶段“985 工程”建设中深入开展改革创新试点，以改革推动“985 工程”的全面建设。加快世界一流大学和高水平大学建设，应按照科学发展观的要求，创新机制、突出改革、注重质量、加快建设；进一步明确世界一流大学和高水平大学发展战略，形成长期稳定持续增长的投入机制；继续实施“985 工程”，要坚持走“有特色、高水平”发展之路，办出“中国特色、世界水平”。

这个时期的建设目标是通过持续重点支持，加快推进世界一流大学和高水平大学建设。力争在 2020 年前后，形成一批达到国际先进水平的学科，使若干所大学跻身世界一流大学行列；使一批学校整体水平和国际影响力跃上一个新台阶，成为国际知名的高水平研究型大学；使一批学校成为特色鲜明的高水平大学。“985 工程”建设学校的整体水平、综合实力、自主创新能力进一步提高，国际竞争力显著提升，在造就学术领军人物和集聚创新团队、培养拔尖创新人才、创新体制机制等方面取得突破。为建设创新型国家、实现从人力资源大国向人力资源强国转变做出更大贡献。到 21 世纪中叶有一批大学屹立于世界一流大学行列、为实现中国建成中等发达国家的目标奠定坚实基础。

加快世界一流大学和高水平大学建设的主要任务是加强人才队伍建设和提高自主创新能力，具体包括五个方面：①实现学科建设新的突破，加快建成一批达到国际先进水平的学科。②改革培养模式，进行拔尖创新人才培养的改革试点。③充分利用当前机遇，加快引进和造就学术领军人物和创新团队。④加强与国家科技发展的衔接，加快提升自主创新和社会服务能力。⑤加大对外开放和开展高水平国际交流与合作的力度。

加快世界一流大学和高水平大学建设，要以改革创新精神开创“985 工程”建设新局面，建立适应世界一流大学和高水平大学发展的制度；要创新决策机制，建立专家咨询监督与政府决策相结合的管理机制，成立专家委员会，负责对工程建设重大政策、建设资金分配办法等提出咨询意见；要改革资金分配办法，进一步加强组织管理，中央专项资金主要采取因素法分配，突出人才、学科、成效、重大成果在资金分配中的比重；要注重“985工程”与“211工程”、国家其他重大建设计划的邮寄衔接，形成合力，实现集成发展。

为加强专项资金管理，提高资金使用效益，2010 年 12 月，财政部、教育部联合印发了《“985 工程”专项资金管理办法》，对资金管理原则、预算管理、支出管理、决算管理、监督检查与绩效考评等做出了明确的规定。

各个学校根据 2010 年 9 月文件要求，开始研究指定“985 工程”总体规划（2010—2020 年）和改革方案。教育部、财政部组织专家对总体规划和改革方案进行了审核，并于 2011 年 6 月，下发了《教育部、财政部关于同意学校“985 工程”总体规划（2010—2020 年）和改革方案的批复》，新一期的“985 工程”建设全面开始实施。

这一期的“985 工程”建设依然是在 39 所高校中开展。2013 年 9 月，开展了“985 工程（2010—2013 年）”阶段检查工作。但该建设期没有组织实施验收工作。该期结束后，“985 工程”建设全部结束。

“985 工程”的实施，使 39 所重点建设高校在学科建设、队伍建设、人才培养、科学研究、国际交流、体制机制创新等方面取得了显著成效，全面加快了中国特色高水平大学建设的进程，大大缩小了中国高水平大学与世界一流大学的差距。

三、“双一流”建设

20世纪90年代中期以来，“211工程”和“985工程”等重点建设项目的实施，全面加快了中国特色高水平大学建设的进程，大大缩小了中国高水平大学与世界一流大学的差距。中共十八大以来，教育改革全面深入，经济发展步入新常态，新形势和新任务对高等教育实施内涵发展、提高国际竞争力提出了更高的要求。因此，继续推进世界一流大学建设成为历史发展的必然选择。

（一）实施背景

2014年5月4日，习近平总书记在北京大学师生座谈会上明确指出，要坚定不移地建设世界一流大学。国家教育体制改革领导小组认真总结以往建设经验，深入分析世界上高水平大学建设规律和趋势，提出了推进世界一流大学建设的新方案。中央高度重视，在全面深化改革领导小组第15次会议上，审议通过了《统筹推进世界一流大学和一流学科建设总体方案》。2015年10月，由国务院下发了《国务院关于统筹推进世界一流大学和一流学科建设总体方案的通知》，标志着中国向实现高等教育强国的历史性跨越迈进。

（二）基本原则与建设目标

在《统筹推进世界一流大学和一流学科建设总体方案》中，明确了建设的基本原则为坚持以一流为目标、坚持以学科为基础、坚持以绩效为杠杆、坚持以改革为动力。

总体目标为推动一批高水平大学和学科进入世界一流行列或前列，加快高等教育治理体系和治理能力现代化，提高高等学校人才培养、科学研究、社会服务和文化传承创新水平，使之成为知识发现和科技创新的重要力量、先进思想和优秀文化的重要源泉、培养各类高素质优秀人才的重要基地，在支撑国家创新驱动发展战略、服务经济社会发展、弘扬中华优秀传统文化、培育和践行社会主义核心价值观、促进高等教育内涵发展等方面发挥重大作用。

——到2020年，若干所大学和一批学科进入世界一流行列，若干学科进入世界一流学科前列。

——到2030年，更多的大学和学科进入世界一流行列，若干所大学进入世界一流大学前列，一批学科进入世界一流学科前列，高等教育整体实力显著提升。

——到21世纪中叶，一流大学和一流学科的数量和实力进入世界前列，基本建成高等教育强国。

（三）建设任务

围绕“中国特色，世界一流”的核心要求，从建设、改革两方面共安排了10项重点任务。

建设任务有5项：①建设一流师资队伍。强化高层次人才的支撑和引领作用，加快培养和引进一批一流科学家、学科领军人物和创新团队，培养造就一支优秀教师队伍。②培养拔尖创新人才。突出人才培养的核心地位，着力培养具有国家使命感和社会责任心，富有创新精神和实践能力的各类创新型、应用型、复合型的优秀人才。③提升科学研究水平。以国家重大需求为导向，提升高水平科学研究能力，着力提升解决重大问题和原始创新的能力，推进科研组织模式创新。打造具有中国特色和世界影响的新型高校智库。④传承创新优秀文化。加强大学文化建设，把社会主义核心价值观融入教育教学全过程，发挥中华优秀传统文化的教化育人作用。⑤着力推进成果转化。深化产教融合，着力提高高校对产业转型升级的贡献率，推动重大科学创新、关键技术突破转变为先进生产力，增强高校创新资源对经济社会发展的驱动力。

改革任务也是5项：①加强和改进党对高校的领导。坚持和完善党委领导下的校长负责制，牢牢把握高校意识形态工作领导权，全面推进高校党的建设各项工作。②完善内部治理结构。加快形成以章程为统领的完善、规范、统一的制度体系，加强学术组织建设，完善民主管理和监督。③实现关键环节突破。加快推进人事制度、人才培养模式、科研体制机制、资源募集机制等方面的改革。④构建社会参与机制。加快建立健全社会支持和监督学校发展的长效机制。建立健全理事会制度，加快完善与行业、企业密切合作模式。⑤推进国际交流合作。加强与世界一流大学和学术机构的实质性合作，加强国际协同创新，切实提高中国高等教育的国际竞争力和话语权。

（四）支持措施与组织实施

采取总体规划，分级支持的方式，各个高校要根据自身实际，合理选择一流大学和一流学科建设路径；要强化绩效，动态支持；要多元投入，合力支持。要完善配套措施，编制建设方案，开展咨询论证，强化跟踪指导。

（五）实施情况

经过一年的酝酿与讨论，2017 年 1 月，教育部、财政部、国家发展改革委联合印发了《统筹推进世界一流大学和一流学科建设实施办法（暂行）》，对遴选条件、遴选程序、支持方式、动态管理、组织实施等进行了明确的规定，指出：坚持扶优扶需扶特扶新，按照“一流大学”和“一流学科”两类布局建设高校；采取认定方式确定一流大学、一流学科建设高校及建设学科；设立世界一流大学和一流学科建设专家委员会，论证确定一流大学和一流学科建设高校的认定标准；根据认定标准专家委员会遴选产生拟建设高校名单，并提出意见建议；教育部、财政部、发展改革委审议确定建议名单；列入拟建设名单的高校要根据自身实际，科学编制整体建设方案、分学科建设方案；论证通过的建设方案及专家论证报告，经高校报所属省级人民政府或主管部门审核通过后，报教育部、财政部、发展改革委；专家委员会对高校建设方案进行审核，提出意见；教育部、财政部、发展改革委根据专家委员会意见，研究确定一流大学、一流学科建设高校及建设学科，报国务院批准。

根据遴选程序要求，2017 年 4 月，教育部组建了世界一流大学和一流学科建设专家委员会，在确定认定标准的基础上，提出了拟建设高校名单和建议拟建设学科名单。2017 年 6 月，各个高校根据《教育部办公厅关于编制世界一流大学和一流学科建设方案的通知》要求，开始编制一流大学建设高校建设方案或一流学科建设高校建设方案，并上报教育部。2017 年 9 月，教育部、财政部、国家发展改革委联合下发《关于公布世界一流大学和一流学科建设高校及建设学科名单的通知》，将经专家委员会遴选认定，教育部、财政部、国家发展改革委研究并报国务院批准的世界一流大学和一流学科（简称“双一流”）建设高校及建设学科名单予以公布。其中，一流大学建设高校 42 所，名单及分布见表 5-3。其中，东北大学、郑州大学、湖南大学、云南大学、西北农林科技大学、新疆大学 6 所高校为 B 类，其余 36 所高校为 A 类；一流学科建设高校 95 所，名单及分布见表 5-4；“双一流”建设学科 465 个。

表 5-3 一流大学建设高校名单及分布

地区	数量	学校名称
北京	8	北京大学、中国人民大学、清华大学、北京航空航天大学、北京理工大学、中国农业大学、北京师范大学、中央民族大学
天津	2	南开大学、天津大学
辽宁	2	大连理工大学、东北大学
吉林	1	吉林大学
黑龙江	1	哈尔滨工业大学
上海	4	复旦大学、同济大学、上海交通大学、华东师范大学
江苏	2	南京大学、东南大学
浙江	1	浙江大学
安徽	1	中国科学技术大学
福建	1	厦门大学
山东	2	山东大学、中国海洋大学
河南	1	郑州大学
湖北	2	武汉大学、华中科技大学
湖南	3	湖南大学、中南大学、国防科学技术大学
广东	2	中山大学、华南理工大学
四川	2	四川大学、电子科技大学
重庆	1	重庆大学
云南	1	云南大学
陕西	3	西安交通大学、西北工业大学、西北农林科技大学
甘肃	1	兰州大学
新疆	1	新疆大学

注：数据来自教育部网站

表 5-4　一流学科建设高校名单及分布

地区	数量	学校名称
北京	23	北京交通大学、北京工业大学、北京科技大学、北京化工大学、北京邮电大学、北京林业大学、北京协和医学院、北京中医药大学、首都师范大学、北京外国语大学、中国传媒大学、中央财经大学、对外经济贸易大学、外交学院、中国人民公安大学、北京体育大学、中央音乐学院、中国音乐学院、中央美术学院、中央戏剧学院、中国政法大学、华北电力大学、中国科学院大学
天津	3	天津工业大学、天津医科大学、天津中医药大学
河北	1	河北工业大学
山西	1	太原理工大学
内蒙古	1	内蒙古大学
辽宁	2	辽宁大学、大连海事大学
吉林	2	延边大学
黑龙江	3	哈尔滨工程大学、东北农业大学、东北林业大学
上海	10	华东理工大学、东华大学、上海海洋大学、上海中医药大学、上海外国语大学、上海财经大学、上海体育学院、上海音乐学院、上海大学、第二军医大学
江苏	13	苏州大学、南京航空航天大学、南京理工大学、中国矿业大学、南京邮电大学、河海大学、江南大学、南京林业大学、南京信息工程大学、南京农业大学、南京中医药大学、中国药科大学、南京师范大学
浙江	2	宁波大学、中国美术学院
安徽	2	安徽大学、合肥工业大学
福建	1	福州大学
江西	1	南昌大学
山东	1	中国石油大学
河南	1	河南大学
湖北	5	中国地质大学、武汉理工大学、华中农业大学、华中师范大学、中南财经政法大学
湖南	1	湖南师范大学
广东	3	暨南大学、广州中医药大学、华南师范大学
广西	1	广西大学
海南	1	海南大学
四川	6	西南交通大学、西南石油大学、成都理工大学、四川农业大学、成都中医药大学、西南财经大学
重庆	1	西南大学

续表

地区	数量	学校名称
贵州	1	贵州大学
西藏	1	西藏大学
陕西	5	西北大学、西安电子科技大学、长安大学、陕西师范大学、第四军医大学
青海	1	青海大学
宁夏	1	宁夏大学
新疆	1	石河子大学

注：数据来自教育部网站

（六）省级“双一流”建设

在国家开展“双一流”建设的同时，各省、自治区、直辖市也开展了省级“双一流”建设。截至2018年4月，27个省、自治区、直辖市出台了“双一流”建设方案见表5–5。各个地方开展的“双一流”建设，是对国家“双一流”建设的良好补充，特别是针对地方院校的一流大学和一流学科建设，能够推动不同类型和层次的学校积极投身于一流建设中，切实实现“重点突破、全面推进”，提升中国高等教育的整体水平。

表5–5 各地区“双一流”建设方案情况一览表

地区	“双一流”建设方案情况	时 间
北京	关于统筹推进北京高等教育改革发展的若干意见	2018年6月4日
天津	推进一流大学和一流学科建设实施方案的通知	2017年9月28日
河北	统筹推进一流大学和一流学科建设的意见	2016年5月17日
山西	实施“1331工程”统筹推进“双一流”建设的意见	2017年3月2日
内蒙古	统筹推进国内和世界一流大学一流学科建设总体方案的通知	2016年5月16日
辽宁	辽宁省统筹推进世界一流大学和一流学科建设实施方案的通知	2017年1月3日
吉林	吉林省统筹推进高水平大学和高水平学科专业建设实施方案	2017年8月4日
黑龙江	黑龙江省高等教育强省建设规划（二期）	2017年2月21日
上海	关于本市统筹推进一流大学和一流学科建设实施意见	2018年2月22日
江苏	江苏高水平大学建设方案	2016年6月15日

续表

地区	“双一流”建设方案情况	时　间
浙江	浙江省一流学科建设实施办法	2016年12月26日
安徽	一流学科专业与高水平大学建设五年行动计划	2016年12月28日
福建	建设一流大学和一流学科的实施意见	2017年3月5日
江西	江西省有特色高水平大学和一流学科专业建设实施方案的通知	2017年5月19日
山东	推进一流大学和一流学科建设方案的通知	2016年12月26日
河南	河南省优势特色学科建设工程实施方案	2015年12月8日
湖北	湖南省推进一流大学和一流学科建设的实施意见	2016年12月28日
湖南	全面推进一流大学与一流学科建设实施方案	2017年2月10日
广东	广东省“十三五”高等教育“创新强校工程”总体方案	2016年7月28日
广西	统筹推进一流大学和一流学科建设实施方案的通知	2017年6月26日
海南	统筹推进高水平大学和一流学科建设实施方案的通知	2017年1月23日
四川	关于统筹推进一流大学和一流学科建设的实施意见	2017年11月7日
重庆	关于加快高校特色发展推进一流大学和一流学科建设的实施意见	2017年5月24日
贵州	大力推进区域内一流大学和一流学科建设的实施意见	2016年4月29日
云南	云南省统筹推进一流大学和一流学科建设行动计划	2018年1月29日
陕西	关于建设一流大学、一流学科、一流学院、一流专业的实施意见	2016年8月15日
甘肃	统筹推进高水平大学和一流学科建设实施方案的通知	2016年7月28日
青海	关于加快推进一流学科建设的指导意见	2017年3月2日
宁夏	宁夏回族自治区西部一流大学和一流学科建设方案	2016年12月27日
新疆	新疆维吾尔自治区“十三五”重点学科建设方案	2016年8月22日

第三节　学科建设的模式与特色

在40年的学科建设发展过程中，中国在学科建设模式上，逐步形成了中国特色，特别是政府主导、重点建设、服务需求三个方面，显示了中国从实际出发、合理选择了一条独特的学科建设发展之路。

一、大学学科建设的模式

大学学科建设模式作为一种阐述大学学科间相互关系的形式化结构[①]，是一个由学科规模、学科结构和学科水平构成的三维空间，三个维度相结合，决定了一所大学学科建设模式。

一方面，大学可分为单科性大学、多科性大学和综合性大学。单科性大学的学科模式呈现点式特征，大学学科基本上聚集于一个领域，其他学科不论规模还是水平都不能和它相提并论。多科性大学的学科组成不再由单一学科垄断，学科领域较多，覆盖领域比较接近，已有学科分布比较均衡，学科主辅定位层次分明。综合性大学的学科横跨多个学科领域，学科之间跨度较大且学科之间共生关系明显。例如，西北农林科技大学等学校为单科性大学，中国科学技术大学、同济大学等为多科性大学，北京大学、浙江大学等为综合性大学。

另一方面，根据主干学科和强势学科的不同，大学可以分为综合性大学、理工大学、人文大学和其他四种类型。大学学科建设模式的系统性体现于大学学科体系中，大学学科体系由主体学科、主干学科、支撑学科和特色学科组成，其中主体学科是一个大学的基本条件，和大学水平无关，也和大学类型无关，它是大学之所以成为大学的基本条件；主干学科是大学的品牌象征，体现了学科的水平和优势；支撑学科是主体学科、主干学科和特色学科发展的土壤，决定了大学学科发展的潜力；特色学科是他人难以模仿的学科，体现了大学的活力和潜力、创新力。按照学校发展层次的不同，主干学科又分为强势学科和非强势学科，强势学科是大学的核心竞争力。根据主干学科和强势学科的不同进行划分，浙江大学等为综合性大学，北京航空航天大学等为理工大学，中国人民大学等为人文大学，中国农业大学等为其他类型。

① 翟亚军. 大学学科建设模式研究 [M]. 北京：科学出版社，2011：29—32.

二、学科建设管理模式

不同时期、不同类型的学校，为了更好地开展学科建设，会采用不同形式的学科建设管理模式，大体可分为申报导向管理模式、规划建设管理模式、立项建设管理模式、学科特区管理模式。

（一）申报导向管理模式

由于高等学校层次、类别不同，各个学校在不同阶段的学科建设重点任务不同，因此在实践过程中，有目的地以申报为导向的学科建设管理模式长期存在。

申报为导向的管理模式，最开始就是伴随着学位授权点的申报、国家重点学科的申报等产生并发展起来的，属于学科建设管理的最初始模式。这种管理模式的针对性与目标非常明确，管理过程也相对简单，主要是按照目标评选的指标体系和基本条件要求，逐项落实，以实现目标。

对于一些还没有获得博士、硕士学位授权单位的高等学校来说，申报导向管理模式更为普遍。由于没有授权，包括研究生培养等在内的一些工作无法开展，能够参与到学科建设工作中的人员也比较少，一般也没有专门的学科建设管理机构，很难有对学科的具体建设。但出于申报的需求，又需要开展一些初期的学科建设工作，因此这种管理模式在一定时期内仍在少数学校存在。

（二）规划建设管理模式

规划建设管理模式[①]是中国高等院校学科建设管理的基本模式，即先指定学科建设规划，然后按照规划来组织各学科具体建设的一种管理模式。随着越来越多的高等学校将学科建设的职能并入发展规划处（部）之后，这种管理模式得到了新的变革和发展。

规划建设管理模式现阶段一般以一级学科为管理对象。高等学校的学科

---

① 谢桂华. 高等学校学科建设论［M］. 北京：高等教育出版社，2011：181—185.

建设主管部门，首先根据学校发展目标与定位、各个一级学科的现状与发展趋势，确定各个一级学科的建设目标；然后由各个一级学科根据规划纲要，在客观分析本学科点发展历史、国内外对标学科、本学科点存在的优势和不足的基础上，设立学科发展的总目标和具体目标，确定在学科方向、学科队伍、科学研究、人才培养、国际交流、平台建设等方面的建设任务和建设进度；各个一级学科建设规划经学校审核确定后，进入实施建设阶段；在建设的过程中，相关部门对一级学科建设进行监督和指导，各一级学科负责具体实施；一个建设周期临近结束时，学校对各个一级学科的建设成效进行评价和验收；然后根据评议和验收结果，再进入下一个建设周期。一般情况下一个建设周期为五年，与国家规划周期保持一致。

经过 10 年，越来越多的高等学校将学科建设职能并入发展规划处（部），为规划管理模式的创新和发展提供了有利条件，使规划建设管理模式更加适合对一级学科的长期、稳定的建设。

由于学科建设内容涉及学科方向、学科队伍、人才培养、科学研究、国际交流、平台建设等方方面面，学科建设的龙头作用也表现为引领学校大部分相关工作的同向开展与实施，因此在学科建设过程中涉及大量的统筹与协调工作。发展规划处（部）在执行学科建设职能时，既可以在制定学校整体教育事业规划时，统筹考虑学科建设与其他职能的协调、统一，又能够在发现问题时迅速与相关部门协同解决，因此提高了管理的效率和水平。

但是，在这种管理模式中，要注意与其他部门工作的区分，要做到“各司其职、分兵把手”，才能够做到“同心、同向、同时”发力，以达到学科建设的最大成效。

（三）立项建设管理模式

立项建设管理模式是指以项目形式对各个学科点进行全过程的建设与管理，学科点既可能是一级学科点，也可能是新兴、交叉学科点。立项建设管理模式主要出现“211 工程”开始后，由于国家重大建设的需要，采取了立项建设的方式。“211 工程”“985 工程”“双一流建设”，都是以建设项目的形式存在的。从而，各个高等学校也纷纷在校内组织对学科建设的项目立项并管理，这些学科建设项目既可能是由国家立项的，也可能是地方政府立项的，还有学校自己立项建设的项目。

立项建设管理模式的基本过程为：各学科根据现状和需求提出学科建设方案、管理部门（校内或校外）组织专家进行论证、管理部门（校内或校外）确定立项建设学科与项目、实施建设、跟踪监控或中期考核、终期评估验收、项目结束。

立项建设管理模式较为适合多个一级学科组成的学科群建设或者交叉学科建设。这样的建设，一般是在一段时间内特定目标的建设，目标完成后就有可能解散学科群或者交叉学科，具备短期暂时性的特点。立项建设管理模式以项目为对象，建设主体明确，项目负责人权利相对明确，能够对项目建设起到积极有效的作用。

（四）学科特区管理模式

学科特区管理模式最早是南京大学在 1999 年率先提出的，是在学科建设实践过程中的创造[①]。南京大学在“211 工程”和“985 工程”建设中，确立了“全面规划，突出重点，促进交叉，提高内涵”的学科建设指导思想，先后成立了分子医学研究所、地球系统科学研究所、理论与计算化学研究所、模式动物研究所、现在数学研究所、人文社会科学研究所 6 个学科特区。学科特区的目标定位是建设具有国际先进水平的新兴学科，引进和培养一批杰出人才，形成一流的学科队伍。在管理制度和运行机制上，参照国际管理方式，实行所长负责制。由于这一做法突出了人才建设这一核心，同时在学科特区中实行了灵活的管理机制，因而学科特区成立后成效显著，在申报国家级重大项目、发表高水平论文等方面取得了很好的成绩。

学科特区的核心和实质在于一个“特”字，及针对特殊学科、成立独立的特殊机构、采取特殊政策、给予特殊支持，以在较短时间内实现该特殊学科的特定学科建设目标。

正是由于学科特区管理模式的“特”字，这种管理模式只能是针对少数

① 梁传杰. 学科建设理论与实务［M］. 武汉：武汉理工大学出版社，2009：27.

对高等学校建设与发展起到重要作用的学科，而不可能在高等学校内部广为采用。

北京理工大学为了加强“兵器科学与技术”学科的建设，强化该学科的领先优势，于2017年成立了“兵器科学与技术”学科特区，创新运行机制，汇聚多学科高水平学术队伍，培养高层次高质量复合型人才，开展重大需求与前沿性科学研究，有力促进兵器科学与技术学科与其他学科的交叉融合，引领兵器行业发展，使北京理工大学成为国防领域人才培养和科学研究的重要基地。

高等学校采取申报导向管理模式、规划建设管理模式、立项建设管理模式、学科特区管理模式中的一种或多种管理模式，应当根据时代发展需要、建设目标需要、学校现状、学科现状等多种因素考虑，而不能简单地照搬某学校的学科建设模式，要做到“实事求是”，要采取最行之有效的管理模式，才能最大限度地促进本单位的学科建设与发展。

三、中国40年学科建设的特色

（一）政府主导

从中国40年学科建设的发展过程可以清楚地看到，政府主导是中国学科建设的特色之一。从学位授权点宏观布局、政策制定、过程监控、结果审定等，重点学科的评选，重点建设工程，都是由政府组织和实施的。中央政府和地方政府共同通过多种手段，实现对中国学科建设的促进和主导作用。

（二）重点建设

为了快速提升研究生教育水平，重点建设一直贯穿于改革开放40年的历程中。国家重点学科的评选与建设、“211工程”建设、“985工程”建设、“双一流”建设等，突出了集中有限的优质资源，重点优先支持引领国际学术前沿和服务国家重大社会需求的学校和学科，使之在短时期内发展水平和影响力有较大的提升，达到国际一流或者领先的水平，使中国的研究生教育在世界上占有不容小觑的一席之地；同时，以点带面、全面推进，带动全国研究生教育水平的整体提高。

（三）服务需求

中国的学科建设与研究生教育，最终目标必然是服务国家，为国家的经济发展、科技创新、社会进步、国际影响等方面做贡献。因此，在四十年的发展中，国家通过政策制定、经费投入等形式，引导高校主动服务国家重大需求；高校也在服务需求的过程中，自身得到了发展。例如“马克思主义理论”学科的建设与发展，就是服务中国社会主义发展阶段的重大需求，各个高校也开拓了不同形式来服务该需求。

第四节　学科建设成就

经过 40 年的学科建设发展，中国学位授予单位的学位授权点数量日渐增多、布局与结构渐趋合理。经过“211 工程”“985 工程”的多年重点建设，建设高校在学科水平、高层次人才培养、高水平科学研究等方面都占有绝对优势，为中国研究生教育发展发挥了重大作用。

一、学位授权点数量、布局与结构

（一）学术学位授权情况

经过 12 批次的审核增列、学位授权点动态调整之后，中国学位授权点体系基本形成。除军队院校和军事学门类外，现有一级学科博士学位授权点 3498 个，一级学科硕士学位授权点,（含具有博士授权的硕一点）9587 个[①]。

在 3498 个一级学科博士学位授权点中，工学门类最多，为 1349 个，占比 38.6%；其次是理学门类，为 580 个，占比 16.6%；最少的是哲学门类，为 51 个，占比只有 1.5%。全国一级学科博士学位授权点按门类分布详见表 5-6。

① 全国学位与研究生教育质量信息平台［EB/OL］.（2018-08-08）. http://zlxxpt.chinadegrees.cn/index/enterIndex.html.

表 5-6　全国一级学科博士学位授权点按门类分布汇总

项目	哲学	经济学	法学	教育学	文学	历史学	理学	工学	农学	医学	管理学	艺术学	总计
数量 / 个	51	117	204	88	146	109	580	1349	204	307	254	89	3498
比例 / %	1.5	3.3	5.8	2.5	4.2	3.1	16.6	38.6	5.8	8.8	7.3	2.5	100

注：数据来自全国学位与研究生教育质量信息平台

在 9587 个一级学科硕士学位授权点中，工学门类的一级学科硕士学位授权点最多，为 3409 个，占比 35.6%；其次是理学门类，一级学科硕士学位授权点 1419 个，占比 14.8%；最少的是哲学门类的一级学科硕士学位授权点 129 个，占比只有 1.3%。全国一级学科硕士学位授权点按门类分布汇总详见表 5-7。

表 5-7　全国一级学科硕士学位授权点按门类分布汇总

类别	哲学	经济学	法学	教育学	文学	历史学	理学	工学	农学	医学	管理学	艺术学	总计
数量 / 个	129	376	737	322	501	231	1419	3409	374	737	826	526	9587
比例 / %	1.3	3.9	7.7	3.4	5.2	2.4	14.8	35.6	3.9	7.7	8.6	5.5	100

注：数据来自全国学位与研究生教育质量信息平台

从地区分布看，全国 31 个省份均有一级学科博士学位授权点和一级学科硕士学位授权点，但分布不是很均衡，优质资源在东部的聚集度较高，例如，北京、江苏、上海的一级学科博士学位授权点数量分别为 568 个、306 个、239 个，占比分别为 16.2%、8.7%、6.8%；而排在后三位的西藏自治区、青海省、宁夏回族自治区的一级学科博士学位授权点数量分别为 4 个、5 个、10 个，占比分别为 0.1%、0.1%、0.3%。全国一级学科博士学位授权点、一级学科硕士学位授权点按地区分布汇总详见表 5-8。

表5-8 全国一级学科博士、硕士学位授权点按地区分布汇总

序号	省份	一级学科博士学位授权点/个	占比/%	一级学科硕士学位授权点/个	占比/%
1	北京市	568	16.2	1145	11.94
2	江苏省	306	8.7	744	7.76
3	上海市	239	6.8	466	4.86
4	湖北省	196	5.6	518	5.40
5	广东省	186	5.3	420	4.38
6	陕西省	175	5.0	467	4.87
7	山东省	157	4.5	514	5.36
8	辽宁省	139	4.0	474	4.94
9	湖南省	135	3.9	324	3.38
10	四川省	133	3.8	387	4.04
11	黑龙江省	118	3.4	340	3.55
12	浙江省	114	3.3	347	3.62
13	吉林省	105	3.0	291	3.04
14	福建省	95	2.7	219	2.28
15	天津市	94	2.7	278	2.90
16	安徽省	89	2.5	288	3.00
17	河南省	87	2.5	336	3.50
18	重庆市	77	2.2	226	2.36
19	河北省	76	2.2	286	2.98
20	山西省	63	1.8	175	1.83
21	云南省	60	1.7	191	1.99
22	甘肃省	58	1.7	172	1.79
23	江西省	47	1.3	244	2.55
24	新疆维吾尔自治区	42	1.2	130	1.36
25	广西壮族自治区	40	1.1	169	1.76
26	内蒙古自治区	38	1.1	143	1.49
27	贵州省	27	0.8	109	1.14
28	海南省	15	0.4	53	0.55
29	宁夏回族自治区	10	0.3	52	0.54
30	青海省	5	0.1	46	0.48
31	西藏自治区	4	0.1	33	0.34
合　计		3498	100.0	9587	100.00

注：数据来自全国学位与研究生教育质量信息平台

从发展的角度看，与2000年6月的数据相比，一级学科博士学位授权点的数量与布局结构均有非常大的变化。从数量看，从370个一级学科博士学位授权点增长到3498个一级学科博士学位授权点，增长了8倍，一方面是由于学位授权审核新增的缘故，另一方面也是因为学位授权审核逐渐淡化二级学科、按照一级学科授权审核增列。从一级学科博士学位授权点分布的门类看，虽然工学门类的一级学科博士学位授权点数量和占比依然是第一位，18年间的增加数量也是最多，但是增长倍数却不是最高的，原因为原来的一级学科博士学位授权点基数较大、基础较好，国民经济发展对于不同门类人才需求发生了变化；同时，法学、艺术学从没有一级学科博士学位授权点到分别为204个、89个，反映了社会需求的变化，社会和百姓对于依法治国、依法行事以及对于艺术的追求日渐强烈，从而使这两个门类的一级学科博士学位授权点增长迅速。2000—2018年中国一级学科博士学位授权点增长分门类汇总详见表5-9。

表5-9　2000—2018年中国一级学科博士学位授权点增长分门类汇总

项目	哲学	经济学	法学	教育学	文学	历史学	理学	工学	农学	医学	管理学	艺术学	总计
2000年数量/个	3	15	0	2	6	8	74	176	27	32	27	0	370
2018年数量/个	51	117	204	88	146	109	580	1349	204	307	254	89	3498
增长数量/个	48	102	204	86	140	101	506	1173	177	275	227	89	3128
增长倍数	16	7	*	43	23	13	7	7	7	9	8	*	8
2000年比例/%	0.8	4.1	0	0.5	1.6	2.2	20.0	47.6	7.3	8.6	7.3	0.0	100
2018年比例/%	1.5	3.3	5.8	2.5	4.2	3.1	16.6	38.6	5.8	8.8	7.3	2.5	100

注：数据来自全国学位与研究生教育质量信息平台；* 无法计算增长倍数

（二）专业学位授权情况

从1990年我国批准设置和试办第一个专业学位工商管理硕士起，经过各个专业学位类别自行授权审核、2010年全国专业学位授权审核、2013年全国专业学位授权审核、2017年与学术学位共同全国授权审核、学位授权动态调整等，截至2018年8月，我国可授予博士、硕士专业学位的单位626个[①]（不

① 全国学位与研究生教育质量信息平台[EB/OL].（2018-08-08）. http://zlxxpt.chinadegrees.cn/index/enterIndex.html.

包括军事院校），其中可授予博士专业学位的单位114个。

从授权专业学位类别（不含军队院校和军事硕士，工程和农业均不细分领域）来看，博士专业学位授权点159个，其中最多的为工程博士点41个，最少的为兽医博士点11个，见表5-10。我国博士专业学位授权点数量较少，特别是与美国相比，因此今后可以逐步加大博士专业学位授权类别、数量和比例，以加强与行业人才需求的对接。

表5-10　博士专业学位授权点汇总表

专业学位类别	工程	临床医学	教育	中医学	口腔医学	兽医	合计
专业博士点数量 / 个	41	40	28	20	19	11	159
专业博士点比例 / %	25.8	25.2	17.6	12.6	11.9	6.9	100.0

注：数据来自全国学位与研究生教育质量信息平台

全国硕士专业学位授权点共计4741个。其中，最多的为工程硕士点，有423个；超过200个的还有艺术硕士点285个、会计硕士点259个、翻译硕士点250个、法律硕士点246个、工商管理硕士点244个、公共管理硕士点234个、金融硕士点201个；最少的为警务硕士点，有6个、城市规划硕士点28个、出版硕士点29个（表5-11）。

表5-11　硕士专业学位授权点汇总表

序号	专业硕士类别	专业硕士点数量 / 个	专业硕士点比例 / %
1	工程硕士	423	8.9
2	艺术硕士	285	6.0
3	会计硕士	259	5.5
4	翻译硕士	250	5.3
5	法律硕士	246	5.2
6	工商管理硕士	244	5.1
7	公共管理硕士	234	4.9
8	金融硕士	201	4.2
9	新闻与传播硕士	165	3.5
10	教育硕士	165	3.5

续表

序号	专业硕士类别	专业硕士点数量 / 个	专业硕士点比例 / %
11	社会工作硕士	153	3.2
12	汉语国际教育硕士	150	3.2
13	应用统计硕士	145	3.1
14	体育硕士	138	2.9
15	农业硕士	131	2.8
16	国际商务硕士	126	2.7
17	临床医学硕士	113	2.4
18	药学硕士	106	2.2
19	护理硕士	105	2.2
20	工程管理硕士	102	2.2
21	旅游管理硕士	99	2.1
22	应用心理硕士	93	2.0
23	风景园林硕士	81	1.7
24	公共卫生硕士	77	1.6
25	口腔医学硕士	62	1.3
26	税务硕士	55	1.2
27	审计硕士	53	1.1
28	资产评估硕士	53	1.1
29	兽医硕士	50	1.1
30	中医学硕士	50	1.1
31	图书情报硕士	50	1.1
32	中药学硕士	49	1.0
33	文物与博物馆硕士	48	1.0
34	保险硕士	45	0.9
35	建筑学	38	0.8
36	林业硕士	34	0.7
37	出版硕士	29	0.6
38	城市规划硕士	28	0.6
39	警务硕士	6	0.1
合　计		4741	100.0

注：数据来自全国学位与研究生教育质量信息平台

从地区分布来看，全国31个省份都有专业学位授权，但分布一样不均衡。依然是北京市专业学位点（含博士、硕士）最多，为497个，占全国比例的

10.14%，为全国最高。然后是江苏省、湖北省；最少的为海南省、宁夏回族自治区、青海省、西藏自治区，所占比例都没有超过 1%，详见表 5-12。

表 5-12　全国专业学位授权点按地区分布汇总

序号	省份	博士专业学位点数 / 个	硕士专业学位点数 / 个	专业学位点总数 / 个	占全国比例 / %
1	北京市	19	478	497	10.14
2	江苏省	12	309	321	6.55
3	湖北省	9	269	278	5.67
4	山东省	9	250	259	5.29
5	上海市	11	231	242	4.94
6	广东省	10	229	239	4.88
7	辽宁省	7	207	214	4.37
8	河北省	9	203	212	4.33
9	四川省	6	200	206	4.20
10	浙江省	7	198	205	4.18
11	陕西省	6	191	197	4.02
12	湖南省	5	183	188	3.84
13	河南省	4	171	175	3.57
14	吉林省	6	159	165	3.37
15	安徽省	3	147	150	3.06
16	黑龙江省	6	136	142	2.90
17	天津市	5	134	139	2.84
18	江西省	1	126	127	2.59
19	重庆市	5	114	119	2.43
20	云南省	3	115	118	2.41
21	福建省	3	108	111	2.27
22	广西壮族自治区	3	102	105	2.14
23	甘肃省	3	84	87	1.78
24	新疆维吾尔自治区	3	79	82	1.67
25	山西省	2	79	81	1.65
26	内蒙古自治区	0	69	69	1.41
27	贵州省	1	64	65	1.33
28	海南省	0	32	32	0.65
29	宁夏回族自治区	1	30	31	0.63
30	青海省	0	24	24	0.49
31	西藏自治区	0	20	20	0.41
总　计		159	4741	4900	100.00

注：数据来自全国学位与研究生教育质量信息平台

二、重点建设取得的成就

中国现代大学的重点建设，从1995年的“211工程”开始，经历了“211工程”“985工程”“双一流”建设，一直持续到今天。虽然百余所高水平大学只占到了全国高等学校总量的4.3%，但是这些学校通过20余年的重点建设，无论在学科水平、高层次人才培养、高水平科学研究、高质量社会服务等方面都代表中国现代大学建设水平，引领了中国研究生教育的发展，一定程度上代表了中国研究生教育发展的最高水平。

（一）学科布局结构优化

学科布局与结构是大学发展的基础，良好的学科生态体系能够促进学科水平的提升和大学竞争力的提升。中国实施重点建设以来，重点建设大学通过合并和发展，学科布局迅速拓宽，学科综合化程度明显提高。从1998年到2018年，“211工程”学校的一级学科博士点数量增长了6.3倍，达到2184个。其中，“985工程”39所高校的一级学科博士点数增长了4.1倍，达到1215个；学科综合性更加明显，平均每所学校在8个学科门类有一级学科博士学位授权点分布，详见表5-13。

表5-13 重点建设高校一级学科博士学位授权点发展对比

学校类型	1998年	2000年	2003年	2006年	2011年	2018年
“211工程”学校/个	298	518	714	978	1885	2184
“985工程”学校/个	240	391	519	667	1143	1215

注：数据来自全国学位与研究生教育质量信息平台

（二）学科实力日益增强

一流大学必然有若干一流学科组成，中国重点建设大学也汇聚了一批国内顶尖的学科。

在2017年年底公布的第四轮一级学科整体水平评估中，共有80所高校的210个学科点评估结果为A+（全国前2名或者前2%）。其中，39所“985工程”建设高校中，33所高校的145个学科点评估结果为A+，A+学科数占比为69%；112所“211工程”建设高校中，66所高校的191个学科点评估结果为A+，A+学科数占比为91%。

共有146所高校的710个学科点评估结果为A类（含A+、A、A−，全国前2名或者前10%），其中“985工程”建设高校中，39所高校均有学科点评估结果为A类，进入A类的学科点数为498个，占比为70%；“211工程”建设高校中，90所高校的626个学科点评估结果为A类，A类学科数占比为88%，详见表5-14。

表5-14　重点建设高校在第四轮评估中A类结果汇总

学校类型	A+高校数/个	A+学科点数/个	A+学科点数占比/%	A类高校数/个	A类学科点数/个	A类学科点数占比/%
全国高校	80	210	100	146	710	100
“985工程”高校	33	145	69	39	498	70
“211工程”高校	66	191	91	91	628	88

中国重点建设大学及学科的国际竞争力也日益增强。在美国科睿唯安公司（Clarivate Analytics，原汤森路透知识产权与科技事业部）的基本科学指标（ESI）数据库中，设置了22个学科领域，能够进入ESI数据库的是过去10年论文被引次数位居各学科领域全球前1%的机构。根据2018年7月发布的ESI数据，中国的ESI入榜学科总数1202个，仅次于美国。2002年3月，“985工程”高校入榜学科数仅有39个学科；2018年7月，39所“985工程”高校入榜学科数已经达到了431个，增长了10倍以上。其中，在工程学领域，清华大学排名全世界第6、哈尔滨工业大学第8、上海交通大学第9，表现了不俗的实力。

（三）研究生教育规模快速提升

“985工程”建设高校，是中国研究生教育特别是博士生教育的主力军，无论是学位授权数、毕业生数、招生数、在校生数，都占据了相当大的比例，多年来，为中国社会经济建设输送了大批的高层次人次，研究生教育规模快速提升。

以 2016 年为例，37 所“985 工程”建设高校（不含国防科技大学、中央民族大学）所培养的研究生占全国 793 所研究生培养机构的情况见表 5-15。其中，博士毕业生数、博士授予学位数、博士招生数和博士在校生数，基本占了半壁江山；硕士毕业生数、硕士授予学位数、硕士招生数和硕士在校生数，约为 1/4。

表 5-15 37 所“985 工程”建设高校 2016 年研究生教育情况汇总

项目	毕业生数	招生数	在校数	博士毕业生数	博士授予学位数	博士招生数	博士在校生数	硕士毕业生数	硕士授予学位数	硕士招生数	硕士在校生数
793 所研究生培养机构	563938	667064	1981051	55011	53360	77252	342027	508927	505421	589812	1639024
37 所“985 工程”高校	157692	190557	599646	27985	27153	38407	175675	129707	127438	152150	423980
所占比例 / %	27.96	28.57	30.27	50.87	50.89	49.72	51.36	25.49	25.21	25.80	25.87

（四）队伍结构优化杰出人才汇聚

“985 工程”建设高校，在师资队伍建设方面也成效显著，无论是职称结构、博士比例等，均在全国 2596 所普通高等学校中占据优势。2016 年，37 所“985 高校”（不含国防科技大学、中央民族大学）的正高级职称专任教师数占到了全国的 18.61%；有博士学历专任教师比例为 71.56%，远远高于全国 22.86% 的水平（表 5-16）。

表 5-16 37 所“985 工程”建设高校 2016 年师资队伍情况汇总

学校类型	教职工总数	专任教师数	专任教师正高级数	专任教师副高级数	专任教师博士学历人数	博士学历比例 / %
2596 所普通高等学校	2404784	1601968	202154	476801	366289	22.86
37 所“985 工程”高校	211103	106439	37623	39198	76169	71.56
所占比例 / %	8.78	6.64	18.61	8.22	20.79	

顶尖人才更是汇聚，截至 2017 年，在 39 所“985 工程”建设高校中，有中国科学院院士 301 人，工程院院士 245 人，长江学者特聘教授 1566 人，国家杰出青年基金获得者 1967 人。在 2017 年中国科学院院士增补中，有 20 位新增院士来自“985 工程”建设高校，占新增院士比例的 33%；另有 1 位新增外籍院士来自北京理工大学。在 2017 年中国工程院院士增补中，有 21 位新增院士来自“985 工程”建设高校，占新增院士比例的 31%。

（五）高水平科技成果持续产生

高等学校的重要职能之一是科学研究，高等学校的科学研究水平是一个国家科学研究水平的重要体现，也是科技成果产生的主力军。经过 20 年的重点建设，“985 工程”建设高校在科研经费、科技获奖等方面都有了非常大的进步与提升。

1995 年，“985 工程”建设高校校均科研经费为 0.65 亿元；2011 年，校均科研经费为 12.48 亿元；2016 年，校均科研经费增长到了 18.8 亿元，清华大学的科研经费已经超过了 50 亿，浙江大学、中山大学、复旦大学、上海交通大学的科研经费也都超过了 40 亿。

随着科研经费的增长，高校进行科学研究的能力大大增强，产出的高水平科研成果不断涌现。在 2013—2017 年的 5 年间，“985 工程”建设高校作为第一完成单位共获得国家级科技奖励 371 项。其中，自然科学奖一等奖 2 项、二等奖 113 项，技术发明奖一等奖 3 项、二等奖 112 项，科技进步奖特等奖 1 项、一等奖 14 项、二等奖 126 项。表 5-17 为“985 工程”建设高校作为第一完成单位获得国家科技奖励（通用项目）特等奖、一等奖的奖励汇总。

表 5-17 “985 工程”建设高校在 2013—2017 年以第一完成单位获得国家一等奖及以上奖励汇总

序号	年份	获奖类别和级别	项目名称	第一完成单位
1	2017	技术发明奖一等奖	高性能碳纤维复合材料构件高质高效加工技术与装备	大连理工大学
2	2017	技术发明奖一等奖	燃煤机组超低排放关键技术研发及应用	浙江大学
3	2017	科技进步奖特等奖	以防控人感染 H7N9 禽流感为代表的新发传染病防治体系重大创新和技术突破	浙江大学

续表

序号	年份	获奖类别和级别	项目名称	第一完成单位
4	2017	科技进步奖一等奖	600MW 超临界循环流化床锅炉技术开发、研制与工程示范	清华大学
5	2016	科技进步奖一等奖	DTMB 系统国际化和产业化的关键技术及应用	清华大学
6	2016	科技进步奖一等奖	航天重大工程的遥感空间信息可信度理论与关键技术	同济大学
7	2015	自然科学奖一等奖	多光子纠缠干涉度量学	中国科学技术大学
8	2015	科技进步奖一等奖	汽车制造中的高质高效激光焊接、切割关键工艺及成套装备	华中科技大学
9	2014	自然科学奖一等奖	网络计算的模式及基础理论研究	清华大学
10	2014	科技进步奖一等奖	现代预应力混凝土结构关键技术创新与应用	东南大学
11	2013	技术发明奖一等奖	大型结构与土体接触面力学试验系统研制及应用	清华大学
12	2013	科技进步奖一等奖	重症肝病诊治的理论创新与技术突破	浙江大学
13	2013	科技进步奖一等奖	高端控制装备及系统的设计开发平台研究与应用	浙江大学

注：数据来自教育部网站

2017 年 10 月，党的十九大报告中明确提出，要“建设教育强国是中华民族伟大复兴的基础工程”“加快一流大学和一流学科建设，实现高等教育内涵发展”。这标志着中国高等教育进入新时代，学科建设也进入了新时代，一流大学和一流学科建设、内涵式发展、质量提升成为学科建设新时代的主旋律。要牢牢把握质量至上、内涵发展的原则，从师资队伍、人才培养、科学研究、文化传承、服务社会、国际交流等方面加强学科建设，才能实现世界一流的伟大目标。

第六章

研究生教育国际交流与合作

改革开放40年来，中国研究生教育国际交流与合作以“开放”“规范”“提高”为主旋律，从相对禁锢走向逐步开放，从单一发展走向多元并行，从行政指令逐渐趋于法治规范。回顾40年发展历程可以发现，研究生教育国际交流与合作与国家社会、经济、外交、教育、文化、科技等发展状况密切相关，在不同历史阶段呈现出不同的发展特征，发挥了不同的历史作用。

40年间，研究生教育国际交流与合作持续规模不断扩大、水平不断提高、内涵日益丰富，取得了长足发展。形成了“走出去”的出国留学研究生和“引进来”的来华留学研究生相结合的“有进有出”的交流模式，探索出了研究生教育中外合作办学的丰富渠道，与世界多个国家（地区）建立起了广泛的学历学位互认。蓬勃发展的研究生教育国际交流与合作实践推动了中国研究生教育事业的发展，中国研究生教育正从国际边缘逐渐走到舞台中心地带，成为世界研究生教育的重要组成部分。同时，研究生教育国际交流合作活动也为中国社会、经济、文化、科技等其他领域发展提供了人才、科技支持。

第一节 研究生教育国际交流与合作的起步发展

1978 年，中共十一届三中全会提出了“把党的工作重心转移到社会主义现代化建设上来”的方针，同时确定了“在自力更生基础上积极发展同世界各国平等互利的经济合作、努力采用世界先进技术和先进设备”的对外开放政策，这些基本方针为当时中国研究生教育事业的国际化发展指明了方向。

改革开放初期，中国研究生教育事业处于恢复重建阶段，国内高校的研究生培养规模有限，培养水平不高，培养过程中的诸多问题仍不明确。而与此同时，国家社会发展对高层次人才的需求日益迫切。为了促进国家科学技术发展、提高国内高等学校培养高级人才的能力，派遣研究生出国留学，积极与国际研究生教育发展接轨，学习世界先进的研究生教育经验，成了改革开放初期中国研究生教育事业对外开放的重要目的之一。

一、主流形式：公派出国研究生

1978 年 3 月，邓小平同志在全国科学大会开幕式上指出：“四个现代化，关键是科学技术的现代化”“我们向科学技术现代化进军，要有一大批世界第一流的科学家、工程技术专家。造就这样的队伍，是摆在我们面前的一个严峻任务。”从当时发展实际来看，百废待兴的教育实际和国家对科技、人才的迫切需求之间存在巨大差距，派留学生出国学习则是解决这一现实问题的重要路径之一。正如方毅在当时所说的：“为了造就高级专门人才，派人出国学习是必要的。今后即使我们科学技术发展了，也还需要向国外学习。”[①]1978 年 6 月 23 日，邓小平同志在听取教育部工作汇报时，发表了关于扩大留学生规模的著名讲话：“我赞成留学生的数量增大，主要搞自然科学”“这是五年快

① 陈家宽.“立足国内培养博士生”提法的历史考察及其启示［J］. 学位与研究生教育，1992（2）：7—11.

见成效、提高我国水平的重要方法之一。要成千成万地派，不是只派十个八个”“要千方百计加快步伐，路子要越走越宽。”这段讲话被普遍认为是奠定了1978年以后中国向西方发达国家扩大派遣留学生的政策基础①，拉开了改革开放后中国发展出国留学研究生教育事业的序幕。

为了落实邓小平同志讲话精神，教育部于当年7月向中央提交了《关于加大选派留学生的数量的报告》，并于8月发出了《关于增选出国留学生的通知》，落实“广开渠道，力争多派”的留学方针。这些文件指出，要高度重视留学人员的选派工作，每年派遣3000人，派出留学人员包括大学生、进修生和研究生三类。其中，大学生占60%—70%，进修生占15%—20%，研究生占15%—20%，并提出今后将增加进修生和研究生的比例。当时派遣的留学研究生主要是从已被国内高校录取的研究生中选拔，由于改革开放初期中国可供选择的出国留学的研究生生源较少，导致1980年前中国派出的留学研究生数量十分有限，1978—1980年每年的出国留学研究生数分别为5人、113人、202人。

到了1980年，中国高校培养本科生的能力逐渐提高，本科教育得到了快速的恢复和发展，派遣留学生的结构也相应发生了变化。1980年11月，中共中央书记处第61次会议研究决定，向外国派遣留学生的政策，应该多派研究生，少派或不派到国外接受本科教育的留学生。同时，伴随着国内培养的研究生的毕业、工作，以及国内博士生培养的逐步展开，中国开始探索博士层面的出国留学派遣渠道，扩大博士生选拔和派出数量。1982年4月，教育部印发了《关于1982年试行选拔出国攻读博士学位研究生的通知》，拟在1982年试行选派80名直接攻读博士学位的研究生出国，正式开启了出国留学攻读博士学位研究生的实验项目。这些新政策使出国留学研究生的数量开始增加，硕士、博士研究生逐步成为中国派出人员的重要组成部分，到了1983年，中国派出的研究生已经超过了1000人。1978—1984年我国公派出国留学人员人数统计见表6-1。

---

① 程希，苗丹国. 出国留学六十年若干问题的回顾与思考（1949-2009）[J]. 东南亚研究，2010（1）：79—87.

表 6-1　1978—1984 年国家公派出国留学人员人数统计

年份	合计 / 人	研究生		进修生（访问学者）		本科生	
		人数 / 人	比例 /%	人数 / 人	比例 /%	人数 / 人	比例 /%
1978	314	5	1.59	229	72.93	80	25.48
1979	1277	113	8.85	987	77.29	177	13.86
1980	1862	202	10.85	1503	80.72	157	8.43
1981	2925	252	8.62	2459	84.07	214	7.32
1982	2801	924	32.99	1665	59.44	212	7.57
1983	2821	1291	45.76	1444	51.19	86	3.05
1984	2913	1224	42.02	1598	54.86	91	3.12

数据来源：李滔．中华留学教育史录：1949 年以后［M］．北京：高等教育出版社，2000：690—691

1985 年以后，国内研究生教育取得了长足发展，在校研究生规模较大增加，但也面临着博士生培养能力不足的问题。为补充国内博士人才，同时避免出国攻读博士学位时间过长的弊端，中国开始探索中外联合培养博士生的培养模式。1988 年，国家确定了“中外联合培养博士研究生”政策，选派博士研究生围绕国家重点学科、新兴学科开展合作培养，不攻读国外学位。1988 年，中国首批 45 名中外合作培养博士生出国。之后几年，中国与日本、德国、英国、法国等多个国家开展了博士研究生的合作培养项目。与此同时，中国继续派出博士生出国攻读学位。1990 年，国家教委制定了新的研究生派遣计划，着重针对国内一些薄弱、边缘、新兴学科，坚持“精选精派，定向定人，力争保质保回”的原则，继续选拔派遣少量研究生出国攻读博士学位，作为国内高级人才培养的重要补充。

改革开放后的 10 余年，中国公派研究生规模逐渐扩大。据统计，1978—1987 年，中国共派出留学人员 4.6 万人，其中研究生 1.2 万人，占比超过了 1/4。与此同时，一些问题也开始显露出来，如派遣计划与国家建设需要结合不够，部分留学人员逾期不归，有些留学人员回国后未能充分发挥作用等。如何提高留学效益的问题被提到议事日程上来。1981 年 2 月，教育部印发了《关于做好留学人员回国工作的通知》，对国内派出单位的管理办法和留学人员的派出年限作出了具体规定。在之后的发展中，中国对待出国人员的态度发生了从“规定其必须回国”向“创造条件设法争取其回国”。在出国留学人员回国工作上，既通过加强管理对其进行约束，也通过创造条件为其回国提供环境支持。一方面，国务院于 1986 年批转了由国家教委起草的《关于出国留学人员工作的若干暂行规定》，提出了“按需派遣，保证质量，学用一致，加强对出国留学人员的管理和教育，努力创造条件使留学人员回国能学以致用，在社会主义现代化建设中发挥积极作用”的出国留学的方针，并建立了公派出国留学人员与派出单位签订出国留学协议书的制度，管理和约束公派出国留学人员，以期尽可能保证公派留学人员的如期返回。另一方面，中国也开展了多种政策为留学人员回国提供好的发展条件。1985 年建立了博士后科研流动站制度，为出国留学的博士生提供了回国后从事科研工作的适应性平台；1987 年 2 月，国家科委发布了《关于申报对非教育系统回国留学人员科研资助经费问题的通知》，设立了针对留学回国人员的科研资助费项目，第一年拨出 1000 万元作为经费支持；1990 年开始，中国政府有关职能部门在全国范围内开展公开表彰在国内做出突出贡献的留学回国人员的活动，举办留学回国人员成果展览，鼓励和弘扬回国留学人员要有立足国内、脚踏实地、艰苦奋斗，为国家建设做贡献的精神。

二、其他形式的探索发展

在开展公派出国留学研究生工作的同时，其他形式的研究生国际交流也在探索中逐步发展起来。

（一）来华留学研究生

在改革开放后的最初几年中，中国高校未接受来华留学研究生，当时的外国来华留学人员类别仅限于大学生、普通进修生和高级进修生。1981 年中国学位制度建立起来。这不仅为中国研究生教育的发展奠定了基础，也为来华留学研究生教育的发展提供了前提。

20 世纪 80 年代中后期，中国开始正式接受来华留学研究生。1985 年 10 月，国务院批转了国家教育委员会、外交部、文化部、公安部、财政部制订的《外国留学生管理办法》。该办法将中国来华留学生划分为中专生、专科生、本科生、研究生和进修生五大类，并对来华留学研究生的入学渠道、考试办法、教学和培养过程等进行了具体说明，规定修业期满且成绩合格的留学研究生可获得中国高校的毕业证书和学位证书。1988 年 9 月，国家教育委员会专门针对来华留学研究生群体，颁布了《关于招收和培养外国来华留学研究生的暂行办法》，对中国接受外国留学研究生的学校资格、入学考试形式、教学、论文及学位授予等给予了说明。这些政策的出台在国家层面打通了来华留学研究生教育的发展渠道。

20 世纪 80 年代中后期，自费来华留学的通道逐渐打开，来华留学生教育从国际义务援助为主开始向自费为主转变。1989 年，国家教育委员会发布了《关于招收自费来华留学生的有关规定》，首次明确有奖学金招生资格的高等院校，可以自主接受留学生申请，把留学生接受单位的审批权下放给省级教育主管部门，允许符合条件的高校自主招录自费留学生[①]。在此政策下，高校获得了比较充分的办学自主权，办学积极性和主动性被激发起来，为下一阶段来华研究生教育快速发展创造了良好的政策条件，自费留学生的规模得到进一步扩大，开启了来华留学生数量迅猛增加的势头[②]。

总的来说，20 世纪 90 年代之前的来华留学研究生教育呈现出几个特征。首先，规模与层次处于较低水平，1986—1988 年的来华留学研究生数量分别为 26 人、53 人和 104 人，总量仅占同期来华留学生总数的 0.6%，占来华学历生总数的 1.4%。其次，自费留学生开始发展起来；再次，来华留学研究生主要来自第三世界国家，以非洲国家学生居多；最后，在来华留学研究生教育方面的政府管理权限开始下放，一方面，允许学校根据国家的有关规定自主决定留学生的招生和录取，扩大了高校的留学生教育自主权；另一方面，把学校招收外国留学生资格的审批权下放给地方教育行政主管部门，拓宽了地方教育主

① 程家福，陈松林，赵金坡. 新中国来华研究生教育历史研究［J］. 学位与研究生教育，2012（10）：64—71.

② 刘海藩. 历史的丰碑：中华人民共和国国史全鉴 9（教育卷）［M］. 北京：中共中央文献出版社，2004：393.

管部门的管理权限。

（二）自费出国留学研究生

改革开放初期，中国对研究生层次的自费出国留学采取相对谨慎的态度，在申请条件上相对于公派留学而言有较多的限制。1982年7月，国务院批转教育部等四部委联合制定的《自费出国留学的规定》就比较明显地体现出了这种谨慎态度。该文件指出，高校在读各类研究生以及他们在毕业并接受国家统一分配工作后的2年之内均不得申请自费出国留学。

之后，国家对自费出国留学的要求逐步放宽，提出了“自费出国留学是进一步贯彻实行对外开放、培养人才的重要组成部分”的新观点。基于此，1984年12月，国务院颁布了《关于自费出国留学的暂行规定》，同时废止了1982年的规定。新规定首先强调“国家对自费出国留学人员在政治上与公费出国留学人员一视同仁”“凡我国公民个人不受学历、年龄和工作年限的限制，均可申请自费出国留学”，只要申请手续合法则不受任何限制，对于“高等院校在学的研究生，可以在学校或单位申请自费出国留学，出国后，保留学籍1年”“应届毕业的研究生，凡属国家统一分配的，应服从分配，到工作岗位之后再申请和办理自费留学手续”，取消了原有的2年服务期的要求，从而在国家政策层面正式打开了研究生自费出国留学的渠道。

1986年5月，中共中央、国务院印发了《关于改进和加强出国留学人员工作若干问题的通知》，同年12月，国家教育委员会颁布了《关于出国留学人员工作的若干暂行规定》。这两个文件中对研究生的自费留学又作出了一些新的规定，指出，国内在学研究生，一般不得中断学习自费出国留学。由此可见，当时研究生层面的自费出国留学在政策上尽管已经打开，但并没有达到“放开”的程度，限制条件仍然较多，国家对研究生自费出国留学的态度相对保守。

（三）学历学位互认和名誉博士授予

为了更好地促进教育对外交流与合作，中国政府于1984年批准了《亚太地区互相承认高等教育学历、文凭和学位公约》，成为正式缔约国。1988年，中国签署了改革开放后第一个国家（地区）间相互承认学位、学历和文凭的双边协议，即《中华人民共和国和斯里兰卡民主社会主义共和国相互承认学位及其他教育证书相当的议定书》，开启了与周边国家（地区）学历学位互认的新历程。

1988 年 12 月，国务院学位委员会颁布了《关于授予国外有关人士名誉博士学位的暂行规定》，至 1999 年，中国共批准授予 80 多位境外人士名誉博士学位，推动了中国教育、科技、文化等工作在国际与地区间的交流与合作。

（四）中外合作办学

改革开放初期，中外合作办学主要集中于专科、本科阶段，发展出了“中德赛德尔基金会”（1983 年）为代表的合作项目以及南京大学 – 约翰·霍普金斯大学中美文化研究中心（1986 年）为代表的合作机构。而在研究生教育层次的国际合作相对较少，典型的有 1983 年中国和加拿大国际发展署签订的“中加大学管理教育项目”。该项目通过中国、加拿大两国指定大学之间的合作，加强中国高等院校的经济管理专业建设，包括在华合作培养工商专业硕士、联合培养博士等[①]。其中，天津财经学院与美国俄克拉荷马州城市大学合作举办的 MBA（工商行政管理硕士）项目是中国第一个被批准授予国外学位的中外合作办学项目。总的来说，改革开放初期的中外合作办学规模较小，发展速度缓慢，管理较为松散，合作层次较低，研究生层次的合作办学数量很少，属于起步、探索阶段。

三、起步阶段的特征分析

第一，以“走出去”的公派留学研究生为主，其他形式为辅的国际交流模式。改革开放初期，中国综合国力和教育水平与发达国家相比存在一定差距，国内研究生教育事业开始恢复发展起来，因而在 20 世纪 90 年代之前，中国研究生教育国际交流与合作在目的上更多地以学习国外经验、依靠国外培养我国急需的高水平人才为主，在形式上更多地以“走出去”的公派留学研究生

① 林金辉，刘志平. 高等教育中外合作办学研究［M］. 广东：广东高等教育出版社，2010：25.

为主，还达不到真正意义上的研究生教育“交流”与“合作”。正如阿特巴赫所描述的：“发展中国家人口总量大，且教育容量不足；而富裕国家中等后教育机构容量大，在课程和科学话语中占据统治地位，在学术市场上享有不可置疑的声誉和实力。”①

第二，以依靠国外培养中国需要的高水平人才为主要目的。出国留学，尤其是公派出国留学是作为国内高等教育、研究生教育重要补充而展开的，依靠国外培养中国社会主义建设的高层次人才是改革开放初期国际交流的主要目的，这种目的具体体现在多个方面。首先，派出人员结构紧密结合国内教育发展实际，在高等教育薄弱阶段重点派出本科生，而在国内本科人才培养能力提升的背景下则增加硕士研究生的派出比例，在国内硕士生培养能力提升的背景下则探索博士生出国培养的渠道；其次，注重出国人员回国工作，对于出国留学人员的管理具体且严格，以保障出国留学的效益，做到“学用一致”；最后，派出人员的学科分布，主要围绕中国国家和社会发展中急需、薄弱、新兴领域展开，出国留学的目的性强。

第三，政府在国际交流合作过程中扮演着主要角色，行政管理色彩较为浓厚。在改革开放初期的研究生教育出国留学、来华留学等工作中，政府相关部门扮演着政策制定者、落实者、监督者等多种角色，全面负责了留学管理过程中的各项事务。这一方面反映了改革开放初期中国国际交流合作范围相对较小，易于管理；另一方面也反映了当时国际交流工作的组织与管理体制的相对不成熟。

第二节　研究生教育国际交流与合作的规范发展

进入 20 世纪 90 年代，中国各项事业持续发展。对外确立了“全方位”的外交战略，与世界主要发达国家、广大发展中国家，特别是周边国家，形成了

① 菲利普·阿尔特巴赫. 跨越国界的高等教育［J］. 郭勉成，译. 比较教育研究，2005（1）：5—10.

比较稳定、和睦的外交关系；国内，中国改革开放进一步深化，提出了建立社会主义市场经济体制的战略目标，社会经济平稳发展。内外部发展形势的变化使这一时期的研究生国际交流与合作也呈现出新的发展状态。

一、国际交流合作形式的丰富

与改革开放前十余年以公派出国留学研究生为主要形式的国际交流不同，20 世纪 90 年代，出国留学、来华留学、合作办学等多种形式都取得了长足进步，研究生国际交流合作以多样化姿态全面展开。

（一）出国留学研究生进入稳步发展期

与社会主义市场经济体制相适应，20 世纪 90 年代中国出国留学工作的方针也相应发生了变化。1993 年 11 月，中共第十四届三中全会通过了《关于建立社会主义市场经济体制若干问题的决定》，确定了“支持留学，鼓励回国，来去自由”的方针。在这一方针引导下，出国留学活动进入了一个快速发展的时期，为自费出国留学政策以及在外留学人员回国、为国服务政策的制定起到了导向作用。

20 世纪 90 年代研究生自费出国留学政策经历了从收紧到逐步放开的一个发展过程。90 年代初，受到 80 年代末“出国热”、国内出国留学市场混乱、西方国家对中国在外留学人才的截留掠夺等因素的影响，中国对自费出国留学政策做出了及时的限制与调整。1990 年，中国发布了《中央政治局常委会议讨论出国留学问题纪要》《关于具有大学和大学以上学历人员自费出国留学的补充规定》及其《暂行实施细则》等系列政策，提出了关于研究生自费留学更为严格的几项措施。一是重申“服务期”制度，大学毕业生、研究生毕业生须为国家服务 5 年，期满后方能申请自费留学；二是开始实行“赔偿培养费”政策，需要偿还国内学习期间国家负担的培养费后方可申请自费出国留学；三是严格自费留学审核机制，必须经各地教育行政机关审核批准后，申请人才能去公安部门办理出国手续。

之后，由于服务期制度在实际操作中的弊端以及“支持留学，鼓励回国，来去自由”新的留学方针的确立，国家教育委员会于 1993 年 7 月印发了《关于自费出国留学有关问题的通知》，再度放宽了自费出国留学政策。其中最主要的变化就是规定：任何由公费培养的大专生、本科生、硕士研究生，都可以在服务期满或未满服务期但交纳了相应的高等教育培养费后申请自费留学；博士毕业生自费留学做博士后研究，不设服务期、不收取培养费。从而在坚持服务期制度前提下取消了服务期内不准许自费出国留学的限制，基本满足了国内公民自费留学的愿望，从而使 1993 年后自费留学的人数急剧增加。

在促进出国留学人员回国方面，1992 年 8 月，国务院办公厅发出了《关于在外留学人员有关问题的通知》，在急需实行“支持留学”基础上，全面解读了“鼓励回国”和“来去自由”的政策原则，体现了国家对在外留学人员的信任与关怀和保护留学人员在外合法权益的思想，有利于最大限度地把广大留学人员团结起来，动员在外留学人员长期或短期为国服务。之后几年，科教兴国战略的提出使出国留学人员的回国工作变得更为重要，中国设立了多种支持和鼓励留学人员回国的项目。相继发布了《关于使用“留学人员科研资助费”有关问题的通知》《留学回国人员科研启动基金管理规定》等政策，完善对回国留学人员科研经费资助的措施；相关部门发布了一系列简化留学人员出入境和落实户口等手续的政策性文件；1996 年 4 月启动了“春晖计划”，择优资助已获得博士学位并在本专业领域取得突出成就的优秀留学人员短期回国工作；1998 年 8 月教育部设立并实施了“长江学者奖励计划”，吸引一学术上卓有建树的海外优秀学者回国工作。同时，各地方政府也采取了相关措施，积极开展留学人才的引进工作。

（二）来华留学研究生快速发展

20 世纪 90 年代初，来华留学研究生的规模逐渐扩大、生源国日益多元、培养与管理制度日益规范、自费来华留学生数量增加，逐步形成了与社会主义市场经济相适应的来华留学新体制。

1989 年，国家教委发布了《关于招收自费来华留学生的有关规定》，首次明确有奖学金生招生资格的高等院校，可以自主接受留学生申请，把留学生接收单位的审批权下放给省级教育主管部门，允许符合条件的高校自主招录自费留学生[1]。在此政策下，高校在留学生招生、培养、奖惩等方面获得了比较充分的办学自主权，办学积极性和主动性被激发出来，为下一阶段来华研究生教育快速发展创造了良好的政策条件。同时，自费留学生的规模得到进一步扩大，开启了来华留学生数量迅猛增加的势头[2]。1990 年自费来华留学生为 3810 人，1999 年达到 39500 人，是 1990 年的 104 倍。自费生占来华生总数的比例由 1990 年的 69.7% 进一步提高到 1999 年的 89.7%。到 20 世纪末，自费留学生已经成为来华留学生的主体。

1991 年 10 月，国务院学位委员会发布了《关于普通高等学校授予来华留学生我国学位试行办法》，规定："授予来华留学生我国学位，既要遵守我国现行学位制度的原则精神，又要考虑各国的实际情况，做到实事求是，保证质量。来华留学生培养规格的确定，主要由各有关高校自行掌握：对于来自非洲地区的来华留学生，一般采取学习课程为主，撰写论文为辅的培养规格；对于来自其他地区的来华留学生，采取学习课程与撰写论文并重的培养规格。"对授予来华留学研究生学位的要求、程序等作出了明确规定，从而规范了来华留学研究生的学位授予工作。1992 年 6 月，国家教育委员会颁布了《接受外国来华留学研究生试行办法》，明确了接受来华留学研究生的国内院校及学科、专业，申请人资格、申请办法等内容，指出了来华留学研究生"政府计划内"和"政府计划外"的两条申请渠道。以上留学政策的调整对规范来华研究生教育发挥了积极的推动作用。

在新的办学体制和机制作用下，来华研究生教育进入了一个快速发展时期。来华留学研究生规模从 1991 年的 334 人（硕士 284 人，博士 50 人），发展到 1999 年的 2896 人（硕士 2000 人，博士 896 人），增长了 8 倍多。到 1997 年底，全国 330 所高等院校接受了来自世界上 150 多个国家和地区的留学生。在享受中国政府奖学金的 4569 名来华留学生中，博士生占 4.9%，硕士

---

① 程家福，陈松林，赵金坡. 新中国来华研究生教育历史研究［J］. 学位与研究生教育，2012（10）：64—71.

② 刘海藩. 历史的丰碑：中华人民共和国国史全鉴 9（教育卷）［M］. 北京：中共中央文献出版社，2004:393.

生占14.5%，本科生占33%；39035名非中国政府奖学金留学生中，博士生占2%，硕士生占4.6%，本科生占28%。[①]据统计，1999年来华自费研究生增至1773人，占来华研究生总数的61.2%。1991—1999年全国来华留学研究生占学历生比例及人数分别见图6-1与图6-2。

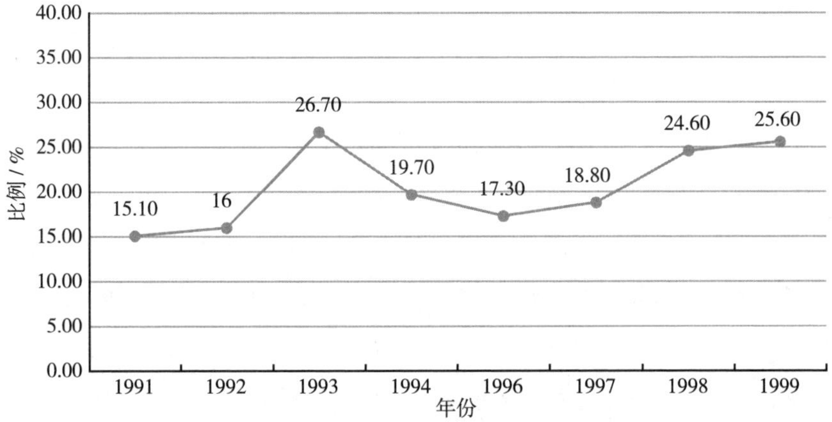

图6-1　1991—1999年全国来华留学研究生占学历生比例

数据来源:《中国教育年鉴》(1992—2000年)，人民教育出版社，1993—2001年版.

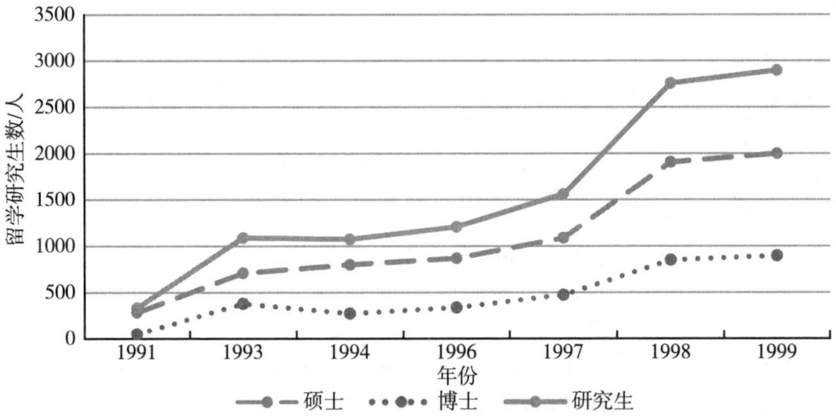

图6-2　1991—1999年来华留学研究生数

资料来源：程家福，来华留学生教育结构历史研究（1950—2010年），同济大学出版社，2012:138.

① 赵沁平. 社会发展的需要，改革开放的成就——中国学位与研究生教育50年回顾［J］. 学位与研究生教育，1999（5）：3—8.

（三）中外合作办学的规范发展

由于改革开放初期相关政策指导和法律法规的缺乏，中外合作办学过程中也出现了办学事宜不清、办学审理不实、办学活动混乱的情况。针对这些问题，国家出台了相关政策对中外合作办学这一领域进行初步规范，严格管理。1993年6月，中国颁布了《关于境外机构的个人来华合作办学问题的通知》，对合作办学的意义、原则、范围、类别、主体等一些问题作出了原则性规定。并明确指出，教育对外交流与国际合作是中国改革开放政策的重要组成部分；要在有利于中国教育事业发展的前提下，有选择地加以引进和利用境外的管理经验、教育内容和资金；要遵守中国的法律，贯彻中国的教育方针，经过教育主管部门批准并接受其监督和管理。

1995年1月，国家教育委员会颁布《中外合作办学暂行规定》，标志着中国中外合作办学进一步走向规范化发展道路。《中外合作办学暂行规定》充分肯定了合作办学的地位和意义，并就中外合作办学应遵循的原则、合作办学主体及审批权限和审批程序、办学机构及其领导体制、学位授予等问题做出了具体的规定。此外，其他部委、有关单位也采取了相应措施促进中外合作办学的健康发展。1996年1月，国务院学位委员会办公室发布了《关于加强中外合作办学活动中学位授予管理的通知》；2001年12月，国家外国专家局办公室印发了《社会力量办学和中外合作办学单位聘请外籍专业人员管理暂行办法》。一系列相关政策法规的出台使中外合作办学逐步走上了规范化轨道，全国大部分大城市的中外合作办学机构、项目迅速发展起来。截至1996年6月，中国与18个国家和地区的单位建立了合作关系，各种形式、各种类型的中外合作办学达到170个，其中实施高等学历教育的有27个[①]。

二、国际交流合作管理的规范

（一）成立了专门组织管理机构

为做好出国留学人员的服务工作，1989年3月，教育部组建了“中国留

① 季明明．中国教育行政全书［M］．北京：经济日报出版社，1997：1635.

学服务中心”，为中国对外交流人员提供各种形式的服务，特别是为出国留学人员的回国工作、为公派留学人员提供咨询和手续办理等提供服务。在发展过程中，留学服务中心逐步形成了一套面向留学人员的较为完整的服务体系，包括提供国内工作岗位信息、办理派遣和落户手续、回国学术休假、申办企业、投资咨询、出国留学和来华留学咨询、国外学历学位评估与认证、寄存档案、代办签证等事务。并于 1990 年代理教育部受理和评审当年设立的“留学回国人员科研启动基金”项目，在中国国际交流与合作过程中发挥了积极作用，同时，也是中国政府实行国家机关职能改革和职能转变的一个体现。

同时，为了在新形势下加强出国留学派出质量和学成后回国服务的管理，1994 年 7 月，国务院印发了《关于〈中国教育改革和发展纲要〉的实施意见》，提出，将国家拨款作为出国留学基金，建立奖学金、贷款制度，成立国家留学基金管理委员会，使出国留学研究生的招生、选拔和管理工作步入规范化发展阶段。1996 年 6 月，中央机构编制委员会办公室批复了国家教委《关于成立中国留学基金管理委员会的请示》，国家留学基金管理委员会正式成立，专门从事国家计划内中国公民出国留学和外国公民来华留学的组织、资助和管理工作。

（二）逐步确立了各个环节的管理机制

在公费出国留学方面，1995 年 2 月，在全国出国留学人员选派工作会议上，国家教委公布了《改革国家公费出国留学选派管理办法的方案》，决定实行“公开选拔、平等竞争、转件评审、择优录取、签约派出、违约赔偿”的办法。在试点基础上，1996 年 2 月，国家教委印发了《关于做好 1996 年国家公费出国留学人员选派办法改革全面试行工作的通知》，决定全面试行国家公费出国留学选派新办法，对公费出国的申请、评审、录取、签约、后续违约等环节，以及留学人员、留学基金委签约双方的职责作出了更加严格的管理规定。新办法体现了公开、平等、竞争、择优的原则，由国家直接资助变为国家留学基金管理委员会管理的基金资助，以经济和法律手段来约束出国留学人员。

在来华留学方面，主要体现在建立奖学金制度、考试制度来提高来华留学生生源质量，提升来华留学生培养水平。一方面，建立了多样化的奖学金激励机制，除政府奖学金外，还设立了“中华文化研究奖学金”“优秀生奖学金”和“HSK优胜者奖学金”等多种类型的奖学金制度；1997年3月，国家教委发布了《外国留学生奖学金年度评审暂行办法》，对获准在华学习期限超过一年的所有奖学金生（包括硕士和博士研究生），开展奖学金评选工作。另一方面，建立了考试机制。1992年，将《中国汉语水平考试（KSK）办法》作为测试外国留学生进入中国高校学习汉语水平的科学依据；1995年又把“来华留学生数理化水平考试”扩大为考查所有来华学习数理化专业的留学生学业基础的依据。

三、规范发展阶段的特征分析

第一，研究生国际交流与合作形式日益丰富。与改革开放初期以“走出去”为主的交流模式相比，本阶段的研究生国际交流与合作开始呈现出了“走出去”和“引进来”协同展开的发展面貌。相关政策的完善使来华留学研究生数量迅速扩大，20世纪90年代累计培养来华留学研究生11320人，来源国别趋于多元，中国吸引海外研究生来华留学的水平逐步提高。同时，合作办学机构和项目在全国各地发展起来，学历学位互认有条不紊展开，研究生国际交流合作的内容逐渐丰富起来。这一时期，中国已经实现了立足国内自主培养硕士、博士研究生，初步建立起了多层次、全方位的研究生教育体系，可以说，国际交流合作的多样化、合作内容的深入化是这一阶段国内研究生教育事业蓬勃发展的必然。

第二，研究生国际交流与合作走上规范化、制度化发展道路。规范发展是本阶段研究生国际交流与合作的重要特征，这种特征体现在多个方面。首先，管理的重心下放。中国从改革开放初期的政府主要管理主体，逐步放权，管理重心向地方政府和高校转移。地方政府拥有了国家交流与合作的部分审批权、管理权，高校在国际交流与合作方面有了更多的自主权和话语权，地方政府、高校的积极性被调动起来，有利于中国研究生教育国际交流合作的有效展开。其次，组织管理机构完善。国家留学基金委和教育部留学服务中心等专门的服务机构建立起来。最后，管理机制成熟。研究生教育国际交流与合作从最初的政府管制、政策限制等“硬性”管理模式，开始向以审查、监督等方式为主的“软性”管理模式转变，管理方式逐步开放，更加注重营造良好的国际交流合作环境与氛围。这种规范化发展为下一阶段研究生国际交流与合作的规模扩大和内涵发展奠定了基础。

第三节　研究生教育国际交流与合作的质量发展

进入21世纪，中国发生了历史性跨越的变化。从国际上看，中国经济快速发展，实行了从计划经济体制到充满活力的社会主义市场经济体制、从半封闭到全方位开放的转型，中国经济已经成为世界经济的重要组成部分；中国在促进国际合作与维护世界和平方面发挥重要作用，已经成为国际体系的重要成员。从国内发展实际看，中国经济社会发展对人才的重视程度日益加深，科教兴国、人才强国战略的实施呼吁进一步提升人才培养质量；研究生教育规模逐渐扩大，体系日益完善，已经实现了立足国内培养各级各类高层次人才的目标，并向“服务需求、提高质量”的新目标迈进。中国经济社会的快速发展推动着研究生教育事业稳步发展，也推动研究生教育国际交流与合作进入“质量发展期”，呈现新的发展样式。

一、关注国际交流合作的质量

进入21世纪，中国研究生教育事业取得了巨大成就，成为名副其实研究生教育大国，与此同时，人才培养质量开始引起越来越多的关注，质量问题已经成为制约研究生教育发展的关键问题。在此背景下，研究生国际交流与合作也需着眼于质量提高，通过广泛、深入的国际交流合作养具有国际竞争力的拔尖创新人才，拓宽高校人才培养的国际视野，提高高等院校对外开放水平，与国外高水平大学强强联合，在各个环节提高研究生国际交流合作质量。

（一）在派出与留学回国工作中突出对高水平人才的重视

2003 年，教育部确定了“扩大规模、提高层次、保证重点、增强效益”的国家公派留学工作方针，为国家公派出国留学奠定了新的发展基调。这一时期，国家为促进公派、自费出国留学的派出质量、学习效益提升，保证海外高层次优秀人才回国服务，相继启动了一系列新办法。

在公派出国留学方面。2007 年，为紧密配合国家中长期科学和技术发展规划纲要的实施，培养一批若干年后国家建设所需的各行各业拔尖创新型人才，提高研究生培养水平，经国务院批准，教育部与财政部设立了“国家建设高水平大学公派研究生项目”。将以“三个一流”，即选拔一流学生，派往国外一流院校、科研机构或学科专业，并师从一流导师为选派原则，将高层次留学人才培养与高层次科研项目合作结合起来，有计划、大规模地连续选派研究生出国留学。该项目是中华人民共和国成立以来中国公派留学史上规模最大、资助额度最高的公派留学项目，已经成为中国研究生公派出国留学的主要方式，为硕士生、博士生的跨国联合培养提供了强有力的经费支持和政策支持。从 2007 年实施以来，项目选派人数不断增长，第一阶段（2007—2011 年）每年计划派出 5000 人，选拔范围主要是“985 工程”高校和部分“211 工程”签约高校；2012 年起，项目选派范围扩大到了全国各高校、科研院所、企事业单位、行政机关和在外自费留学生；到 2017 年，项目计划派出人数已达到 9500 人。该项目的实施也有效提升了国家公派出国留学的层次和质量。1996—2008 年，国家留学基金委累计公派出国的研究生占到各类公派出国留学人员总数的 48%。

“国家建设高水平大学公派研究生项目”的实施也将国内外联合培养博士生提升到了国家议程层面，促使中外联合培养博士生从学校的自发行为向国际政府主导的层面转变，提升了博士生联合培养的质量，博士生的中外联合培养活动迅速发展起来。项目实施的第一阶段（2007—2011 年）计划每年选派 2500 名联合培养博士生，之后，选派规模不断扩大，2016 年计划选派 5500 名联合培养博士生，2018 年计划选派联合培养博士生人数已经达到 6500 名。

在自费出国留学方面。2003 年，为激励品学兼优的优秀自费留学生在学业上取得优异成绩，鼓励他们回国工作和以多种形式为国服务，进一步加强他们与祖国的联系，教育部设立了“国家优秀自费留学生奖学金”。2010 年的《国家中长期教育改革和发展规划纲要（2010—2020 年）》又进一步提出，要加强对自费留学的政策引导，加大对优秀自费留学生的奖励力度。

与此同时，中国采取了多种措施，进一步加强鼓励和支持留学人员回国工作、为国服务工作。一方面，重点吸引留学人员中的高层次人才和紧缺人才回国工作；另一方面，进一步加大支持和鼓励留学人员回国创业。

2008 年 12 月，中央人才工作协调小组召开“海外高层次人才引进工作会议”，明确提出要更加积极地引进海外高层次人才。同月，中共中央办公厅印发了《中央人才工作协调小组关于实施海外高层次人才引进计划的意见》，要求各地区、各部门做好海外高层次人才引进工作，“海外高层次人才引进计划”（简称“千人计划”）正式实施。计划提出，要在国家层面计划用 5—10 年时间，引进 2000 名左右能够突破关键技术、发展高新产业、带动新兴学科的战略科学家和创新创业的领军人才回国发展，并建立 40—50 个海外高层次人才创新基地。在此期间，中共中央组织部等多个部门还先后联合印发了《引进海外高层次人才暂行办法》《关于为海外高层次人才提供相应工作条件的若干规定》和《关于海外高层次引进人才享受特定生活待遇的若干规定》等文件。据相关资料显示，截至 2011 年底，共引进 1510 位海外高层次人才，所引进的国外相当于正教授级别的高层次人才数量已超过此前 30 年的总和；截至 2013 年初，国家“千人计划”已分九批引进 3319 名海外高层次人才。

为了给出国留学人员回国创造良好的环境和条件，国家也颁布了一系列扶持、建设和发展留学人员创业园的政策文件。2000 年 6 月，科技部、人事部、教育部联合印发了《关于组织开展国家留学人员创业园师范建设试点工作的通知》，之后几年，陆续出台了《留学人员创业园管理办法》《人事部与地方人民政府共建留学人员创业园的意见》等文件，为留学人员回国创业、促进高新技术产业化、推动经济发展发挥平台作用。除此之外，教育部研究制定了《关于进一步加强引进海外优秀留学人才工作的若干意见》《关于建立海外高层次留学人才回国工作绿色通道的意见》等政策文件，为切实解决和落实好留学回国人员申报科研基金、享受社会保险、子女回国入学等问题提供了政策支持。

（二）开展来华留学研究生培养质量提升项目

21 世纪以来，国际、国内诸多因素推动了来华留学研究生教育进入了一个快速发展阶段。从经济上看，全球经济一体化发展为来华留学教育提供了外部动力支持；从高等教育发展来看，世界各国高等教育规模快速增长，中国高等教育进入大众化阶段，研究生教育事业蓬勃发展，接受来华研究生教育的能力增强，高校普遍重视来华留学研究生教育工作，为来华留学研究生教育发展提供了内在条件支撑。

对留学生学历层次和培养质量的重视是 21 世纪来华留学教育的首要特征。2004 年，教育部支持新加坡、泰国政府设立政府奖学金派遣硕士和学士学位来华留学生项目，首批共 100 名留学生于当年 9 月入学；支持越南、巴基斯坦政府全额资助共 109 名学生来华攻读博士、硕士和学士学位。为实现提高层次的目标，教育部于 2004 年设立了院士培养来华博士生项目，首批来自孟加拉国、印度、泰国、巴基斯坦、日本 5 个国家的 7 名留学生享受中国政府奖学金在华中农业大学和中国科学院研究生院的院士指导下攻读博士学位。奖学金项目、院士培养项目的实施标志着中国政府在关注来华留学研究生规模扩大的同时，逐步重视其培养质量、层次问题。自 2008 年，为落实《国家教育事业发展“十一五”规划纲要》，政府进一步大幅扩大中国政府奖学金来华留学规模，2008—2010 年每年增加 3000 名左右来华奖学金生名额，以鼓励高等院校接受高层次海外留学生。与此相呼应，地方政府和高校也设立了来华留学生奖学金来提高留学生层次，以吸引更多的优秀国际学生来华学习。

近几年，来华留学研究生工作稳步推进。《关于做好新时期教育对外开放工作的若干意见》（2016 年）、《推进共建“一带一路”教育行动》（2016 年）、《学校招收和培养国际学生管理办法》（2017 年）等政策陆续出台，来华留学工作在政策上更加灵活，管理上更加趋同，规模上有了较大的突破，质量上有了明显的提升，逐步形成了法制化、科学化、规范化、社会化的来华留学管理与服务体系，促进了多元文化的融合，来华攻读硕士、博士学位的研究生规模也快速增加。截至2016年，来华留学研究生63867人。其中，硕士研究生45816人，博士研究生18051人，见图6-3。

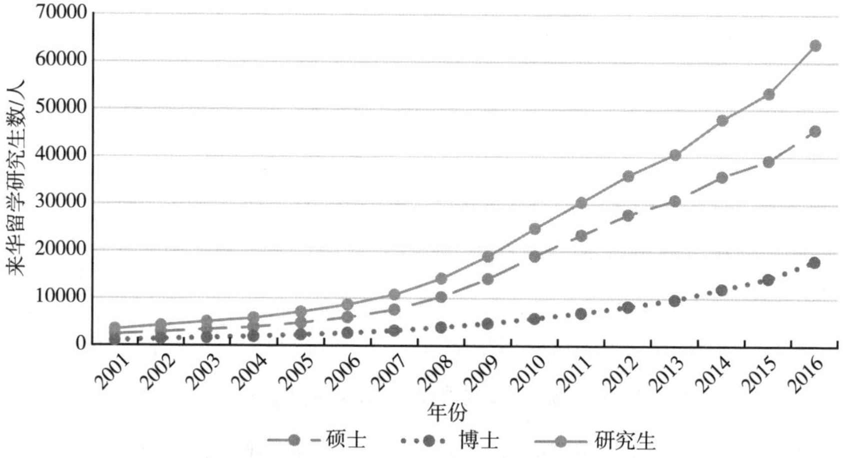

图6-3　2001—2016年来华留学研究生数

（三）中外合作办学迅速发展

2001年12月，中国加入世界贸易组织，对教育服务贸易作出了部分承诺，指出，除了义务教育和特殊教育服务（如军事、警察、党校教育）以外，有条件、有步骤地开放教育服务领域。这进一步推动了中国中外合作办学的加速发展（图6-5）。经过历年的发展建设，中国研究生中外合作办学机构与办学项目规模逐渐扩大。截至2017年8月，经教育部批准的硕士及以上教育中外合作办学机构已达到12个，中外合作办学项目达到129个。从合作办学项目来看，硕士学位合作项目占了绝大多数，专门进行博士学位教育的合作项目仅有2项，见图6-4。从地域分布来看，合作单位主要集中于北京、上海、天津、浙江等地[①]。

之后几年，学校层面的跨境教育合作、中外合作办学也走上快速发展的道路。国内一流大学和国际知名高校的研究生教育合作蓬勃发展，并在研究生培养目标、课程设置、教学方式、师资队伍建设、管理制度以及评价形式等方

① 教育部公布中外合作办学名单［EB/OL］.［2010-07-19］. http://news.sina.com.cn/c/2010-07-19/233520712689.shtml.

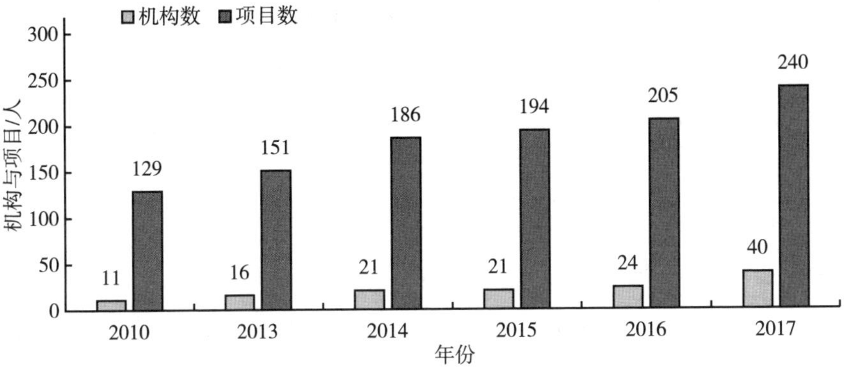

图 6-4 2010—2017 年硕士及以上中外合作办学机构与项目数统计

数据来源：中外合作办学监督工作信息平台检索所得

面做出了系列创新，以保障国际合作研究生教育的质量。例如，上海交通大学中欧国际工商学院的全日制 MBA 课程通过向学生提供海外交流项目和商业模拟课程，提高学生培养学习跨国交流能力和实战经验①；长江商学院采取了教师面授、小组讨论、案例分析探讨、商业游戏等多种教学方式，教学模式可由各教授自行灵活组合②。在研究生教育中外合作结构和合作项目完善发展的同时，研究生参与国际学术会议、海外暑期学校、海外实习等新的研究生教育国际合作模式也开始出现，这些新的国际合作模式扩展了中国研究生教育国际合作的深度和广度。与此同时，在教育部的支持下，中国一些优秀学校也开始“走出去”，赴国外开展办学活动。截至 2014 年 9 月，中国教育机构在境外举办的办学机构和项目数已达 92 个③。中国高等教育的国际竞争力不断增强，高等院校的国际化水平及对外交流合作层次也获得较大提升。

（四）学历学位互认的广泛开展

20 世纪 80—90 年代，中国签署学历学位互认协议的国家以第三世界国家为主，如阿尔及利亚（1991 年）、毛里求斯（1992 年）、喀麦隆（1994 年）等；

① 中欧国际商学院. MBA 课程概况 [EB/OL]. [2018-8-17]. http://cn.ceibs.edu/mba/introduction.

② 长江商学院. MBA 课程详情 [EB/OL]. [2018-8-17]. http://www.ckgsb.com/emba/common_problems/index/137#problems1.

③ 数据来自教育部国际合作与交流司. 2014 中外合作办学年度报告（内部资料）[Z]. 北京，2014:110.

进入21世纪后，伴随中国留学事业的提升，中国与越来越多的发达国家也建立了学历学位互认关系，如德国（2002年）、英国（2003年）、法国（2003年）、荷兰（2005年）等；2016年《推进共建“一带一路”教育行动》印发以来，中国与“一带一路”沿线24个国家签署了学历学位互认协议。从1988年至今，中国已经先后与46个国家（地区）签订了学历学位互认协议①，标志着中国学历学位教育获得了国际社会的认可。

为提高国（境）外学历学位认证的专业化水平，保证学历认证的科学性、准确性、连续性和权威性，2009年12月，教育部留学服务中心发布了《国（境）外学历学位认证评估程序和标准（试行）》，对学历学位认证的性质、内容、认证评估程序和评估标准等作出了明确规定。2018年1月，为了提高国（境）外学历学位认证评估的工作效率，优化工作流程，更好地满足广大申请者的需求，教育部留学服务中心对2009年的学历学位认证评估政策进行了修订，形成了新的《教育部留学服务中心国（境）外学历学位认证评估办法》。新修订的认证评估办法限定了国（境）外学历学位认证的服务内容及服务范围，调整了不同国别/类别的学历认证评估周期，取消了申请材料部分内容。学历学位认证相关政策的颁布和修正推动着中国学历学位认证工作朝着规范化方向发展，对于促进教育国际交流与合作，满足学生的升学、就业等实际需求，保障各方合法权益方面发挥了重要作用。

二、管理体制走向规范、科学

（一）放宽自费出国留学管理办法

在扩大公派出国留学研究生规模的同时，国家对自费出国留学的管理办法也进一步放宽。2003年，为落实加入世贸组织后对服务贸易条例作出的相关承诺，教育部印发了《关于简化大专以上学历人员自费出国留学审批手续的通知》，其中明确提出不再向申请自费出国的高等学校在校生以及具有大专以

① 教育部. 与46个国家和地区签订学历学位互认协议［EB/OL］.［2018-8-17］. http://edu.people.com.cn/n1/2017/0419/c1053-29222686.html.

上学历但尚未完成服务器年限的各类人员收取“高等教育培养费”，不再对上述人员进行“自费出国留学资格审查”工作，不再要求上述人员向各地出入境管理机关提交《自费出国留学资格审核证明信》，历时十余年的培养费制度就此废除。

（二）下放来华留学研究生管理权限

在强化培养质量的同时，国家进一步下放来华留学研究生的招生自主权，来华留学教育管理走向规范化、法制化。2000 年 1 月，教育部、外交部和公安部联合发布了《高等学校接受外国留学生管理规定》，指出高等学院招收外国留学生名额不受国家招生计划指标的限制，可以自行招收校际交流外国留学生和自费外国留学生，外国留学生的录取由高等学校决定。并从管理体制、招生和录取、奖学金制度、教学管理、社会管理、入出境和居留手续等方面对来华留学生工作予以规范管理。同年，教育部颁发了《中国政府奖学金年度评审办法》，推动了外国留学生奖学金年度评审工作的规范化、制度化建设。2010 年教育部颁布了《留学中国计划》，指出，要着力推进来华留学教育管理体制、投入体制、办学体制、学校内部管理体制改革，不断完善来华留学政策、法规、制度，根据国家战略和发展需要，逐步增加中国政府奖学金名额。这些政策的系统出台形成了有利于来华留学事业发展的体制机制氛围。

（三）中外合作办学管理办法的完善与创新

为适应新形势，中国进一步调整了中外合作办学相关政策。2003 年 3 月，国务院颁布了《中华人民共和国中外合作办学条例》，对中外合作办学的办学性质、合作对象、机构设立、组织管理、教育教学、资产财务、学历认证等做了详细规定。这是中国政府颁布的第一部关于中外合作办学的行政法规，对于中外合作办学的法制化、规范化发展有直接指导作用；有利于促进中外合作办学的发展，有利于中外合作办学依法发展，有利于中国政府的监督管理，有利于保护中外双方和消费者的合法权益。2004 年 6 月，教育部发布了《中华人民共和国中外合作办学条例实施办法》，对中外合作办学机构设立、活动及管理中的具体规范，以及举办实施学历教育和自学考试助学、文化补习、学前教育等的中外合作办学项目的审批与管理做出了具体的规定。两个重要文件的出台使中外合作办学机构与项目的申请、审批工作走向规范化和法制化，推动了研究生教育层面的中外合作进入新时代。

与此同时，中外合作办学管理方式日益灵活多样，其中典型的便是中外合作办学评估的实施。2009 年，为进一步加强对中外合作办学的规范管理，促进依法办学，提高中外合作办学水平和可持续发展能力，教育部颁布了《中外合作办学评估方案（试行）》，对实施本科以上高等学历教育的中外合作办学机构和项目开展合格性评估，重点考察依法办学、引进优质教育资源、办学质量和社会效益情况，推动形成办学者自律、社会监督、政府监管相结合的中外合作办学管理机制，建立具有较广泛社会公信力的中外合作办学质量标准和保障体系。2013 年，为解决个别地方和单位存在的办学目的不端正、片面逐利倾向、办学整体质量不高等问题，教育部发布了《关于进一步加强高等学校中外合作办学质量保障工作的意见》，从结构布局、资源引进、办学过程、质量评价体系以及质量监管和行业自律多个方面做了明确规定，为新时期高等学校中外合作办学质量保障工作提供了宏观指导。目前，开展中外合作办学质量评估已经成为教育部加强中外合作办学实际成果监管、保障中外合作办学质量、提高中外合作办学水平的重要措施之一。

三、质量发展阶段的特征分析

第一，研究生教育国际交流与合作的内涵不断深化，质量不断提升。研究生教育国际交流合作的内涵式发展是 21 世纪以来中国研究生教育国际交流与合作的重要方向。在输出和引进留学人员过程中，更加注重吸引和培育高层次人才群体，以保证出国留学和来华留学教育质量，注重提升留学工作效益，并依托以“三个一流”为原则的高水平大学公派研究生项目、优秀自费留学生奖学金项目、院士培养来华博士生项目等平台落实具体工作。同时，世界各国与中国的研究生教育合作也从简单的学习交流逐步转向科研合作、办学合作等更加多元化和深入化的层面，并在高校层面创造性地形成了多种行之有效的合作办法。通过这些多元性、实质性、创新性的实施手段，研究生教育国际交流与合作朝着深化内涵、提高质量的方向发展。

第二，研究生教育国际交流与合作的运行与管理体系趋于成熟。在出国留学方面，继续采取扩大派遣公费留学人员和放宽自费留学限制的政策。从国家到地方，从高等院校到科研院所，逐步建立起了一整套与国家、社会和个人发展相适应的出国留学政策运行体系。国家公派、单位公派、自筹经费三条出国留学渠道互为补充，出国留学与留学回国两组政策体系相得益彰①。在来华留学方面，形成了政府奖学金来华留学和自费来华留学两条渠道，在来华留学生的申请、选拔、培养、考试、学籍管理、学位授予等各个环节，以及培养院校及其权限等作出了明确规定并进行了适时的调整。在中外合作办学方面，办学机构和办学项目规模扩大，高校在中外合作办学中的自主性凸显，并通过评估方式建立中外合作办学的质量标准和保障体系。研究生教育国际交流合作的政策法规和监管机制不断完善，朝着制度化、规范化方向发展。

第三，研究生教育国际交流与合作的形式更加丰富。伴随着高校层面研究生教育国际交流与合作的快速发展，研究生教育国际交流合作的内容、形式、目的都更为灵活、多样，研究生教育国际交流与合作的形式趋于多元发展。当前，中国研究生教育国际合作模式主要有中外联合培养博士生、研究生到国外攻读学位、双学位、交换研究生、国外短期访学、国际暑期学校、国际学术会议、海外实习、中外合作办学、海外建立教学机构，等等。未来，随着国际形势的变化，一些新的研究生教育国际交流合作形式还将陆续出现。

第四节　研究生教育国际交流与合作的特色与成就

改革开放40年来，伴随着国际国内形势的变化，中国研究生教育国际交流与合作经历了从起步发展、规范发展，再到繁荣发展的几个阶段，从初期的单向派出学习到20世纪前后双向的交流合作，从政府为主体逐步过渡到扩大

① 苗丹国. 出国留学六十年［M］. 北京：中央文献出版社，2010:636.

高校自主权。研究生教育国际交流与合作的形式日益多元，形成了出国留学、来华留学、中外合作办学为主的多样化交流合作模式；规模逐渐扩大，中国已经成为世界各国留学研究生的主要生源输出国和主要留学目的地；内涵更为深刻，开放水平日益提高，合作层次逐步深化。作为中国改革开放体系的重要内容和组成部分，40 年来中国研究生教育国际交流与合作形成了符合中国特色的国际交流合作战略布局，研究生教育国际交流合作事业的发展既促进了中国研究生教育事业的提高，也为中国经济社会发展各个领域提供了重要的人才和科技支撑。

一、推动了中国研究生教育事业发展

第一，研究生教育国际交流与合作助力中国研究生教育的起步发展。改革开放初期，研究生教育国际交流为国内研究生教育事业发展提供了重要补充，为当时中国发展基础薄弱的研究生教育提供了可靠、丰富的经验借鉴。当时，中国派出的留学研究生围绕国内发展较为薄弱、急需、新兴的学科领域展开学习，派出人员的层次结构调整以国内人才培养状况为基本依据，补充中国研究生教育在高层次人才培养方面的不足是中国派出留学生出国学习的重要动因。同时，出国留学研究生在回国参与国家建设、科学研究的过程中，在很大程度上推动了中国几乎所有学科的知识，包括学术思想、理论和研究方法的更新，并创设了一大批曾经空白的学科，陆续引进了大批有利于高层次人才培养的新教材以及新的教学方法，极大地提高了中国学科建设和高等教育、研究生教育发展水平，对高等院校人才培养的质量提升产生了重大影响。

第二，研究生教育国际交流与合作为中国研究生教育事业提供了各类人才支持。在出国留学研究生中，很多人回国后成为国内研究生教育事业的一线教育者、管理者或研究者，把自己在国外学习和掌握的先进知识运用到国内研究生教育人才培养、科研管理、行政服务工作当中。中国科学院院士路甬祥教授在 20 世纪 80 年代学成回国后，积极开展流体传动及控制学研究，提高了中国在液压传动领域的学术水平；同时，其在担任副校长、校长期间，对浙江大学的专业与学科布局、机构设置等进行了系统改革，极大地推动了浙江大学的发展。同样的，在西德西柏林工业大学取得工学博士学位的匡镜明教授回国后长期在通信工程专业领域从事教学与科研工作，作为硕导、博导培养了百余名专业硕士、博士人才，并在中国学位与研究生教育学会、全国工程硕士专业学位教育指导委员会分别担任主任委员、委员，为中国研究生教育事业发展贡献智慧。

第三，中国研究生教育事业的国际影响力日益提高。40 年来，中国同国外的研究生国际交流与合作，已经由改革开放初期的向国外学习与借鉴的单向需求，逐步转向为中外国家的双向需求[①]，世界各国对中国在研究生教育合作方面的需求发生了巨大变化，呈现出合作共赢的发展姿态。从输入与输出规模来看，一方面，中国学生在世界各国留学生中所占比重靠前，成为世界各国的主要生源输出国；另一方面，中国的研究生教育受到越来越多的海外留学生的青睐，已经成为新兴的研究生留学目的国。同时，广大留学研究生在留学国与所在国之间建立了广泛的国际学术交流网络，多样化的研究生教育交流合作模式，政府、高校、社会多个层面的合作渠道使中国与世界各国的联系更为紧密。中国已经步入世界研究生教育国际交流与合作的中心地带，成为世界研究生教育国际交流与合作的重要组成部分。

二、促进了中国社会经济各领域的发展

第一，研究生国际交流与合作为中国培育了一大批具有国际视野、把握国际学术前沿的科技创新人才。截至 2010 年，在中国科学院院士中，改革开放以来的留学归国人员占了大多数，在工程院院士中，这一比重超过了 50%。[②]这些世界水平高层次人才的培养显著提高了中国的科研水平，大大缩短了中国与国际一流学术水平的差距，而且一些学科已经达到了国际领先水平。中国科

① 张秀琴. 教育对外开放 30 年成就显著 [EB/OL]. [2018-08-17]. http://cafsa.ciss.org.cn/new/show-956.html.

② 苗丹国. 出国留学六十年 [M]. 北京：中央文献出版社，2010:346.

学院院士潘建伟教授于 1999 年获维也纳大学博士学位，回国后投身科研事业，承担了多项重大项目，积极推动中国量子信息、量子科技研究，成就斐然，并于 2017 年 12 月入选《自然》2017 年十大科学人物，被称为“中国量子之父”。早年于美国加州伯克利大学取得博士学位的邓兴旺教授，现为北大 – 耶鲁联合植物分子遗传与农业技术中心主任，长期从事植物分子遗传及生理学方面研究，多次在《细胞》《自然》等权威刊物上发表有影响力的学术论文，在调控植物光形态建成的有关基因研究中成绩突出，研究成果已成为行业标准。

第二，国际留学研究生为中国经济建设和行业发展贡献了重要力量。留学归国人员通过承担国际合作和委托项目，通过科研成果转化，以及通过政策支持研究为国家创造巨大的直接经济效益。他们在促进中国经济结构调整和产品的更新换代，引进和传播国外先进的管理理念和制度等方面发挥了不可替代的作用。尤其是在市场经济建立阶段，海外留学人员引进了新的国际资本，丰富了原有的融资方式，带来了风险投资现代企业管理等先进理念，他们活跃在中国经济快速增长的领域，成为第三产业的领跑者和跨国公司在华的领头人，在中国从计划经济向市场经济过渡过程中起到了积极作用。

第三，研究生国际交流与合作为中国中外友好关系的建立发挥了积极作用。40 年来，留学归国人员在扩大本单位、国家与国际社会，发挥了国际学术界联系的桥梁和纽带作用。21 世纪初，中国留法学者在驻法使馆的支持下成立了支持贵州建设服务团，通过实地考察后提出了“人才 + 项目”的培养模式，并支持了一批当地骨干赴法进修，从事国内紧缺专业的学习和研究工作，在支持贵州干部发展方面发挥了积极作用。2000 年以来，在德的中国留学人员和华人学者相继成立了物理、化工、经济、计算机、生物医学、机电等专业学会，2002 年成立了“中国留德学者学生团体联合会”，这些学会、联合会在集聚各领域高层次人才、开展学术交流活动、研讨国际科技发展动向、与国内开展多种形式的合作科研等方面发挥了积极作用。来华留学研究生毕业回国后在加强和发展中国与其所在国关系方面发挥了积极作用。从南京大学毕业并获得历史学博士学位的苏丹留学生加法尔・克拉尔・艾哈茂德回国后担任了阿拉伯国家驻华使团首席联络官和中国问题专家，致力于维护中国与阿拉伯国家关系的友好关系。

第七章

研究生教育对国家社会经济建设的重大贡献

改革开放40年来，中国研究生教育事业着眼于服务国家发展战略，立足国内培养高层次创新型人才，在为国家输送优秀人才、促进社会经济快速健康发展、推动科学技术进步与创新等方面做出了重大贡献。

第一节　研究生教育对人力资本积累的贡献

人力资源是经济社会长期持续发展的第一资源，教育发展与人力资源开发是一个国家形成核心竞争力的关键所在。研究生教育作为国家高层次人才培养的主要途径，在两种方式上是现实国家目标的基础：一是我们的大学有责任培养未来的研究人员和教师；二是研究生教育直接为国家更广泛的科技、经济和文化发展目标做出贡献。[①] 习近平总书记指出，“教育决定着人类的今天，也

① （美）工程与公共政策委员会，国家科学院，国家工程院，医学研究院．重塑科学家和工程师的研究生教育［M］．徐远超，等，译．北京：科学技术文献出版社，1999：7.

决定着人类的未来。人类社会需要通过教育不断培养需要的人才”。[①] 改革开放40年来，中国研究生教育为国家输送了一大批毕业研究生，使中国的人力资源得到有效开发与提升，逐步实现从研究生教育大国到研究生教育强国、从人口大国到人力资源强国的战略转变。

一、推动了中国由人口大国迈向人力资源强国

长期以来，中国作为世界上人口最多、劳动力资源最丰富的国家，但不是人力资源强国的矛盾，一直阻碍着中国经济社会的快速发展。回顾整个20世纪，可以清晰地发现，20世纪中国人口总体素质不高，高层次人才严重缺乏，难以为经济社会发展提供强大的智力支撑，成为制约中国社会发展和国际竞争力的重要瓶颈。中华人民共和国成立之后，为满足国家对高层次人才的需求，国家开始向苏联等国家派遣留学生。特别是改革开放以后，国家派遣了数量众多的留学生。1978—2002年年底，中国各类出国留学人员总计58.3万，留学回国人员16.3万人，留学回国人员只占出国留学人员总数的27.96%。“中国留学生，回国者少、留学者多，储才备用之说，只应验于很少部分的人”[②]。因此，国家充分认识到，要实现经济社会发展和民族振兴，必须将中国人口资源的潜在优势转变成为巨大的现实优势，必须实现国家所需的高层次人才培养的独立自主培养。我们能不能独立自主地培养社会主义现代化建设所需要的各方面人才，特别是像博士、硕士这样的高级专门人才，是关系到整个社会主义建设成败的一个关键问题，也是关系到国家教育事业能否独立完整地发展的关键问题。[③]

经过40年的改革与发展，中国研究生教育规模由小到大，研究生教育结构不断完善，研究生教育质量不断提高，研究生教育效益不断提升，基本满足

① 习近平．高等教育应为本世纪成为和平发展合作共赢的世纪作出独特贡献［N］．人民日报（海外版），2013-04-22（1）．

② 田玲．中国高等教育对外交流现象研究［M］．北京：民族出版社，2003：序言．

③ 吴本厦．学位与研究生教育文集［M］．陕西：西安交通大学出版社，2000：96—97．

了国家对高层次人才的需求，基本实现了国家经济社会发展所需的各类人才的独立自主培养，极大地提高中国就业人员的受教育程度，为中国由人口大国迈向人力资源强国做出了历史性贡献。

（一）为改革开放提供了大量的人力资本

人力资源是第一资源。大力发展教育，提高高层次人才在中国就业人员中的占比，是发挥中国人力资源优势，建设人力资源强国的重要途径。长期以来，中国人力资源的基本状况是"国民总体素质偏低，劳动者总体文化程度低下，高中低端技术人才数量严重不足，人力资源整体水平与发达国家和新兴工业化国家相比存在较大差距，产业、行业人力资源结构性矛盾突出，劳动力整体文化素质不能适应产业高度化发展和劳动生产率的持续提升，城乡、地区间劳动力文化素质的不均衡性十分突出"。[①] 为此，中国政府一直高度重视发挥中国人力资源的优势。1949 中华人民共和国成立后，中国就开始着手招生研究生，以培养国家所需的高层次人才。但由于研究生教育条件以及其他诸多主客观条件的限制，截至 1966 年，中国研究生招生规模总体较少，难以满足国家对高层次人才的需求。数据显示，1949—1966 年中国仅招收研究生 2.34 万人，毕业研究生数为 1.64 万人。如此的规模，根本无法满足中华人民共和国成立后，国家在较短时间内快速恢复经济建设所需要的大批高层次人才。同时，这一时期中国研究生教育的发展规模偏小，给"文化大革命"后我国社会发展和科技教育事业带来了人才匮乏和青黄不接的严重"后遗症"。[②]

1978 年 12 月 18—22 日，中共十一届三中在北京举行，全会作出了从 1979 年起，把全党工作重点转移到社会主义现代化建设上来的战略决策。中共十一届三中全会后，党中央确立了"以经济建设为中心，坚持四项基本原则，坚持改革开放"的基本路线，社会主义现代化建设进入快车道，各行各业

① 中国教育与人力资源问题报告课题组. 从人口大国迈向人力资源强国——中国教育与人力资源问题报告［J］. 教育发展研究，2003（3）：22—26.

② 石中英. 我国学位与研究生教育 50 年回顾与展望［J］. 学位与研究生教育，2000（4）：67—72.

发展急需有一定文化知识的劳动力和专门人才。但是，这一时期国家经济社会发展的专业人才总体非常缺乏，特别是专业科研人员的严重不足，甚至成为制约这一时期中国高等学校和科研院所发展的最大瓶颈。为此，改革开放初期教育的首要任务是恢复 10 年“文化大革命”遭严重破坏的教育事业，为现代化建设“快出人才”“早出人才”服务。① 而培养大批高层次、专业性科研人员，成为中国恢复研究生教育的最直接原因。

自 1978 年国家恢复研究生教育以来，中国研究生教育始终以国家培养高层次专业人才为目标，不断提高人才培养质量，为国家各个行业输送了数以万计的专业人才，使中国专业人才队伍的结构发生了根本性变革。自 1981—1991 年的 10 年，全国共授予 21.87 万人硕士及学位，是中华人民共和国成立后至“文化大革命”前全国毕业研究生总人数的 13.3 倍。

中共十五大报告中明确指出，培养同现代化要求相适应的数以亿计高素质的劳动者和数以千万计的专门人才，发挥中国巨大人力资源的优势，关系 21 世纪社会主义事业的全局。② 与此同时，1998 年中国的大学生在校人数只有 780 万人，占同龄人比例为 9.8%，不但大大低于发达国家的水平，也低于国际高等教育大众化最低标准 15% 的水平。③ 因此，国家从 1999 年开始高等教育的扩招计划。随着中国高等教育的扩招，中国研究生规模也不断扩大，1999—2004 年，中国研究生招生的年平均增长率达到 28.6%。1998 年，中国在校大学生只有 780 万人，而到 2006 年达到 2500 万人。其中，在校研究生人数从 1998 年的 19.84 万人，增长 2006 年的 110.47 万人。中国高等教育的扩招，初步实现了高等教育由精英阶段迈向大众化阶段，实现了由高等教育规模小国变成高等教育规模大国的历史性转变。经过 20 多年的发展，中国总人力资本存量占世界总量的比重由 1980 年的 17.6% 提高到 2003 年的 24%。这相当

---

① 查吉德. 改革开放 40 年教育发展战略变迁［J］. 河北师范大学学报（教育科学版），2018（3）：13—18.

② 江泽民在中国共产党第十五次全国代表大会上的报告［EB/OL］.（1977-09-12）［2018-09-02］. http://cpc.people.com.cn/GB/64162/64168/64568/65445/4526285.html.

③ 李岚清. 李岚清教育访谈录［M］. 北京：人民教育出版社，2003：117.

于印度的1.8倍，美国的2.8倍，俄罗斯的6.4倍，日本的79倍。[①] 中国已经完成从人口大国向人力资源大国的转变，正在向人力资源强国迈进。[②]2004年11月,《光明日报》载文：中国科技界已经基本解决了20世纪80—90年代由于“文化大革命”造成的人才断层问题，形成了一支老中青结合，以年轻人为主的科研队伍。在科研第一线的骨干队伍中，学士、硕士和博士基本上是三分天下。[③]

2007年，中共十七大指出：“优先发展教育，建设人力资源强国。”中共十八大指出：“教育是民族振兴和社会进步的基石。”在国家一系列的宏观政策指导下，研究生教育事业为中国由人口大国迈向人力资源强国做出了重要贡献。2010年年底，中国人才资源总量达到1.2亿人，占人力资源总量的11.1%，其中专业技术人才5550.4万人。截至2010年，全国共有享受政府特殊津贴专家16.2万人、百千万人才工程国家级人选4113人，有突出贡献中青年专家5206人。[④]

1981—2015年，30多年的时间，中国授予671.9万人硕士及以上学位。其中，授予博士学位总人数达66.3万人，授予硕士学位总人数为605.6万人见表7-1。授予的学位盖了哲学、经济学、法学、教育学、文学、历史学、理学、工学、农学、医学和军事学11个学科门类。这些中国独立培养的研究生，基本满足了国家各行业对高层次人才的需求，他们正在为国家经济社会发展和科技进步做出自身的贡献。2015年，全国人才资源总量达1.75亿人，人才资源总量占人力资源总量的比例达15.5%，基本实现2020年1.8亿人、占比为16%的规划目标。其中，党政人才、企业经营管理人才和专业技术人才中大学本科及以上学历所占比例达42.4%，比2010年上升8.2百分点。[⑤]

---

① 改革开放30年中国教育改革与发展课题组. 教育大国的崛起1978—2008［M］. 北京：教育科学出版社，2008:402.

② 胡鞍钢. 中国：再上新台阶［M］. 杭州：浙江人民出版社，2006:13.

③ 冯永锋，齐芳. 我科技界基本解决人才断层科研人才呈高学历［N］. 光明日报，2004-11-07.

④ 尹蔚民总结十六大以来人社工作成就和经验［N］. 中国劳动保障报，2012-10-24.

⑤ 全国人才资源统计结果显示：我国提速迈向人才强国［EB/OL］.（2017-08-30）［2018-8-20］. http://www.mohrss.gov.cn/SYrlzyhshbzb/dongtaixinwen/buneiyaowen/201708/t20170830_276569.html.

表 7-1　历年全国授予博士、硕士学位数

年份	人数合计 / 人	授予博士学位数 / 人			授予硕士学位数 / 人		
		小计	学术学位	专业学位	小计	学术学位	专业学位
1981	8665	—	—	—	8665	8665	—
1982	5786	13	13	—	5773	5773	—
1983	3567	19	19	—	3548	3548	—
1984	7880	91	91	—	7789	7789	—
1985	12852	234	234	—	12618	12618	—
1986	15245	307	307	—	14938	14938	—
1987	21453	622	622	—	20831	20831	—
1988	38183	1682	1682	—	36501	36501	—
1989	37346	1904	1904	—	35442	35442	—
1990	34632	2127	2127	—	32505	32505	—
1991	33093	2556	2556	—	30537	30537	—
1992	27660	2540	2540	—	25120	25120	—
1993	26165	2114	2114	—	24051	24051	—
1994	29621	3590	3590	—	26031	26031	—
1995	32355	4364	4364	—	27991	27991	—
1996	41715	5578	5544	34	36137	35882	255
1997	46522	6781	6743	38	39741	38710	1031
1998	48882	8498	8448	50	40384	39157	1227
1999	61652	10098	10049	49	51554	49352	2202
2000	70753	11318	11255	63	59435	54881	4554
2001	84921	12404	12350	54	72517	63104	9413
2002	102263	14615	14529	86	87648	74717	12931
2003	137160	18527	18311	216	118633	101064	17569
2004	188609	22775	22601	174	165834	134139	31695
2005	244917	28090	27784	306	216827	169596	47231
2006	323635	35361	34967	394	288274	228072	60202
2007	410565	42671	40928	1743	367894	282850	85044
2008	455006	45338	43603	1735	409668	309770	99898
2009	488531	49278	47036	2242	439253	319983	119270

续表

年份	人数合计/人	授予博士学位数/人			授予硕士学位数/人		
		小计	学术学位	专业学位	小计	学术学位	专业学位
2010	508949	50735	48414	2321	458214	334712	123502
2011	551398	50777	48679	2098	500621	345625	154996
2012	621549	56338	53011	3327	565211	367165	198046
2013	640144	56513	53132	3381	583631	348877	234754
2014	666225	56703	52995	3708	609522	330430	279092
2015	690839	58113	53615	4498	632726	320525	312201
合计	6718738	662674	636157	26517	6056064	420951	1795113

数据来源：中国学位与研究生教育发展年度报告课题组. 中国学位与研究生教育发展年度报告（2016）[M]. 北京：中国人民大学出版社

（二）基本实现了国家高层次人才的自主培养

立足国内培养高层次人才，是中国研究生教育的重要目标。2000 年，“硕士、博士的培养基本立足于国内”作为中国教育改革的目标和任务被列入了国务院关于《中国教育改革和发展纲要》的实施意见中。像中国这样的发展中的大国，要建设社会主义，要独立，要富强，要实现中央给我们绘出的发展蓝图，同时还要为全人类做出应有的贡献，必须主要依靠自己的力量来培养适应中国经济、社会、文化发展所需要的像硕士、博士这样的高层次专门人才。① 经过 40 年的改革和发展，中国基本实现了国家高层次人才的自主培养，并且他们中的大部分人目前已经成为中国各行各业、各条战线、各项建设事业的中坚力量，为国家经济社会发展提供了宝贵的智力支撑。特别是在培养高层人才方面，中国研究生教育做出了突出贡献。以中国两院院士为例，能够从一个侧面反映了中国研究生教育为国家培养高层次人才所做出的突出贡献。

1949 年，伴随着中华人民共和国的诞生，中国科学院成立。至 2015 年 12 月底，共有 1306 名来自全国各部门、各地区（含香港特别行政区）的学者、

① 韦钰. 在全国研究生教育工作座谈会闭幕式上的讲话 [J]. 学位与研究生教育，1996（2）：1—5.

专家当选为中国科学院院士（学部委员）。[①]1955 年学部成立时选聘 172 名学部委员，1957 年增聘 18 名学部委员，1980 年、1991 年分别选举 283 名、210 名学部委员。至 1980 年及以前，中国院士中留学归国人员占据了大多数，其中 1955 年和 1980 年分别占 92% 和 70%。[②] 而直到 1995 年，中国科学院新增院士中才首次出现了改革开放以后中国自主培养的博士。2001 年中国科学院新增院士总计 56 人，其中拥有博士学位的院士 17 人，副博士学位 4 人，硕士学位 10 人。在 17 位博士中，中国自主培养的博士仅 3 人。2003 年，在新增的 58 名院士中，改革开放后在国内获取的硕士或博士学位者达到 16 人。2017 年，中国科学院新增院士 61 人，其中拥有博士学位 58 人，硕士学位 1 人，学士学位 1 人。在拥有博士学位的 58 位院士中，中国自主培养的博士为 37 人，海归博士 20 人，联合培养 1 人。中国自主培养的博士占全部新增院士中拥有博士学位总人数的 63.79%。

相对于中国科学院，中国工程院成立时间较晚。自 1994 年中国工程院成立以来，截至 2018 年 8 月共有 868 院士，其中包括资深院士 388 人，香港院士 7 人、台湾院士 3 人、外籍院士 65 人。自 1994 年中国工程院开展院士增选制度以来，共进行了 14 次。其中，1994 年院士增选 96 人，1995 年院士增选 222 人，1996 年院士增选 20 人、外籍院士增选 7 人，1997 年院士增选 116 人，1999 年院士增选 112 人。2001 年中国工程院新增院士总计 81 人，其中，拥有博士学位的院士总计 9 人，副博士学位 1 人，硕士学位 5 人，中国自主培养的博士为 6 人。截至 2009 年，中国新增“60 后”两院院士共 48 人，其中中国自主培养的博士 32 人，海归博士 14 人。[③]2009 年，中国工程院新增院士中，在国内最终获取硕士及博士学位的人数首次超 50%，达到 55.3%。2017 年中国工程院新增院士 67 人，其中拥有博士学位 53 人，硕士学位 11 人，学士学位

① 中国科学院. 院士增选简介［EB/OL］.［2018-8-28］. http://www.casad.cas.cn/doc/14987.html.

② 中国学位与研究生教育发展年度报告课题组. 中国学位与研究生教育发展年度报告 2012［M］. 北京：中国人民大学出版社，2012：141.

③ 中国学位与研究生教育发展年度报告课题组. 中国学位与研究生教育发展年度报告 2011［M］. 北京：中国人民大学出版社，2011：107.

1 人。在此次新增的中国工程院院士中，中国自主培养的博士为 48 人，占新增院士中拥有博士学位总人数的 87.27%；海归博士 5 人，联合培养博士 2 人，见图 7-1。1999 年以来，在中国大陆获得最终学士及以上学位的院士始终保持在 60% 以上。同时，拥有硕士学位的新增院士，全部为中国自主培养的研究生。这一变化表明，随着中国研究生教育事业的不断发展，中国自主培养的研究生已经成为国家高层次人才的主要来源。

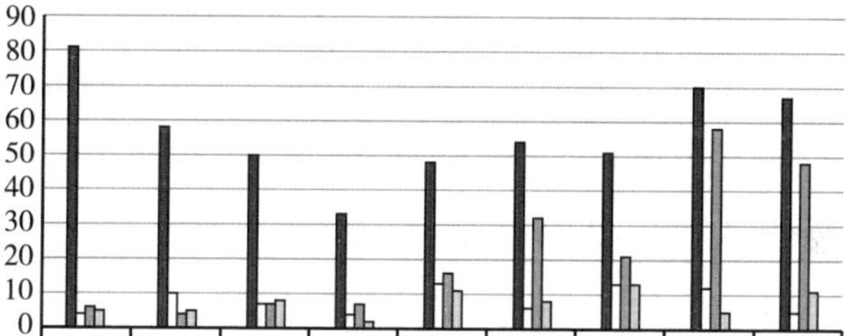

	2001	2003	2005	2007	2009	2011	2013	2015	2017
■新增院士总人数	81	58	50	33	48	54	51	70	67
■国（境）外获取博士学位	4	10	7	4	13	6	13	12	5
■国内获取博士学位	6	4	7	7	16	32	21	58	48
■国内获取硕士学位	5	5	8	2	11	8	13	5	11

■ 新增院士总人数 ■ 国（境）外获取博士学位 ■ 国内获取博士学位 ■ 国内获取硕士学位

图 7-1　2001-2017 年中国工程院新增院士最终获取硕士及以上学位情况统计①

（三）为国家培养了一大批党政领导和管理干部

改革开放以来，国家培养的一大批优秀研究生进入到各级政府和行政事业单位，并逐渐成长为领导干部和管理人员。以 2004 年 11 月任职为准，对大陆 31 个省自治区、直辖市党委、政府 61 名正职领导和国务院 28 个部门共 89 名部级正职领导的接受高等教育统计表明，有 29.2% 的人员是中国自主培养的研究生，具有博士学位的人达 7.9%。②2018 年国务院共有 26 个组成部门，公

① 图 7-1 说明：a. 历届新增院士学历来源于中国工程院网址 http://ysg.ckcest.cn/html/index.html；b. 本统计数据中将联合培养获得的学位归为国内获取学历；c. 因部分院士学历信息无相关信息，故未做统计；d. 原苏联等过颁发的副博士按博士学位进行统计；e. 统计数据中不包括新增外籍院士学位获取途径；f. 本统计中所谓的获取学位是指最终学位；港澳台按照国境外进行统计。

② 中国学位与研究生教育发展报告课题组. 中国学位与研究生教育发展报告 1978- 2003 [M]. 北京：高等教育出版社，2006：40.

开学历相关信息的部长共 25 人。其中，20 人拥有研究生学历且全部为中国自主培养的研究生。其中，9 人拥有博士学位且全部为中国自主培养，占公开信息总人数的 36%。

与此同时，为适应和满足国家对高素质、年轻化、高学历人才的需求，中国在 1993 年颁布了《国家公务员暂行条例》。这一条例的实施，推动了一大批研究生毕业后被录取为公务员，为中国公务员队伍的发展注入了活力。1993—2003 年，中央国家行政机关及垂直管理系统共录取公务员 2.3 万人，其中超过 1/3 的录用者具有硕士或博士学位。[①] 根据第六次人口普查数据显示，在国家机关就业总人数为 152.05 万人，其中拥有专科学历人数为 53.02 万人，本科学历人数为 42.73 万人，研究生学历人数为 3.22 万人。三者相加，占国家机关就业总人数的 65.09%，其中研究生学历占全部就业人数的 2.12%。当前，随着国家国对高层次人才的不断提高以及研究生教育规模的不断扩大，拥有研究生学历的人员已成为中国公务员队伍的主要力量。

二、提升了全体国民的综合素质

长期以来，中国人口的总体综合素质较低，成为严重制约了国民经济和社会发展的主要瓶颈。研究表明，1949 年全国人口中文盲率达到 80% 以上，15 岁以上人口平均受教育年限为 1.6 初等教育当量年，相当于日本明治维新前夕的水平，低于美国 1820 年的水平。[②] 特别是 20 世纪 90 年代以来，中国经济社会发展对高层次人才需求不断增加与高层次人才总量供给严重不足的矛盾特别突出。在这一时期，无论是高层次创新型人才还是高级应用型、技能型专门人才都十分缺乏，甚至出现了严重的“技工荒”。国家统计局 1999 年对全国 1‰人口的抽样调查结果显示：在全国 7.06 亿从业人口中具有大专以上学历的仅占 3.8%，初中和小学文化程度的占 73%，另有 10% 的文盲。2000 年，中国

① 张伯林．在纪念《家公务员暂行条例》颁布 10 周年座谈会上的发言［EB/OL］.（2003-08-14）［2018-08-16］．www.china.org.cn/chinese/PI-c/385102.htm.

② 丰捷．60 年波澜壮阔：教育奠基中国［N］．光明日报，2009-09-01.

15 岁和 25 岁以上人口国民受教育年限分别为 7.85 年和 7.42 年，仅相当于美国 20 世纪初的水平，全国 15 岁以上的文盲人口仍高达 8700 万人，相当于德国的总人口。[①] 与此同时，而中国受过高等教育的比例仅为 3.8%，与发达国家的差距高达 5 倍以上。

中华人民共和国成立以来，特别是改革开放以来，国家切实把教育放在优先发展的战略地位，大力实施人才强国、科教兴国等战略，持续提高中国人口综合素质，使中国人口受教育水平得到较大的提升。特别是在改革开放 40 年的发展历程中，中国研究生教育在提高就业人员接受高等教育的比例中发挥了重要作用。全国总人口中接受高等教育的人数由 20 世纪 80 年代初期不足 700 万人跃升至 2005 年的 7000 万人。1990 年，全国人均受教育年限只有 6 年左右，2005 年中国人口平均受教育年限达到 8.5 年，同期世界人口平均受教育年限为 6.66 年。2008 年，全国高等院校在校生达到 2021 万人，是 1998 年的 4.5 倍，是 1949 年的 172 倍，全国高等教育初始入学率达到 23.3%。2014 年，中国人口平均受教育年限达到了 10.05 年。根据《2015 年全国 1% 人口抽样调查主要数据公报》数据显示，大陆 31 个省、自治区、直辖市和现役军人的人口中，具有大学（指大专以上）教育程度人口为 17093 万人，而这一数据比 2005 年的 6764 万人增加了 10329 万人；2010 年第六次全国人口普查显示，每 10 万人中具有大学教育程度人口由 8930 人上升为 12445 人。2016 年，中国就业人员达到研究生及以上受教育程度的占 0.80%，比 2011 年的 0.40% 提高了 4 百分点。换言之，2016 年在 1000 名就业人员中有 8 人接受过研究生教育。

从 2009—2016 年就全国人员就业行业构成进行分析发现，研究生及以上的受教育程度人员在科学研究和技术服务业、教育两个行业中占比始终处于前两位。从 2009—2016 年比较来看，研究生及以上学历在公共管理、社会保障和社会组织、制造业、金融业、科学研究和技术服务业、教育、卫生和社会工作等行业中的比例呈总体上升趋势，见表 7-2。第六次人口普查数据显示，全国就业人口为 7154.80 万人，其中大专学历 426.32 万人，本科学历 265.37 万人，研究生

---

① 从人口大国迈向人力资源强国. 从人口大国迈向人力资源强国——中国教育与人力资源问题报告［J］. 教育发展研究，2003（3）：22—26.

学历人员 27.59 万人。从 2010—2016 年从城镇就业人员行业构成分析可以发现，教育、公共管理、社会保障和社会组织等行业受研究生及以上教育程度较高。

表 7-2　2009—2016 年全国按行业就业人员研究生及以上教育程度构成统计 /%

行业类别	年份							
	2009	2010	2011	2012	2013	2014	2015	2016
农林牧渔业	0.00	0.01	0.00	0.01	0.01	0.01	0.0	0.0
采矿业	0.2	0.3	0.4	0.3	0.3	0.3	0.3	0.5
制造业	0.2	0.3	0.2	0.4	0.3	0.3	0.5	0.5
电力、热力、燃气及生产和供应业	0.6	0.8	1.2	0.9	0.6	0.8	1.3	1.3
建筑业	0.0	0.1	0.1	0.1	0.1	0.1	0.1	0.1
批发和零售业	0.1	0.2	0.2	0.2	0.2	0.2	0.3	0.3
交通运输、仓储和邮政业	0.1	0.2	0.2	0.2	0.2	0.2	0.3	0.3
住宿和餐饮业	0.0	0.1	0.0	0.1	0.0	0.1	0.1	0.1
信息传输、软件和信息技术服务	2.4	3.4	0.8	1.3	1.7	1.7	4.0	3.7
金融业	1.9	2.9	2.0	2.3	2.6	2.7	3.3	3.7
房地产业	0.6	0.8	0.8	0.6	0.6	0.5	0.9	0.7
租赁和商务服务业	1.5	2.3	2.0	1.4	2.1	1.6	1.8	1.8
科学研究和技术服务业	4.1	8.9	9.5	8.3	7.9	8.6	8.2	9.3
水利、环境和公共设施管理业	0.9	0.7	1.1	1.0	0.8	1.0	1.0	0.7
居民服务、修理和其他服务业	0.1	0.1	0.1	0.1	0.1	0.1	0.2	0.2
教育	4.6	4.7	3.9	4.5	4.8	5.3	6.6	6.9
卫生和社会工作	1.4	2.3	2.7	2.8	2.7	3.0	3.3	3.5
文化、体育和娱乐业	1.5	1.9	2.0	1.6	1.7	1.8	1.7	2.0
公共管理、社会保障和社会组织	1.1	1.9	1.9	1.8	2.0	2.1	2.3	2.4
国际组织	—	19.1	0.3	—	—	—	—	15.0

数据来源：国家统计局人口和就业统计司《中国人口和就业统计年鉴》，2009—2016 年

三、极大地改善高校教师的学历结构

研究生教育是教育的最高层次，对其他层次的教育具有引领和带动作用。

中国研究生教育在40年的发展历程中，对为中国高等教育培养师资力量、转变教育观念、开展科学研究、扩展服务领域、开展国际交流合作等方面产生了全方位的影响，极大地提高了中国高等教育的水平。

百年大计，教育为本；教育大计，教师为本。高水平的师资队伍是高等学校发展的重要基础和基本条件。改革开放初期，受“文化大革命”的冲击和影响，中国高校教师队伍人才十分缺乏。从而使得在一段时期内，为高校培养师资人才成为中国研究生教育的主要培养目标。如1985年，有58.5%的毕业研究生留在部属高校任教，见表7–3。当前，中国各高校专任教师必须是研究生学历已经成为高校引进人才的基本要求和条件。

表7–3 1985年毕业研究生就业去向

毕业去向	人数/人	占比/%
部属高校教师	1947	58.5
留本校的比例	1668	50.1
校际交流的比例	279	8.4
建议分给中央其他部委	864	26.0
建议分给省、自治区、直辖市	517	15.5

数据来源:《1985年教育部学生管理司工作简报》

随着研究生教育规模的不断扩大，中国研究生教育在提高高校专任教师队伍的学历方面做出了重要贡献。高校专任教师中，具有研究生学历的人员比例在1990年仅占19.60%，2017年这一比例已经达到60.88%。10多年间，中国高校专任教师的学历提高了41.28个百分点。其中，专任教师中博士学历所占专任教师总数的比例由1990年的0.98%，提高的2017年的24.37%，17年的时间提高了23.39个百分点；专任教师中硕士学历比例由1990年的18.62%提高至2017年的36.51%，提高了17.89个百分点，见表7–4。

表7-4 1990—2017年全国普通高校专任教师学历情况

年份	专任教师总数	学历			
		博士		硕士	
		人数/人	比例/%	人数/人	比例/%
1990	394567	3882	0.98	73467	18.62
1992	387585	5404	1.39	80447	20.76
1994	396389	8691	2.19	86583	21.84
1996	402469	12532	3.11	94091	23.38
1997	404471	15500	3.83	90491	22.37
1998	407253	18921	4.64	102028	25.05
1999	425682	23136	5.44	100492	23.61
2000	462772	28228	6.10	116721	25.22
2001	531910	34853	6.55	121546	22.85
2002	618419	43442	7.02	149392	24.15
2003	724658	53612	7.74	182517	25.19
2004	858393	70487	8.21	223860	26.08
2005	965839	88450	9.15	269003	27.85
2006	1075989	108605	10.09	317823	29.54
2007	1168300	130926	11.21	363034	31.07
2008	1237451	151907	12.27	400820	32.39
2009	1295248	175872	13.58	434162	33.52
2010	1343127	200337	14.92	463401	34.50
2011	1392676	227400	16.33	488373	35.07
2012	1440292	254399	17.66	513793	35.67
2013	1496865	285353	19.06	535784	35.79
2014	1534510	313136	20.41	552854	36.03
2015	1572565	338442	21.52	569321	36.20
2016	1601968	366289	22.86	581615	36.31
2017	1633248	397974	24.37	596302	36.51

数据来源：1990—1996年数据见教育部人事司、教育发展研究中心编《2002年全国教师队伍状况分析报告》附表；1997—2017年数据来源于教育部公开的教育统计数据 http://www.moe.gov.cn/s78/A03/moe_560/moe_569/

第二节 研究生教育对社会经济发展的贡献

教育是国家发展的基石，是民族发展的根本事业。回眸改革开放40年来中国经济社会发展历程，无论是推动市场经济体制改革，还是服务国家经济社会发展重大战略，中国研究生教育都发挥了重要作用。

一、支撑了国家的经济发展与改革

随着时代的发展，社会经济发展与研究生教育的关联程度日益密切。一方面，经济发展水平的提高为研究生教育发展提供了经济基础和物质条件；另一方面，研究生教育事业的不断发展，为经济社会的发展提供了不竭动力。自改革开放以来，中国研究生教育始终以服务社会经济发展需求为主线，为支撑经济改革和社会发展做出了重要贡献。

改革开放初期，国家就确立了“教育必须为社会主义现代化建设服务，社会主义现代化建设必须依靠教育”的方针。1987年，中共十三大报告指出，要实现社会主义初级阶段的第二步经济发展战略目标，在必须解决好三大重要问题中，第一就是把发展科学技术和教育事业放在首要位置，使经济建设转到依靠科技进步和提高劳动者素质的轨道上来。1992年邓小平南方谈话发表后的4年，中国经济以10%以上的年增长率迅速发展，人民生活水平日益提高，因此迫切要求教育加快发展步伐，以适应经济社会的发展和人民群众的需求。而直到1998年，中国高等教育的毛入学率仅为8.6%。因此，1999年6月，在全国第三次教育工作会议上，中央领导人提出要扩大高等教育规模。同年，国家科教领导小组决定，大幅度扩招高等学校的本专科和研究生。经过几年的发展，中国高等教育为经济社会发展服务的能力就得到了显著提高。

作为培养高层次专门人才的主渠道，1978—2008年，中国研究生教育单位累计向国家输送了24万名博士毕业生和180万名硕士毕业生，为中国产业结构升级、确立良性的社会运行和发展机制、推动中国由传统农业社会向工业社会以及信息社会的转型提供了人力资源支撑。高等教育的扩招，不仅拉动了当时的内需，间接推动了当时国民经济和社会的可持续发展，有效地化解了因东南亚金融危机对国内国民经济社会发展的冲击，而且有力地促进了高等教育本身与时俱进地进行战略转型。① 仅“十五”期间，高等教育就为社会输送了 1397 万名毕业生。相关研究表明，研究生人力资本提升 1%，其弹性产出对经济增长的推动性为 0.8%—1.9%。1996—2009 年，中国研究生教育对 GDP 年均增长的贡献率为 4.11%。② 同时，随着中国研究生教育的不断发展，研究生教育为中国经济发展提供了大量的专业人才，有力地推动了中国经济社会的发展。1992—2008 年，中国每万名经济活动人口中科学家工程师的数量从 21 人增至 43 人，增长了 204%；每万名经济活动人口中科技活动人员数量从 34 人增至 63 人，见表 7-5。

表 7-5　1992—2008 年全国科技人员在经济活动中的人数统计

年份	科技活动人员总数 / 人	全国经济活动人口 / 万人	每万名经济活动人口中科技活动人员 / 人	每万名经济活动人口中科学家工程师 / 人
1992	2270389	66782	34	21
1993	2452052	67468	36	20
1994	2575869	68135	38	23
1995	2624734	68855	38	23
1996	2903153	69765	42	24
1997	2885690	70800	41	24
1998	2814479	72087	39	21
1999	2905635	72791	40	22
2000	3223519	73992	44	28
2001	3141085	74432	42	28

① 改革开放 30 年中国教育改革与发展课题组. 教育大国的崛起 1978—2008［M］. 北京：教育科学出版社，2008：194.

② 黄海军，李立国. 我国研究生教育对经济增长的贡献率——基于 1996—2009 年省际面板数据的实证研究［J］. 高等教育研究，2012（1）：57—64.

续表

年份	科技活动人员总数 / 人	全国经济活动人口 / 万人	每万名经济活动人口中科技活动人员 / 人	每万名经济活动人口中科学家工程师 / 人
2002	3221822	75360	43	29
2003	3284005	76075	43	30
2004	3481417	76823	45	29
2005	3814654	77877	49	33
2006	4131542	78244	53	36
2007	4543868	78645	58	40
2008	4967480	79243	63	43

数据来源：国家统计局科学技术部《中国科技统计年鉴 2009》，中国统计出版社

自 1978 年改革开放伊始至 2017 年，中国的经济规模从 3679 亿元人民币增加到中国国内生产总值 82.71 万亿元人民币，已经成为世界第二大经济体，中国经济总量占世界经济的比重由 1978 年的 1.8% 上升到 2017 年的 16%，仅次于美国；从经济增速角度看，1978—2017 年，中国国内生产总值（GDP）的年均名义增速高达 14.5%，刨除年均 4.8% 通胀率，年均实际增速仍高达 9.3%。[①] 这其中，中国高等教育特别是研究生教育发挥了重要支撑作用。据 2008 年不完全统计，中国 1978—2008 年人才贡献率的平均值为 18.9%，2010 年人才对经济增长的贡献率达到 26.6%，这意味着人才对我国经济增长的促进作用进一步提升。[②]2015 年，人力资本投资占国内生产总值的比例达到 15.8%，比 2010 年上升 3.8 百分点；中国人才贡献率达到 33.5%，比 2010 年上升 6.9 百分点。这表明人才对中国经济增长的促进作用日益凸显。[③] 以上海为例，2012 年上海人才对上海经济的贡献率为 36.7%，高于全国平均值 10 百

① 张建平，沈博. 改革开放 40 年中国经济发展成就及其对世界的影响［J］. 当代世界，2018（5）：13—16.

② 桂昭明. 人才贡献率 26.6% 意味着什么［EB/OL］.（2012-05-23）［2018-8-20］. http://epaper.gmw.cn/gmrb/html/2012-05/23/nw.D110000gmrb_20120523_1-15.htm.

③ 全国人才资源统计结果显示：我国提速迈向人才强国［EB/OL］.（2017-08-30）［2018-8-20］. http://www.mohrss.gov.cn/SYrlzyhshbzb/dongtaixinwen/buneiyaowen/201708/t20170830_276569.html.

分点，位居全国之首；上海拥有入选国家“千人计划”的海外高层次人才 340 人，常驻上海的外国专家约 8.5 万人，留学人员总数超过 9 万余人；目前留学人才在上海创办企业达 4300 余家，注册资本超过 5.7 亿美元；2011 年上海战略性新兴产业总产出突破 1 万亿元。①

以中关村科技示范园区为例，其作为国家自主创新示范区，是北京市重要的经济增长点。近年来，中关村在推动北京经济持续发展中的引领支撑能力逐步增强，2016 年，中关村实现增加值 6254.1 亿元，占全市地区生产总值的比重达 25.1%，对全市经济增长贡献率由“十二五”初期的不到两成提高 2016 年的 39%，且较上年增加 5.5 百分点。② 其中，高层次人才在推动科技园自身发展和区域经济发展等方面发挥了重要作用。2004 年底，中关村科技园从业人员中共有博士 7415 人，硕士 40086 人，分别占从业人员的 1.33% 和 7.20%。其中 2977 名博士、13841 名硕士人所在的企业技术收入达到 453 亿元，占园区总量的比重为 80.6%。③ 到 2016 年，中关村硕士和博士学历的从业人员达 26.3 万人和 2.5 万人，分别占总从业人员的 10.6% 和 1.0%。截至 2016 年底，中关村示范区共有留学归国人员 3 万人，同比增长 11.2%；外籍人才 9779 人，同比增长 14.6%。入选中央“千人计划”累计 1188 人，占北京地区的 80%，占全国的 20%；入选北京市“海聚工程”累计 590 人，占全市的 65.6%。

二、促进了社会科学的发展与繁荣

中国研究生教育在 40 年的发展历程中，以服务国家社会发展需求为导向，坚持推动中国自然科学和社会科学发展与繁荣并重，为推动中国社会科学的发展做出了重要贡献。特别是在深入开展国家重大理论和实践问题上，在推动中

① 上海：海外引进人才的产业创新已成经济发展的重要支点［EB/OL］.（2012-07-09）［2018-08-20］. http://renshi.people.com.cn/n/2012/0709/c139617-18474397.html.

② 北京方迪经济发展研究院，中关村创新发展研究院. 中关村指数 2017 分析报告［EB/OL］.（2017-12-20）［2018-8-20］. http://www.zgc.gov.cn/zgc/tjxx/sjbg/index.html.

③ 中关村科技园区管理委员会. 中关村科技园区 2004 年经济发展综述［EB/OL］.（2010-06-08）［2018-8-20］. http://www.zgc.gov.cn/zgc/tjxx/sjbg/index.html.

国先进文化建设、继承和传播民族文化、促进学术队伍建设和人才培养等方面，取得了显著成效。

改革开放以来，中国研究生教育为国家培养了一大批优秀的哲学和社会科学人才，成为中国哲学和社会科学研究的主要力量来源。根据 2001 年统计，在 26 万人全国人文社会科学教学和研究队伍当中，具有研究生学历的教师 5 万余人。随着 1999 年中国高等教育的扩招和研究生教育规模的不断扩大，中国研究生教育为国家输入了大量的哲学和社会科学的教学和研究人员，为促进和支持中国社会科学的发展做出了积极贡献。以 2016 年为例，全国人文社科类高校研究人员 46.05 万人，其中博士学位 10.99 万人，硕士学位 21.96 万人。

同时，中国研究生教育为推动社会科学的研究发挥了重要作用。2000 年全国研究与发展课题总计 23446 项，其中高校承担了 20301 项，占课题总数的 86.59%。2017 年，全国高校共承担研究与发展课题 450028 项，是 2000 年的 22.17 倍。以国家社会科学基金项目为例，2002 年全国各行业共申报 9401 项，其中高校申报 7184 项，占申报总数的 76.42%；共获批立项 1018 项，其中高校获批 745 项，占总立项数的 73.18%。[①] 到 2018 年，国家社科基金年度项目和青年项目继正式受理有效申报 29677 项，比去年增加 237 项。其中，申报重点项目 2481 项，一般项目 21401 项，青年项目 5795 项。五大社科研究系统中，高校申报 26583 项，占申报总数的 89.6%；社科院申报 1173 项，党校系统申报 1022 项，军队系统申报 295 项，各级党政机关及其他申报 604 项。[②]

三、为提高国家竞争力提供了大量高层次专门人才

服务中国经济社会发展和提高国家竞争力，一直以来是中国研究生教育

① 教育部社会科学研究与思想政治工作司. 我国高校人文社会科学研究为实施科教兴国战略做出重要贡献［M］// 中华人民共和国教育部. 跨世纪中国教育. 北京：高等教育出版社，2002：187—193.

② 全国哲学社会科学规划办公室. 2018 年国家社科基金年度项目和青年项目立项结果公布［EB/OL］.（2018-06-21）［2018-08-19］. http://www.npopss-cn.gov.cn/n1/2018/0621/c219469-30073601.html.

的核心任务。2013 年 7 月召开的全国研究生教育工作会议上，明确提出中国教育教育的主线是服务需求、提高质量。研究生教育作为整个社会系统的重要组成部分，其服务需求体现了研究生教育在整个社会系统中的定位。服务需求，就是要更为主动地从社会需求出发，主动适应于社会发展的需要，从而促进自身的发展。[①] 专业学位作为具有职业背景的一种学位，是为了培养经济建设和社会发展所需要的高层次应用型专业人才。改革开放以来，中国研究生教育特别是专业学位研究生教育，在为国家经济发展中提高了大量高层次应用型人才做出了重要贡献。

1984 年，中共中央颁布《关于经济体制改革的决定》，其中指出，经济体制的改革和国民经济的发展，迫切需要大批既有现代化的经济、技术知识，又有革新精神，勇于创造，能够开创新局面的经营管理人才，特别是企业管理干部，要造就一支社会主义经济管理干部的宏大队伍。1990 年，为适应和满足国家经济和社会发展的需要，国务院学位委员会第 9 次会议审议通过了《关于设置和试办工商管理硕士学位的几点意见》，开启了中国专业学位研究生教育的先河。随着国家改革开放步伐的加快和经济社会的持续发展，各行各业对高层次应用型人才提出了新的多样化要求，国家先后在工科、医科、经济管理等领域开展了专业学位研究生教育。截至 2010 年，国务院学位委员会先后审议通过了 19 种硕士专业学位。2010 年国务院学位委员会又总体审议通过了 19 种硕士专业学位，使中国硕士专业学位类别增加到 38 种，涉及经济、管理、社会与文化、新闻出版、工程、农林、医药卫生等领域。[②]2010 年 5 月 25 日，胡锦涛总书记在全国人才工作会议上发表重要讲话，突出工作重点，突出培养创新型科技人才、大力开发经济社会发展重点领域急需紧缺专门人才，统筹抓好党政人才、企业经营管理人才、专业技术人才、高技能人才、农村实用人才、社会工作人才等人才队伍建设。[③] 这些重点人才工作领域，正是专业学位

① 梁传杰，吴晶晶．我国专业学位研究生教育发展历程回顾与前瞻［J］．研究生教育研究，2014（3）：23—27+31.

② 黄宝印．我国专业学位研究生教育发展的新时代［J］．学位与研究生教育，2010（10）：1—7.

③ 全国人才工作会议举行胡锦涛发表重要讲话［EB/OL］.（2010-05-26）［2018-08-19］. http://www.chinanews.com/gn/news/2010/05-26/2306397.shtml.

研究生教育要肩负的重要培养任务。2011 年 3 月 18 日，涉及金融、法律、会计等 29 个专业学位研究生教育的指导委员会在北京宣告成立，这是中国为推进专业学位研究生教育，培养高层次应用型人才的又一重要举措。

目前，中国已基本形成了以硕士学位为主，博士、硕士、学士三个学位层次并存的专业学位教育体系。2015 年，中国授予硕士专业学位 31.27 万人，占硕士专业学位的授予人数的 49.3%。同时，为进一步突出专业学位服务经济发展的作用，2015 年起，所有新招收的临床医学硕士专业学位研究生，既是研究生，又是住院医师规范化培训人员，其临床能力培养按照国家统一制定的住院医师规范化培训要求进行，毕业研究生可以同时获得执业医师证、住院医师证、硕士学历证和硕士学位证。教育部与科技部建立协同工作机制，把与国家重大科技专项密切结合作为工程博士专业学位的切入点，一批参与大型飞机、载人航天、探月工程、新一代宽带无线移动通信等国家重大专项的优秀科研人员，成为工程博士研究生。① 专业学位的持续快速发展，有力地适应了经济社会发展对高层次应用型专门人才的需要，有效推动了国家经济和社会的健康发展。截至 2017 年，硕士层次专业学位有金融硕士等 40 种，博士层次专业学位有口腔医学等 6 种，学士层次专业学位有建筑学 1 种，涉及国民经济和社会发展的主要领域。

以教育硕士为例，1996 年 4 月 13 日，国务院学位委员会第十四次会议审议通过《关于设置和试办教育硕士专业学位的报告》。其设置的初衷就是要加速中国教师专业化进程，优化中国基础教育教师队伍结构，培养高素质的教师。1997 年教育硕士招生人数不足 200 人，2001 达到 6262 人，2004 年突破万人大关，达到 10422 人。2005—2009 年稳定在每年 1.1 万余人，2011—2014 年共录取 3.86 万人。截至 2015 年 12 月，在职教育硕士（不包括特岗、免费师范生录取数据）累计招生人数 15.43 万人。

2009 年，国家实现全日制攻读教育硕士专业学位政策。截至 2016 年，全国全日制攻读教育硕士专业学位硕士生累计录取（不包括农村教育硕士数据）

---

① 黄宝印，唐继卫，郝彤亮. 我国专业学位研究生教育的发展历程［J］. 中国高等教育，2017（2）：18—24.

约 7.11 万人（图 7-2）。截至 2016 年 6 月，累计录取各类教育硕士研究生 29.60 万人。就获得教育硕士学位人数而言，1999 年仅有 100 余人，到 2000 年为 0.12 万人，2005 年约 0.62 万人，再到 2010 年的 0.87 万人，再到 2014 年的 1.80 万人。截至 2015 年年底，各类教育硕士获学位人数约 15 万人。同时，攻读类型的形式和项目也呈现多样化，在在职和全日制攻读教育硕士专业学位两种基本形式的在职攻读教育硕士专业学位内，还包括农村学校教师、特岗教师和“免费师范教育生”在职攻读教育硕士专业学位的形式。

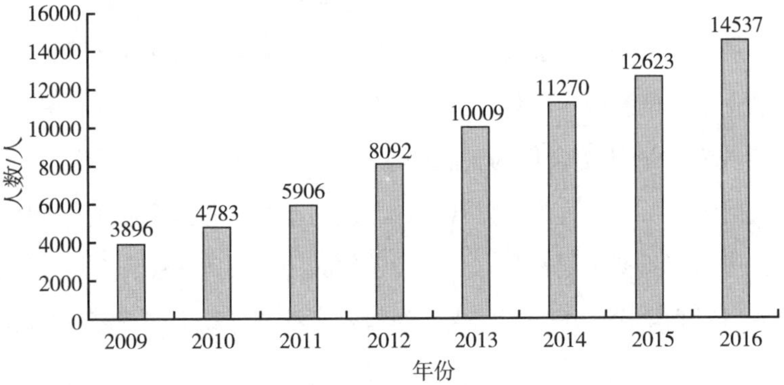

图 7-2　2009—2016 年全国录取全日制攻读教育硕士专业学位人数统计

2009 年，国务院学位委员会下发文件，批准在中国设置和试办教育博士专业学位，全国有 15 所高校获得培养教育博士专业学位研究生的授权，在教育领导与管理、学校课程与教学、学生发展与教育 3 个专业方向招生，自 2010 年全国教育博士开始招生以来，截至 2016 年共招生人数 1129 人，其中 90 人获得教育博士学位。

随着中国教育硕士规模的不断扩大和类型的多样化，教育硕士有效满足了基础教育教学和管理工作所需要的高层次人才，为推动中国教育改革和发展做出了重要贡献。

四、为促进区域发展提供了重要支撑

受社会、历史和自然等因素制约，长期以来中国东西部区域经济存在较大的差距，少数民族聚集区经济发展水平落后于全国整体水平，严重制约了中国社会的和谐发展。为此，自中华人民共和国成立以来，国家就采取了一系列举措，加大对少数民族地区的支持力度。特别是改革开放以来，党中央、国务院高度重视少数民族人才的培养工作，采取一系列特殊措施培养了一大批少数民族党政干部和各类专业人才。

自 20 世纪 80 年代开始，国家就开始在全国部分重点高校和有关省、自治区的高校开办高校民族班、预科班，并于 1984 年起在内地举办西藏班（校）；1987 年起举办内地高校新疆民族班、预科班。这些措施，为促进少数民族地区经济社会发展、维护少数民族地区稳定、为少数民族地区提供人才供给发挥了重要作用。但是，长期以来少数民族地区劳动者素质亟待提高，特别是博士、硕士毕业的高层次骨干人才严重匮乏，是制约当地经济建设和社会发展的重要因素。据有关资料统计，西部地区各类专业人才仅占全国总量的 20.4%，高级专业技术人才只占 13.6%，两院院士仅占 8.3%，特别是少数民族院士更是凤毛麟角；少数民族地区专业技术人员中，工程技术人员和科学研究人员仅占 15.4% 和 8.8%。[①]

2004 年，为改善中国少数民族地区人才短缺的现状，贯彻落实国家西部大开发战略和全面建设小康社会方针，贯彻党的民族政策、增强民族团结、维护祖国统一，教育部等五部委印发了《关于大力培养少数民族高层次骨干人才的意见》（以下简称《意见》）。2005 年教育部专门制定了《培养少数民族高层次骨干人才计划的实施方案》。根据 2004 年五部委印发的《意见》，教育部明确提出，从 2005 年开始选择部分中央部委所属院校试点招生 2500 人，其中博士生 500 人，硕士生 2000 人。自 2011 年开始至 2018 年，少数民族高层次骨干人才每年计划招生 5000 人，其中，博士研究生 1000 人，硕士研究生 4000 人。自 2006 年首届招生以来，已为民族地区培养了 3.7 万余名少数民族骨干计划研究生，为民族地区经济社会发展提供了强有力的人才支撑和智力支

① 教育部，国家发展改革委，国家民委，财政部，人事部. 关于大力培养少数民族高层次骨干人才的意见［EB/OL］.（2004-07-08）［2018-08-19］. http://www.moe.gov.cn/srcsite/A09/moe_763/200407/t20040708_77777.html.

撑。[①] 截至 2018 年，少数民族高层次骨干人才研究生招生计划已经涉及西部 12 省（区、市）、海南省、新疆生产建设兵团；河北、辽宁、吉林、黑龙江、福建、湖北、湖南（含张家界市享受西部政策的一县两区）7 个省的民族自治地方和边境县。这一政策的实施，为逐步缓解和根本扭转民族地区少数民族高层次人才匮乏的状况，提升少数民族人才存量的综合水平，改善从业人员结构，实践科学发展观，促进民族地区经济社会又好又快发展、增强民族团结和维护国家统一，构建社会主义和谐社会发挥了重要作用。

同时，实施西部大开发战略，加快中西部地区发展，积极发展西部地区高等教育，加快培养急需的高级专门人才，教育部于 2001 年实施了“对口支援西部地区高等学校计划”，至今已实施 17 年。17 年来，在支援高校的对口帮扶下，受援高校在人才培养、科学研究、社会服务和文化传承创新等方面取得了显著发展。仅 2004—2007 年，教育部先后和新疆维吾尔自治区、云南省、广西壮族自治区、内蒙古自治区、新疆生产建设兵团、西藏自治区、宁夏回族自治区、青海省等 17 个地方省级政府签署了共建新疆大学等 18 所高校的省部共建协议。这其中包括了少数民族聚集的民族八省区，还有延边和湘潭等少数民族集中的地区省份。该计划的实施，不仅推动了相关高校的发展，同时对口支援工作使受援高校科技社会服务能力显著增强。2005 年，原教育部副部长吴启迪提出，2005 年内，将新疆、西藏两个自治区的全部 14 所本科院校均实现对口支援，2006—2007 年，将内蒙古、宁夏和广西三个少数民族地区的 20 所本科院校实现对口支援，在 2010 年以前将西部其他 7 个省市的 100 多所本科院校实现对口支援。[②]2007 年，教育部、财政部下发了专门文件，在“质量工程”中设立专项，支持受援高校教师和教学管理干部到支援高校进修学习和挂职锻炼，支持受援高校数字实验室建设。

---

① 教育部办公厅关于调整“少数民族高层次骨干人才计划”硕士研究生基础强化培训的通知 EB/OL]. [2018-08-19]. http://www.moe.gov.cn/srcsite/A09/moe_763/ 201706/t20170605_306453.html.

② 吴启迪. 在对口支援西部地区高等学校工作情况新闻发布会上的讲话 [EB/OL]. (2005-02-25) [2018-08-19]. http://www.moe.gov.cn/s78/A08/gjs_left/s5174/moe_744/tnull_8173.html.

2010年，教育部印发了《关于进一步推进对口支援西部地区高等学校工作的意见》，出台了联合培养学生、合作开展科研、互派干部挂职、教学名师带徒、定向培养师资、教师出国进修、共享教学资源、扩大对外交流8项新举措，同时强调，对口支援工作要更加注重增强受援高校服务区域经济社会发展的能力。

自2001年国家实施对口支援计划以来，取得了巨大成就，为西部地区跨越式发展和长治久安提供人才保证和智力支撑。①2001—2010年的十年间，支援高校已由13所扩展到94所，受援高校由13所扩展到67所，覆盖了18个省自治区、直辖市和新疆生产建设兵团。十年来，受援高校教师中拥有博士学位的人数显著增长，由1391人增长到5393人；比例由7%增长到17%。受援高校教师队伍中拥有硕士学位的人数由6201人增长到14275人；比例由23%增长到49%。数据显示，受援高校的一级博士点总量由6个增长至115个；二级博士点由102个增长至592个；一级硕士点由73个增长至632个；二级硕士点由773个增长至2229个。以最早实施对口支援的13所受援高校为例，专任教师中有研究生学历人员从2001年的3800多人增长到2009年的11200多人。②同时，截至2016年，对口支援双方学校共承担了省部级以上科研项目300多项，其中有一些项目已取得突出成效。以青海大学为例，在对口支援15年间，4位学者出任青海大学校长，10余位两院院士脚踏高原，17名专家教授出任院系负责人，10批专家教授团指导课程、学科专业和实验室建设；84名博士、373名硕士、38名昆仑学者的引进，63名博士、396名硕士的培养，300多人次的管理干部到支援高校学习锻炼，通过人才工作的“输血”到“造血”，有力地促进了青海大学的快速发展。③同时，也为促进区域经济发展提供了重要支撑。

---

① 对口支援西部高校工作10周年总结大会召开[EB/OL].[2018-08-19]. http://paper.jyb.cn/zgjyb/html/2011-12/05/content_56361.htm.

② 西行壮歌响九州——写在对口支援西部地区高校10周年之际[EB/OL].(2011-12-05)[2018-08-19]. http://paper.jyb.cn/zgjyb/html/2011-12/05/content_56365.htm.

③ 高校“对口支援”创造出什么经验[N]. 光明日报，2016-04-19(13).

第三节　研究生教育对科技创新的贡献

研究生教育的质量和水平与科技发展紧密相关。当今世界经济的竞争是高科技的竞争，而高科技的竞争主要是人才竞争。其中，研究生教育是培养国家高科技人才的重要来源和途径。

一、支撑了中国科学技术的持续创新

研究与开发机构的研究与发展人员是科技活动人员的主体，也是衡量一个国家或地区科研能力水平的重要指标，它在一定程度上反映了一个国家和地区投入从事拥有自主知识产权的研究开发活动的人力规模。长期以来，我国政府高度重视科学技术人员的培养，并取得了显著成效。2009—2016年，中国研究与发展人员从318.4万人增长583.1万人，见表7-6。研究与发展人员的研究生学历，由2009年占全部人员的19.20%，增至2016年的21.00%。7年间，中国研究与开发机构研发人员研究生学历占比提高了16.34个百分点。按照执行部门来划分，2016年高等学校和研究与开发机构的人员中，研究生所占比重最高，分别达到69.79%和52.22%。以2016年全国按受教育程度划分就业人员职业构成为例，研究生就业人数中有60.7%从事专业技术工作。从2016年就业人口中具有研究生学历的人数占比可以看出，北京、上海、天津是研究生“密度”最大的三个城市，就业人口中具有研究生学历人数的占比分别为6.8%，4.7%和2.2%。[①]

二、在校研究生成为中国科研活动主要参与者

研究生是科技创新活动的生力军，也是中国创新型国家建设的重要力量。

① 王战军. 中国研究生教育质量报告（2018）[M]. 北京：中国科学技术出版社，2018:71.

表 7-6 2009—2016 年研发人员中研究生人数及所占比例统计

年份	研发人员总人数 / 人	博士毕业人数 / 人	硕士毕业人数 / 人	研究生占比 /%
2009	3183687	178843	432580	19.20
2010	3542244	201728	495133	19.67
2011	4017578	231677	566434	19.87
2012	4617120	264168	638748	19.56
2013	5018218	287480	661250	18.91
2014	5351472	317309	699388	19.00
2015	5482528	357146	804867	21.19
2016	5830741	378798	845919	21.00

数据来源：国家统计局科技统计部《中国科技统计年鉴》，2009—2016 年

依托科研项目培养研究生，是科技创新的一种组织形式，也是研究生培养的重要途径。一方面，研究生教育是为适应科技发展对高层次研究人才的需求发展起来的研究生被作为科学研究的重要力量进行培养；另一方面，研究生教育的组织形式和培养途径是科学研究，其最终成果也要通过科研来表现。① 因此，研究生在中国科学研究体系中发挥了重要作用。

国家自然科学基金资助项目作为国家层面的高水平科研项目，每年都有一大批优秀研究生积极参与，见表 7-7、表 7-8、表 7-9 和图 7-3。2008—2017 年，国家自然科学基金面上项目、青年项目和地区项目共有 107.6 万人参与到三类项目的研究当中。其中，国家自然科学基金面上项目 10 年间共有 62.3 万人参与。同时，随着中国研究生教育规模的不断扩大，研究生参与国家科学研究的活动比例总体处于不断提高的状态。以国家自然科学基金面上项目为例，2008—2017 年，10 年间研究生参与的比例始终占据较高比例且逐年提高，并逐渐成为国家自然科学基金项目的主要参与力量。以 2017 年为例，按照研究生参与总体比例分析，面上项目组成员中研究生参与的比例最高，达到

① 中国学位与研究生教育发展报告课题组. 中国学位与研究生教育发展报告（1978—2003）[M]. 北京：高等教育出版社，2006：199.

54.56%，地区项目中研究生参与的比例也达到近40%。按照学历层次分析研究参与情况，博士研究生参与国家自然基金面上项目的比例最高，为23.99%。硕士研究生参与的项目中，在地区项目组成员中占比例最高，占33.17%。这表明，当前研究生已经成为中国科研研究活动的重要参与者，他们在中国科学研究中发挥着日益重要的作用。

7-7　2008—2017年国家自然科学基金面上项目成员中研究生参与情况统计

年份	项目成员中博士生情况		项目成员中硕士情况		研究生情况总计	
	人数	比例/%	人数	比例/%	人数	比例/%
2008	15973	23.32	17258	25.2	33231	48.52
2009	18283	23.39	20762	26.56	39045	49.95
2010	22415	21.96	28054	27.49	50469	49.45
2011	28406	22.54	35146	27.89	63552	50.43
2012	31800	22.52	40012	28.33	71812	50.85
2013	30947	22.79	38490	28.34	69437	51.13
2014	29219	23.29	35558	28.35	64777	51.64
2015	31914	23.14	41767	30.28	73681	53.42
2016	33291	23.86	42333	30.34	75624	54.19
2017	35869	23.99	45707	30.57	81576	54.56

数据来源：国家自然科学基金委员会统计数据，2008—2017年 http://www.nsfc.gov.cn/publish/portal0/tab505/

表7-8　2008—2017年国家自然科学基金青年项目成员中研究生参与情况统计

年份	项目成员中博士生情况		项目成员中硕士情况		研究生情况总计	
	人数	比例/%	人数	比例/%	人数	比例/%
2008	7351	22.75	7749	23.98	15100	46.73
2009	9220	22.44	10315	25.11	19535	47.55
2010	11948	21.46	14562	26.15	26510	47.61

续表

年份	项目成员中博士生情况		项目成员中硕士情况		研究生情况总计	
	人数	比例 /%	人数	比例 /%	人数	比例 /%
2011	16801	18.99	23859	26.96	40660	45.95
2012	17353	18.31	26357	27.8	43710	46.11
2013	18206	17.58	28790	27.8	46996	45.38
2014	18380	17.14	30188	28.15	48568	45.29
2015	17121	16.69	29912	29.15	47033	45.84
2016	17204	16.7	30889	29.98	48093	46.68
2017	19058	16.99	33908	30.23	52966	47.22

数据来源同表 7-7

表 7-9　2008—2017 年国家自然科学基金地区项目成员中研究生参与情况统计

年份	项目成员中博士生情况		项目成员中硕士情况		研究生参与情况总计	
	人数	比例 /%	人数	比例 /%	人数	比例 /%
2008	341	6.29	1431	26.4	1772	32.69
2009	447	6.08	2091	28.42	2538	34.5
2010	587	5.59	3021	28.78	3608	34.37
2011	943	5.62	4998	29.77	5941	35.39
2012	1166	5.66	6342	30.79	7508	36.45
2013	1140	5.53	6415	31.14	7555	36.67
2014	1195	5.29	7117	31.52	8312	36.81
2015	1106	4.93	7277	32.46	8383	37.39
2016	1193	5.24	7555	33.17	8748	38.41
2017	1452	6.06	7959	33.21	9411	39.27

数据来源同表 7-7

图 7-3　2008—2017 年国家自然科学基金项目成员中研究生参与情况总计

三、中国自主培养的研究生已经成为国家科学研究骨干

作为国家科技创新体系的重要组成部分，国家自然科学奖和国家自然科学基金项目是体现中国自然科学研究的重要方向。

国家自然科学奖是中华人民共和国国家科学技术奖励之一，在一定程度上体现中国自然科学发展的水平，以及自然科学研究的最新趋势和方向。国家自然科学奖授予在数学、物理学、化学、天文学、地球科学、生命科学等基础研究和信息、材料、工程技术等领域的应用基础研究中，阐明自然现象、特征和规律、做出重大科学发现的中国公民。自 1956 年国家颁发第一届奖项以来，截至 2017 年，共举行了 27 届。六十多年来，全国共有 1264 项获得国家自然科学奖，其中，一等奖 38 项，二等奖 1226 项，见表 7-10。

表 7-10　国家历届自然科学奖获奖情况

获奖年份	获奖总项数	一等奖	二等奖	三等奖	四等奖
1956	34	3	5	26	
1982	125	9	40	49	27
1987	178	11	39	87	41
1989	59	2	19	23	15
1991	53		10	31	12
1993	52	1	18	21	12
1995	57		15	27	15
1997	51	1	8	30	12
1999	57		10	31	16
2000	15		15		
2001	18		18		
2002	24	1	23		
2003	19	1	18		
2004	28		28		
2005	38		38		
2006	29	2	27		
2007	39		39		
2008	34		34		
2009	28	1	27		
2010	30		30		
2011	36		36		
2012	41		41		
2013	54	1	53		
2014	46	1	45		
2015	42	1	41		
2016	42	1	41		
2017	35	2	33		

备注：数据来源，中国科学院网址 http://www.cas.cn/ky/kjjl/gjzrkxj/；自 2000 年始国家自然科学奖只设一等奖、二等奖，2003 年增设特等奖。部分年份一等奖空缺

而作为国家自然科学奖第一完成人，其学历来源和层次更是在一定程度上体现了中国科技人才的状况。数据显示，2011—2017 年国家自然科学奖共授予奖项项目数 292 项（除去军事院校和科研院所）。其中，一等奖 6 项，二等奖 282 项（表 7-11）。在对第一获奖人信息进行统计发现，近年来第一位完成人在国内获取博士学位比例不断提高，2011 年，这一比例为 61.11%，到 2017 年达到 85.71%。7 年的时间，中国自主培养的博士获得国家自然科学奖的比例提高了 24.6 百分点。同时，国家自然科学奖获得者非博士学位人数整体呈现下降趋势。这表明，中国自主培养的研究生已经成为中国科技创新的核心力量。

表 7-11　2011—2017 年国家自然科学奖第一完成人学历情况

人数年份	总人数 / 人	非博士学位人数 / 人	占比 /%	国（境）外获得博士学位人数 / 人	占比 /%	国内获得博士学位人数 / 人	占比 /%
2011	36	5	13.89	9	25.00	22	61.11
2012	39	6	15.38	6	15.38	27	69.24
2013	52	2	3.85	16	30.77	34	65.38
2014	46	7	15.22	13	28.26	26	56.52
2015	42	1	2.38	13	30.95	28	66.67
2016	42	3	7.14	10	23.81	28	69.05
2017	35	1	2.86	4	11.43	30	85.71

数据说明：① 2011-2007 年数据来源于国家科学技术奖励办公室网站 http://www.nosta.gov.cn/web/list.aspx?menuID=57；②数据统计信息中不包括军事院校和相关单位获奖情况

1986 年 2 月 14 日，在邓小平同志的亲切关怀下，国务院批准成立国家自然科学基金委员会。30 多年来，国家自然科学基金委员会不断探索科技管理改革，创新资助管理机制，完善同行评议体系，提升资助管理水平。通过长期持续支持、推动学科均衡协调可持续发展，培育和稳定了高水平人才队伍，涌现了一批有国际影响的重大成果。在科学基金和国家其他科技计划共同支持下，中国基础研究整体水平稳步提高，正在进入从量变到质变、从点的突破到全面提升的重要转折期。特别是它在催生更多科学突破，培育科学英才，助推中国基础研究实现与科技发达国家的“三个并行”，为创新驱动发展提供战略支撑，形成学科繁荣发展、原创成果充盈、高端人才集聚、创新文化浓郁的局面，奠定创新型国家的科学基础发挥了重要作用。目前国家自然科学基金项目共包括重大项目、重点项目、面上资助项目、地区科学基金项目和国家杰出青年科学基金项目等。其项目负责人的情况更是体现了当前中国科学研究人员的状态状况和水平。分析 2001—2007 年国家自然科学基金面上资助项目、青年科学基金项目和地区科学基金项目负责人的学科情况可以发现，项目负责人拥有的硕士、博士学位比例逐年提高，在国内获得的学位人数比例上升趋势明显，在一定程度反映了中国自主培养的研究生在国家科学研究中的地位和作用不断增强，见表 7-12、表 7-13、表 7-14。

表 7-12　2001—2007 年自然基金面向项目统计　（单位：人）

年份	总人数	学位				学位授予国	
		博士	硕士	学士	其他	国内	国外
2001	4435	2929	724	366	416	2490	443
2002	5808	4041	950	461	356	3515	574
2003	6359	4535	1130	440	254	5453	685
2004	7711	5872	1132	480	227	6721	809
2005	9111	7307	1173	422	209	7982	966
2006	10271	8493	1189	407	182	9035	1091
2007	7713	6560	704	305	144	6603	980

数据来源：国家自然科学基金委员会统计数据，2001—2007 年 http://www.nsfc.gov.cn/publish/portal0/tab505/

表 7-13　2001—2007 年自然基金青年项目负责人学历情况统计（单位：人）

年份	总人数	学位				学位授予国	
		博士	硕士	学士	其他	国内	国外
2001	726	612	102	9	3	601	11
2002	1064	897	158	7	2	869	30

续表

年份	总人数	学位				学位授予国	
		博士	硕士	学士	其他	国内	国外
2003	1269	1024	231	12	2	1228	26
2004	1590	1345	224	18	3	1530	55
2005	1934	1650	272	12	0	1855	73
2006	2429	2109	302	17	1	2293	125
2007	3336	2958	353	25	0	3168	158

数据来源同表 7-12

表 7-14　2001—2007 年自然基金地区项目负责人学历情况统计　（单位：人）

年份	总人数	学位				学位授予国	
		博士	硕士	学士	其他	国内	国外
2001	184	78	55	27	24	65	13
2002	241	100	69	48	24	75	25
2003	231	113	65	38	15	194	28
2004	274	142	79	41	12	240	26
2005	331	187	78	42	24	282	31
2006	413	246	96	57	14	360	45
2007	559	350	129	65	15	484	57

数据来源同表 7-12

同时，随着中国培养的大批硕士、博士不断地走向教学科研第一线，投身经济建设主战场，大大促进了中国教育和科技事业的发展。特别在国家急需的战略性研究、科技尖端领域的前瞻性研究、国计民生重大问题的公益性研究方面，中国研究生做出了重要贡献。特别是近五年来，中国创新驱动发展成果丰硕。全社会研发投入年均增长 11%，规模跃居世界第二位。科技进步贡献率由 52.2% 提高到 57.5%。载人航天、深海探测、量子通信、大飞机等重大创新成果不断涌现，中国培养的研究生发挥了关键性作用。

附　录

中国学位与研究生教育40年大事记

1978年1月

教育部下发《关于高等学校一九七八年研究生招生工作安排意见》，研究生教育恢复招生，当年录取研究生10708人。

1978年10月

受中国科学院委托，首家研究生院——中国科学技术大学研究生院成立。

1979年3月

根据中央关于建立学位制度的批示，教育部、国务院科技干部局联合组成学位小组，再次开始研究在中国建立学位制度问题。本年2月提出了《中华人民共和国学位条例（草案）》。12月24日。人大常委会法制委员会全体会议讨论了该条例（草案）。

1979年11月

邓小平同志在《高级干部要带头发扬党的优良传统》的报告中指出："关于学校和科研单位培养、选择人才的问题，我昨天在中国科学院成立三十周年纪念会上讲了，要建立学位制度，也要搞学术和技术职称。"

1980年2月

第五届全国人大常委会第十三次会议通过《中华人民共和国学位条例》，叶剑英委员长签署命令予以公布，自1981年1月1日起施行。

1980 年 12 月

国务院任命方毅为国务院学位委员会主任委员，周扬、蒋南翔、武衡、钱三强为副主任委员，黄辛白为秘书长。国务院批准成立国务院学位委员会办公室作为国务院学位委员会办事机构。

1980 年 12 月

国务院学位委员会第一次会议召开，通过了《国务院学位委员会关于审定学位授予单位的原则和办法》，决定设立学科评议组负责全国学位授予单位的审定工作。

1981 年 1 月

《中华人民共和国学位条例》正式施行。

1981 年 6 月

国务院学位委员会第二次会议召开，会议决定按学科门类设立 44 个学科评议分组，并通过聘请成员名单。

1981 年 10 月

国务院学位委员会第三次会议召开，通过《学科评议组试行组织章程》；通过中国首批博士和硕士学位授予单位及学科、专业名单，并报国务院批准。会议确定了中国博士、硕士学位证书格式。

1981 年 11 月

国务院学位委员会发出《关于做好应届毕业研究生授予硕士学位工作的通知》，强调贯彻坚持标准、保证质量的原则。

1982 年 1 月

国务院学位委员会、教育部联合发出通知，下达经国务院批准的中国首批有权授予学士学位的高等学校名单。

1983 年 3 月

国务院学位委员会领导成员调整，胡乔木任主任委员，何东昌、武衡、钱三强、张光斗为副主任委员。

1983 年 3 月

国务院学位委员会第四次会议召开，审议了进行第二批博士和硕士学位授予单位审核工作的文件；通过学科评议组增补成员及临时约请专家名单；决定开展名誉博士学位的授予工作。

1983年5月

国务院学位委员会和北京市人民政府在人民大会堂联合召开中国首批博士和硕士学位授予大会。中国培养的首批18名博士。

1983年12月

国务院学位委员会第五次会议召开，通过第二批博士和硕士授予单位及学科、专业名单，并报国务院批准。会议决定增设军事学学科门类。

1983年12月

中国政府在《亚洲和太平洋地区承认高等教育学历、文凭与学位的地区公约》上签字。

1984年7月

国务院学位委员会发出《关于做好博士研究生学位授予工作的通知》，强调授予博士学位必须坚持政治标准和学术标准。

1985年2月

国务院学位委员会第六次会议召开，审核通过第二届学科评议组成员名单；通过《国务院学位委员会关于做好第三批博士和硕士学位授予单位审核工作的几点意见》；审核拟授予名誉博士学位的人员名单。

1985年5月至6月

国务院学位委员会组织部分学科评议组成员和有关专家，对政治经济学、物理化学、有机化学、通信与电子系统、化学工程五个专业，首次进行硕士学位授予质量的检查和评估。

1986年7月

国务院学位委员会第七次会议召开，会议审核了第三批博士、硕士学位授予单位及学科、专业名单，经国务院同意，该名单由国务院学位委员会直接批准。会议决定在中国逐步开展向具有研究生毕业同等学力的在职人员授予硕士、博士学位的试点工作。

1986 年 11 月

国务院学位委员会、国家教育委员会、卫生部联合发出通知，颁布《培养医院博士（临床医学）研究生的试行办法》，决定以培养临床实际工作能力为主的研究生达到博士水平的，授予医学博士（临床医学）学位。

1987 年 2 月

国家教委召开专门会议，部署高等学校重点学科的评选试点工作。与评选试点工作有关的高等学校主管重点学科工作的同志出席了会议。会议强调高等学校重点学科，以培养高级专门人才和开展科学研究为双重任务。会议还根据国家教委 1987 年工作会议的精神，讨论了研究生工作，强调要继续贯彻教委《关于改进和加强研究生工作的通知》，要把研究生工作的重点放在提高质量和加强改革上，要有计划地建设一批重点学科。

1987 年 5 月

国家教委发出《关于做好 1987 年硕士生和研究生班研究生录取工作的通知》，强调录取研究生必须继续贯彻保证质量、稳步发展的方针，坚持德、智、体全面衡量，择优录取，确保质量。根据需要和可能，控制和调整研究生的招生数量，努力扩大招收有实践经验的在职人员，同时继续按大区建立检查组，保证录取工作顺利进行。

1987 年全国共录取研究生 35726 人，有两年以上实际工作经验的在职人员占 50%。

1987 年 5 月

国务院学位委员会办公室、国家教育委员会研究生司发出《关于组织落实“七五”研究生教育和学位制度重点研究课题计划的通知》，指出目前研究生教育和学位工作面临许多问题亟待深入研究，以提供科学决策的依据。要通过制订并落实重点研究课题计划，把研究工作逐步引向深入。《通知》提出了“七五”期间研究生教育和学位制度科学研究六个方面 14 个重点课题项目。

1987 年 5 月

国务院学位委员会、国家教育委员会发出《关于改进学士学位授予单位审核工作的通知》。明确指出，今后学士学位授予单位的审核工作分为初审和审批两个阶段。初审工作采取同行专家评议和教育主管部门审核相结合的方式进行。国家教育委员会和国务院学位委员会按有关规定审批学士学位授权学校和专业。

1987 年 9—10 月

国家教委研究生教育和大学学科建设考察组一行 5 人访问了美国和加拿大，考察组访问了美、加两国的高教和科研领导部门、九所大学和有关的学术团体。这次考察的重点是这两个国家研究生教育发展和改革的新动态和大学重点学科的建设情况和经验。

1987 年 12 月

国务院学位委员会从 4 月开始组织专家组对金属材料学科下属的金属物理、金属材料及热处理、铸造、压力加工、焊接、金属腐蚀磨损及防护六个专业的硕士和博士学位授予质量进行了检查和评价。这次共检查和评价了 53 个学位授予单位的 116 个硕士点和 39 个博士点。在各单位自检的基础上，有关专家分别进行了通信评议，部分专家还进行了实地检查。12 月召开专家小组会议，集中进行评议，对检查工作进行总结。

1987 年 12 月

经国家新闻出版署批准，《学位与研究生教育》杂志于 1988 年公开出版、国内外发行。为了进一步办好刊物，《学位与研究生教育》编辑部在厦门召开了第二次工作会议。专职、兼职编辑共 28 人，通信员代表 3 人及部分省市的有关同志参加了会议。会议明确该刊是指导性和研究性相结合的刊物，负有指导工作、交流经验和理论研究等方面的任务。会议讨论了 1988 年该刊的中心内容；总结办刊经验，讨论提高刊物质量的措施和办法；举办了四个专题讲座，对专兼职编辑进行了业务培训。

1988 年 10 月

国务院学位委员会人事调整，何东昌任主任委员，张光斗、胡绳、周光召、朱开轩任副主任委员，秘书长由朱开轩兼任。

国务院学位委员会第八次会议召开，着重讨论了第四批博士和硕士学位授予单位审核工作的意见；通过《国务院学位委员会关于授予名誉博士学位的规定》并于1989年2月17日颁布实施。

1988年11月

国务院学位委员会颁布《关于授予成人高等教育本科毕业生学士学位的暂行规定》。

1989年10月

国务院学位委员会在天津召开化学等四个一级学科的第四批博士学位授权学科、专业和博士生指导教师通信评议试点工作会议。

1990年2月

泰国曼谷召开《亚太地区互相承认高等教育学历、文凭和学位公约》委员会首次会议，国务院学位委员会办公室主任王忠烈教授出席并当选该委员会第一副主席。

1990年6月

国务院学位委员会学科评议组第四次会议召开，江泽民、李鹏等党和国家领导人在人民大会堂接见与会代表并发表重要讲话。

1990年10月

国务院学位委员会第九次会议召开，会议审核通过第四批博士、硕士学位授予单位及学科、专业名单。通过《国务院学位委员会关于授予具有研究生毕业同等学力的在职人员硕士、博士学位暂行规定》及其实施细则。通过《授予博士、硕士学位和培养研究生的学科、专业目录》《普通高等学校授予来华留学生我国学位试行办法》等文件；审批了中国第一个专业学位——工商管理硕士。

1990年12月

国防大学举行隆重仪式，首次授予30名研究生军事学硕士学位。

1991年1月

国家教育委员会、国务院学位委员会决定，对695名在工作中做出突出贡献的中国博士、硕士学位获得者进行表彰，授予他们“有突出贡献的中国博士、硕士学位获得者”荣誉称号。这在中国学位制度建立以来尚属首次。

1991年3月

国务院学位委员会同意江苏省和陕西省建立学位委员会。他们是最早批准建立的地方学位委员会。

1991年3月

国务院学位委员会发布《关于授予具有研究生毕业同等学力的在职人员硕士、博士学位的暂行规定》及其实施细则。

1991年12月

国务院学位委员会第十次会议召开，审核并原则通过了国务院学位委员会第三届学科评议组成员名单；审议并原则通过了学位与研究生教育“八五”计划和十年规划要点，增列博士生导师和学位授权审核工作改革意见等文件。

1992年2月

全国统一印刷的学士学位证书自1992届毕业生起使用。

1992年6月

国务院学位委员会第三届学科评议组召集人会议，主要研究讨论了深化学位和研究生教育改革、学位授予审核改革、增列博士生都指导教师等议题，研究讨论了对前三批博士、硕士学位授权点进行检查和评估工作以及编写《授予博士、硕士学位的学科、专业简介》工作。

1992年11月

国务院学位委员会第十一次会议召开，原则通过了《关于学位与研究生教育改革的若干意见》《关于审核博士生指导教师及少数博士、硕士学位授权学科、专业的几点意见》以及《建筑学专业学位设置方案》等文件。

1993年2月

国务院学位委员会下发《关于学位与研究生教育改革和发展的若干意见》。

1993年4月

国务院学位委员会发出《关于做好博士、硕士学位授权点审核工作的通知》，全面部属第五批博士、硕士学位授权点的申报和审核工作。

1993 年 12 月

国务院学位委员会第十二次会议召开，会议审议通过第五批学位授权审核结果；审改了《关于进一步改革学位授权审核办法的意见》；原则上通过了《关于开展学位与研究生教育评估工作的报告》，并公布给予“黄牌”“红牌”警告的单位及其学科、专业点名单。

1994 年 7 月

中国学位与研究生教育学会成立，首任会长为唐敖庆教授。高等学校与科研院所学位与研究生教育评估所成立，首任所长为柯有安教授。

1995 年 3 月

国务院学位委员会召开第十三次会议，审议通过博士生指导教师审核办法改革方案、1995 年学位授权审核工作的安排和设置并试办法律专业硕士学位等重要事项。

1995 年 5 月

国务院学位委员会发出《关于改革博士生指导教师审核办法的通知》，规定从 1995 年起，由博士学位授权单位或有关主管部门遴选确定博士生指导教师。

1995 年 5 月

国务院学位委员会发出《关于加强省级学位委员会建设的几点意见》，复函同意北京市、辽宁省、吉林省、黑龙江省、山东省、湖南省、浙江省、天津市、福建省等省市建立省级学位委员会。

1996 年 1 月

国务院学位委员会办公室发出《关于加强中外合作办学活动中学位授予管理的通知》，明确了中外合作办学活动中学位管理工作的有关政策。

1996 年 4 月

国务院学位委员会第十四次会议召开，会议审批第六批博士、硕士学位授予学科专业名单；审议通过《国务院学位委员会学科评议组组织章程》（修订稿）和国务院学位委员会学科评议组调整换届方案；审议通过《专业学位设置审批办法》；批准设置和试办教育硕士专业学位。

1996年7月

国务院学位委员会发出《关于印发〈专业学位设置审批暂行办法〉的通知》。就专业学位设置的目的、申报条件和审批程序等做了明确规定。

1997年4月

国务院学位委员会第十五次会议召开，会议审批了《授予博士、硕士和培养研究生的学科、专业目录》及《国务院学位委员会第四届学科评议组成员名单》，审议通过了1997年博士、硕士学位授权审核工作的意见，设置医学和工程硕士专业学位方案。

1997年6月

国务院学位委员会、国家教育委员会颁布新修订的《授予博士、硕士学位和培养研究生的学科、专业目录》。新增管理学学科门类，授予学位的学科门类增加至12个。

1998年1月

国务院学位委员会批复同意军队学位委员会、北京市学位委员会、天津市学位委员会等16个地方学位委员会在国务院学位委员会授权的学科范围内审批硕士点。

1998年6月

国务院学位委员会第十六次会议召开。会议审批国务院学位委员会学科评议组第七次会议审核通过的新增学位授权单位及授权点名单；审议《关于对国外学位进行认定的意见》；审批《关于授予具有研究生毕业同等学力人员硕士、博士学位的规定》；听取将《中华人民共和国学位条例》修改为《中华人民共和国学位法》（草案）的意见。

1999年1月

国务院批准第四届学位委员会组成人员名单。李岚清副总理任主任委员，宋健、陈至立、路甬祥、周远清、王洛林任副主任委员。

1999年2月

国务院学位委员会、教育部联合下发《关于下放学士学位授予单位审批权的通知》。

1999年5月

国务院学位委员会第十七次会议召开。审议通过了《关于进行第八次博士、硕士学位授权审核工作的意见》；审议并批准了公共管理硕士、农业推广硕士和兽医专业学位设置方案；对《中华人民共和国学位法》（草案）提出了进一步的修改意见。

2000年3月

国务院学位委员会学科评议组召集人会议审定了100篇优秀博士学位论文、89部研究生教学用书。

2000年12月

国务院学位委员会第十八次会议召开。批准了《第八批博士和硕士学位授权学科、专业名单》。

2001年11月

全国专业学位教育工作会议召开，总结交流各专业学位教育工作经验；讨论《关于改进和加强专业学位教育工作的若干意见》。

2002年1月

国务院学位委员会、教育部下发《关于改进和加强专业学位教育工作的若干意见》。

2002年3月

国务院学位委员会第十九次会议召开。审议关于开展第九批学位授权审核工作的几点意见；审议关于调整《授予博士、硕士学位和培养研究生的学科、专业目录》工作的报告；审批军事硕士专业学位设置方案。

2002年4月

《中华人民共和国与德意志联邦共和国关于互相承认高等教育学位、学历文凭的协议》在德国柏林签署。

2002年10月

国务院学位委员会、教育部下发《关于做好博士学位授权一级学科范围内自主设置学科、专业工作的几点意见》，开展在博士学位授权一级学科内自主设置学科、专业的改革试点工作。

2002年11月

国务院学位委员会下发《关于进行第九次博士、硕士学位授权审核工作的通知》。

2003年5月

国务院批准第五届学位委员会组成人员名单，国务委员陈至立任主任委员，路甬祥、徐匡迪、陈奎元、周济、赵沁平任副主任委员。

2003年7月

国务院学位委员会第二十次会议召开。就学位委员会委员如何加强学风建设、进一步提高研究生培养和学位质量及改进学位授权审核办法等问题进行座谈；审批《第九批博士学位授权学科、专业名单》以及审批《关于进一步改进新增学位授予单位审核办法的建议报告》。

2004年1月

教育部设立学位管理与研究生教育司，与国务院学位委员会办公室合署办公，履行教育部学位与研究生教育行政管理职责。

2005年1月

国务院学位委员会第二十一次会议召开。审议《体育硕士、艺术硕士、风景园林硕士专业学位设置方案》《关于开展对博士、硕士学位授权点定期评估工作的几点意见》《中国学位与研究生教育发展报告（1978—2003年）》和《中国学位与研究生教育发展规划战略研究总报告（2004—2020年）》。

2005年10月

国务院学位委员会学科评议组第十次会议召开。审核新增博士学位授权一级学科点、对已有博士点定期进行评估的复评。

2006年1月

国务院学位委员会第二十二次会议召开。审批了《第十批博士、硕士学位授权名单》。

2006年10月

教育部下发《关于加强国家重点学科建设的意见》，对加强国家重点学科建设的目的和意义、加强国家重点学科建设的指导思想和基本思路、加强国家重点学科建设的主要措施进行了说明。教育部制定并印发了《国家重点学科建设与管理暂行办法》，以规范和加强国家重点学科的管理，促进国家重点学科建设。

2007年1月

国务院学位委员会第二十三次会议召开。审批《国际汉语硕士专业学位设置方案》《翻译硕士专业学位设置方案》、讨论“博士质量分析”工作方案和学位工作与研究生教育的发展思路。

2007年5月

国务院学位委员会发出通知，要求各省（自治区、直辖市）学位办协助进行全国学士学位授予工作情况的调查。

2007年8月

国务院学位委员会第二十四次会议召开。讨论《中国博士质量报告》阶段成果；讨论《博士、硕士学位授权审核办法改革方案》。

2007年9月

国务院学位委员会、教育部、人事部联合下发通知，决定在所有具有博士学位授予权的高等学校和科研院所开展博士质量调查工作。

2008年1月

国务院学位委员会第二十五次会议召开。审议并原则通过了《博士、硕士学位授权审核办法改革方案》；讨论全国博士质量调查情况的初步报告。

2008年4月

国务院批准第六届学位委员会组成人员名单。国务委员刘延东任主任委员，路甬祥、徐匡迪、陈奎元、周济、赵沁平任副主任委员。

2008年9月

国务院学位委员会、教育部、人力资源和社会保障部就翻译硕士专业学位研究生教育与翻译专业资格（水平）证书衔接的有关事项下发通知。

2008年10月

国务院学位委员会下发《关于做好2008—2015年新增博士、硕士学位授权单位立项建设规划工作的通知》。

2008 年 12 月

国务院学位委员会第二十六次会议召开。审批《学位授予和人才培养的学科目录设置与管理暂行办法》；国务院学位委员会第六届学科评议组成员名单；审批教育博士、社会工作硕士专业学位设置方案；审批 2005 年博士学位授权学科定期评估责令整改的 22 个学科点在评估中的结果。

2009 年 2 月

国务院学位委员会、教育部印发《学位授予和人才培养学科目录设置与管理办法》。

2009 年 6 月

国务院学位委员会、教育部下发通知，决定对学科授予和人才培养的学科目录进行修订。

2010 年 1 月

国务院学位委员会第二十七次会议召开。审批了 19 个硕士专业学位的设置方案。

2010 年 4 月

国务院学位委员会下发了《关于委托省（自治区、直辖市）学位委员会中国人民解放军学位委员会进行博士学位授权一级学科点初审和硕士学位授权一级学科点审核工作的通知》。

2010 年 2 月

国务院学位委员会第二十八次会议召开。审批了新的《学位授予和人才培养学科目录》和工程博士专业学位设置方案。

国务院学位委员会批复同意天津理工大学等 83 所高校制定的 2008—2015 年新增博士、硕士学位授予单位立项建设规划。

国务院学位委员会下达了对 71 个硕士学位授权点的评估结果及处理意见。

2010 年 3 月

国务院学位委员会印发了金融硕士等 19 种专业学位设置方案，决定在中国设置金融、应用统计、税务、国际商务、保险、资产评估、警务、应用心理、新闻与传播、出版、文物与博物馆、城市规划、林业、护理、药学、中药学、旅游管理、图书情报、工程管理等硕士专业学位。

2010年5月

国务院学位委员会下发通知，决定开展新增硕士专业学位授权点审核工作。本次新增的硕士专业学位授权点包括金融、国际商务、统计、税务、保险、资产评估、法律、教育、汉语国际教育、翻译、体育、艺术、应用心理、警务、社会工作、新闻与传播、出版、文物与博物馆、工程、林业、农业推广、风景园林、兽医、临床医学、口腔医学、公共卫生、药学、中药学、护理、工商管理、会计、公共管理、工程管理、旅游管理、图书情报35种专业学位类别，建筑学、城市规划、军事三类硕士专业学位授权点不在此次新增范围之内。

2010年6月

教育部、财政部联合下发通知，就加快推进世界一流大学和高水平大学建设提出意见。通知中总结了“985工程”十年建设取得的主要成效及存在的差距，说明了加快推进世界一流大学和高水平大学建设的指导思想、建设目标和主要任务，对建立适应世界一流大学和高水平大学发展的制度，建立专家咨询监督与政府决策相结合的管理机制等都提出了意见和建议。

2010年9月

国务院学位委员会印发了《硕士、博士专业学位研究生教育发展总体方案》和《硕士、博士专业学位设置与授权审核办法》，以推进并完善专业学位研究生教育工作。

2011年1月

全国专业学位研究生教育综合改革试点工作会议在京召开。综合改革试点涉及法律硕士、教育硕士、体育硕士、汉语国际教育硕士、艺术硕士、翻译硕士、建筑学硕士、工程硕士、农业推广硕士、兽医硕士、风景园林硕士、公共卫生硕士、工商管理硕士、公共管理硕士、会计硕士15种专业学位和64所高校，其中部委高校32所，地方院校32所。

国务院学位委员会、教育部、人力资源和社会保障部联合发出通知，决定成立17个专业学位研究生教育指导委员会，同时对11个专业学位研究生教育指导委员会进行换届。

2011年2月

《中华人民共和国学位条例》实施三十周年纪念大会在北京召开。

2011年3月

《授予博士、硕士学位和培养研究生的二级学科自主设置实施细则》正式实施，该细则对二级学科的自主设置与调整的原则、二级学科设置的基本条件、对学位授予单位自主设置与调整学科的基本要求和交叉学科的自主设置与调整等进行了说明。

国务院学位委员会、教育部发布了新修订的《学位授予和人才培养学科目录（2011年）》，新修订的目录是在原《授予博士、硕士学位和培养研究生的学科、专业目录（1997年颁布）》和《普通高等学校本科专业目录（1998年颁布）》的基础上编制，共有13个学科门类（新增了“艺术学”门类）和110个一级学科。本目录还附有《专业学位授予和人才培养目录》。

2011年9月

中国MBA教育20周年纪念大会在北京召开，国务委员、国务院秘书长、全国工商管理硕士（MBA）教育指导委员会主任委员马凯同志到会并发表重要讲话。

2012年3月

国务院学位委员会第二十九次会议在北京召开。会议主要讨论了《关于深入推进研究生培养机制改革，进一步提高研究生教育质量的意见（讨论稿）》；审批服务国家特殊需求博士人才培养项目；审批经再次复审通过的2010年申请增列博士学位授权一级学科名单。

2013年1月

国务院学位委员会发出通知，就做好服务国家特殊需求博士人才培养项目实施工作提出明确要求。

2013年3月

教育部、国家发展改革委、财政部联合发布了《关于深化研究生教育改革的意见》。该文件对深化研究生教育改革的指导思想和总体要求进行了说明，同时对改革招生选拔制度、创新人才培养模式、健全导师责权机制、改革评价监督机制、深化开放合作、强化政策和条件保障、加强组织领导等各个方面提出了要求。

2013 年 7 月

全国研究生教育工作会议暨国务院学位委员会第三十次会议在京召开，会议的主要内容有：①教育部、国家发展改革委、财政部负责同志发言；②国务院副总理、国务院学位委员会主任委员刘延东同志作重要讲话；③审议国务院学位委员会秘书长杜占元同志所作的《关于第二十九次会议以来开展的主要工作和 2013 年度工作重点》报告；④审批《国务院学位委员会议事规则（修订稿）》；⑤审议《关于加强学位与研究生教育质量保证和监督体系建设的意见（送审稿）》；⑥审批《关于“军制学”一级学科更名为“军事管理学”的论证报告》；⑦审批《关于立项建设博士、硕士学位授予单位及其授权学科审核情况的报告》；⑧审议《关于开展博士、硕士学位授权学科和专业学位授权类别动态调整试点工作的意见》；⑨审议《国务院学位委员会 2013 年工作要点》。

2014 年 1 月

国务院学位委员会印发通知，决定在上海市、江苏省、安徽省和广东省开展博士、硕士学位授权学科和专业学位授权类别动态调整的试点工作。

2014 年 2 月

教育部、财政部印发了《普通高等学校研究生国家奖学金评审办法》，以确保研究生国家奖学金的评审工作公开、公平、公正地开展。

2014 年 5 月

国务院学位委员会下达了 2014 年审核增列的硕士专业学位授权点及经动态调整撤销的硕士学位授权点名单。此次审核新增了 1209 个专业学位授权点，撤销了 136 个专业学位授权点。

2014 年 11 月

全国研究生教育质量工作会议暨国务院学位委员会第三十一次会议在北京召开，中共中央政治局委员、国务院副总理、国务院学位委员会主任委员刘延东在会上作了重要讲话，强调要加快推进研究生培养模式改革，建立健全质量保障体系，全面提高研究生教育质量。国务院学位委员会第三十一次会议的主要议题是：审议《国务院学位委员会第七届学科评议组成员名单》；审议《关于调整学位证书制发方式和管理办法的意见》；审议《中医专业学位设置方案》；审议《关于将“农业推广（暂用名）硕士”定名为“农业硕士”的报告》；讨论《关于加强专业学位研究生联合培养基地建设的意见》《关于加强专业学位研究生案例教学的意见》《关于加强学术学位研究生课程建设的意见》《关于做好研究生担任助教、助研、助管和学生辅导员工作的意见》4 个文件。

2014 年 12 月

国务院学位委员会印发了《中医专业学位设置方案》。

国务院学位委员会下发通知，将“农业推广硕士专业学位”正式定名为“农业硕士专业学位”。

2015 年 4 月

国务院学位委员会印发了修订后的《教育硕士专业学位设置方案（2015 年修订）》，1996 年发布的原设置方案同时废止。新方案将教育硕士的培养目标扩展到了中等职业技术教育教学及管理人员。

2015 年 6 月

国务院学位委员会、教育部联合下发《关于增设网络空间安全一级学科的通知》，决定在“工学”门类下增设“网络空间安全”一级学科，学科代码为“0839”，授予“工学”学位。

2015 年 11 月

国务院学位委员会下发了《关于开展博士、硕士学位授权学科和专业学位授权类别动态调整工作的通知》和《博士、硕士学位授权学科和专业学位授权类别动态调整办法》，决定自 2016 年起，将博士、硕士学位授权学科和专业学位授权类别动态调整工作的实施范围扩大到全国。

2016 年 1 月

国务院学位委员会第三十二次会议在北京召开。中共中央政治局委员、国务院副总理、国务院学位委员会主任委员刘延东出席会议并作重要讲话。她强调要坚持立德树人，科教结合，创新评价机制，统筹推进世界一流大学和一流学科建设，推动研究生教育发展迈上新台阶。本次会议议定了以下事项：审议通过了《增列“网络空间安全”一级学科博士学位授权点名单》；审议通过了《2014 年学位授权点专项评估结果》；审议了《研究生教育发展“十三五”规划》；审议了《关于深化博士硕士学位授权审核办法改革的意见》；审议了《博士生导师学术指导职责指南》；审议了《涉密研究生与涉密学位论文管理办法》。

2016 年 9 月

教育部办公厅下发《关于统筹全日制和非全日制研究生管理工作的通知》，规定 2016 年 12 月 1 日后录取的研究生从培养方式上按全日制和非全日制形式加以区分。

国务院学位委员会下达了 2016 年动态调整撤销和增列的学位授权点名单，共撤销授权点 576 个，增列 367 个。

2017 年 1 月

教育部、国务院学位委员会印发了《学位与研究生教育发展“十三五”规划》。

国务院学位委员会第三十三次会议在北京召开。中共中央政治局委员、国务院副总理、国务院学位委员会主任委员刘延东出席会议并作重要讲话。会议的主要议题是：①深入学习习近平总书记系列重要讲话精神和治国理政新理念、新思想、新战略，贯彻党的十八届六中全会、全国高校思想政治工作会议精神，学习贯彻刘延东同志重要讲话精神；②听取并审议杜占元秘书长《关于第三十二次会议以来开展的主要工作和下一阶段工作的考虑》报告；③审批《2016 年学位授权点专项评估结果》和《有关院校学位授予权调整名单》；④审议《博士硕士学位授权审核办法》《学位授权审核申请基本条件》《2017 年博士硕士学位授权审核工作方案》《服务国家特殊需求人才培养项目验收评估工作方案》《关于〈学位条例〉修订工作的说明及其参考稿》。

教育部、财政部、国家发展改革委制定并印发了《统筹推进世界一流大学和一流学科建设实施办法（暂行）》。实施办法分为总则、遴选条件、遴选程序、支持方式、动态管理、组织实施、附则七个部分，共 29 条。对一流大学和一流学科的遴选条件、遴选程序，对一流大学和一流学科在资金、政策、资源方面的支持，对一流大学和一流学科的动态管理以及一流大学和一流学科的协同建设和推进实施进行了说明。

2017 年 3 月

国务院学位委员会印发了《博士硕士学位授权审核办法》，并决定 2017 年开展博士、硕士学位授权审核工作。

2017 年 9 月

教育部、财政部、国家发展改革委公布了世界一流大学和一流学科（简称“双一流”）建设高校及建设学科名单。名单中的一流大学建设高校 42 所，其中 A 类高校有北京大学、中国人民大学、清华大学等共 36 所，B 类高校有东北大学、郑州大学、湖南大学、云南大学、西北农林科技大学、新疆大学，共 6 所；一流学科建设高校有北京交通大学、北京工业大学、北京科技大学等共 95 所。该名单还按照各学校代码排序，列出了 465 个“双一流”建设学科。

2018 年 1 月

教育部下发《关于全面落实研究生导师立德树人职责的意见》，对研究生导师的基本素质要求和立德树人职责进行了详细规定，大力推进健全评价激励机制、强化组织保障，要求各省教育主管部门和研究生培养单位制定相关实施细则。

2018 年 2 月

国务院学位委员会公布了 2017 年动态调整撤销和增列的学位授权点名单。

2018 年 4 月

国务院学位委员会发布《学位授予和人才培养学科目录》，根据近年来国务院学位委员会作出的相关决议、审批、批准等意见，在具体学科门类下做了相应更新。

国务院学位委员会公布学位授权自主审核单位名单，允许北京大学、清华大学等 20 家单位开展学位授权自主审核工作。

2018 年 9 月

教育部、财政部、国家发展改革委印发《关于高等学校加快“双一流”建设的指导意见》的通知。

主要参考文献

[1] 国务院学位委员会. 教育部关于开展研究生教育和学位制度研究工作的几点意见[J]. 学位与研究生教育，1984（1）：3—6.

[2] 黄辛白. 在学位授予质量检查座谈会上的讲话（一九八五年五月三十一日）[J]. 学位与研究生教育，1985（2）：1—3+7.

[3] 梁桂芝. 硕士学位授予质量检查和评估工作的初步探讨[J]. 学位与研究生教育，1985（3）：3—6.

[4] 谷学攀. 坚持改革继续前进——我国学位条例实施五年来的情况综述[J]. 学位与研究生教育，1986（1）：4—7.

[5] 周桂清. 所校联合培养研究生初探[J]. 学位与研究生教育，1986（4）：14—15+25.

[6] 孟汇丽，徐伯良. 财政学、货币银行学、国际金融三个专业硕士学位授予质量检查和评价的工作情况[J]. 学位与研究生教育，1987（5）：47—51.

[7] 蒋南翔. 坚持社会主义方向 逐步完善学位制度[J]. 学位与研究生教育，1988（4）：1—5.

[8] 梁桂芝，刘晖. 统一认识 加强领导 坚持不懈 抓出成效——“七五”研究生教育和学位制度科学研究工作回顾[J]. 学位与研究生教育，1989（4）：1—6.

[9] 朱开轩. 在实践中发展 在实践中完善——纪念我国学位条例实施十周年[J]. 学位与研究生教育，1991（1）：1—33.
[10] 凌诒谆. 对学位制度建设的认识体会 [J]. 学位与研究生教育，1991（1）：16.
[11] 罗祥云. 我国学位的历史沿革与新中国学位制度的创立 [J]. 学位与研究生教育，1991（6）：55—58.
[12] 伍卓群. 建设和完善具有中国特色的学位制度 [J]. 学位与研究生教育，1991（1）：13—14.
[13] 朱开轩. 积极推进学位工作和研究生教育改革的思考 [J]. 学位与研究生教育，1992（5）：1—2.
[14] 陈家宽. “立足国内培养博士生”提法的历史考察及其启示 [J]. 学位与研究生教育，1992（2）：7—11.
[15] 王忠烈. 总结经验 发扬成绩 认真落实“八五”学位和研究生教育研究计划——在学位和研究生教育研究“七五”成果表彰暨“八五”工作座谈会上的讲话 [J]. 学位与研究生教育，1992（3）：1—5.
[16] 张善明. 试论我国学位制度运行机制 [J]. 学位与研究生教育，1992（5）：25—27.
[17] 国务院学位委员会办公室业务一处，国家教委研究生工作办公室业务一处. 坚持社会主义办学方向 为建设有中国特色的文科研究生教育而努力奋斗——科学社会主义等专业学位授予与研究生教育质量评估的实践 [J]. 学位与研究生教育，1992（1）：5—9.
[18] 王忠烈. 认真贯彻全国教育工作会议精神 深化改革 全面提高研究生教育质量 [J]. 学位与研究生教育，1994（5）：1—6.
[19] 秦惠民. 试论学位与研究生教育学的研究现状——我国学位与研究生教育研究十年回顾之一 [J]. 学位与研究生教育，1995（1）：47—51.
[20] 研究生院评估各主要指标前十名 [J]. 学位与研究生教育，1995（6）：59.
[21] 张文修，姚天祥，蒋德明. 按照一级学科招收培养博士生的实践与认识

[J]. 学位与研究生教育，1995（6）：32—34.
[22] 徐远超，林功实，梁尤能. 国民经济发展与研究生教育沿革 [C]// 林功实. 立足国内培养跨世纪研究生. 北京：北京理工大学出版社，1996：20.
[23] 赵光武. 遵循教育规律　提高培养质量 [J]. 学位与研究生教育，1996（3）：7—9.
[24] 侯卉，卜庆芊，郭述贤. 适应医学发展　改革医学研究生教育 [J]. 学位与研究生教育，1996（3）：54—58.
[25] 王亚杰，刘桔. 研究生院评估的收获与不足 [J]. 学位与研究生教育，1996（3）：65—68.
[26] 明确工作方向　确定工作重点——省级学位委员会工作座谈会在宁召开 [J]. 学位与研究生教育，1996（5）：7—8.
[27] 韦钰. 在全国研究生教育工作座谈会闭幕式上的讲话 [J]. 学位与研究生教育，1996（2）：1—5.
[28] 王战军，林梦泉，赵瑜，等. 授予同等学力在职人员硕士学位质量检查评估与分析 [J]. 高等教育研究，1998（5）：48—51.
[29] 吴本厦. 蒋南翔同志在研究生教育和学位工作方面的主要思想和观点的探讨 [J]. 学位与研究生教育，1998（6）：3—74.
[30] 齐欢. 研究生院建设的若干问题研究 [J]. 学位与研究生教育，1998(3)：50—53.
[31] 谢桂华. 中国学位与研究生教育制度的发展与特色 [J]. 学位与研究生教育，1998（3）：3—5.
[32] 朱清时. 我国学位授权审核办法需要改革 [J]. 学位与研究生教育，1999（4）：13—14.
[33] 赵沁平. 社会发展的需要　改革开放的成就——中国学位与研究生教育 50 年发展回顾 [J]. 学位与研究生教育，1999（5）：3—8.
[34] 叶绍梁. 学位的概念及其与研究生教育关系的辨析 [J]. 学位与研究生教育，1999（5）：65—70.
[35] 蒋宗礼，张晓霞. 计算机科学与技术学科硕士研究生课程体系之我见

[J]. 学位与研究生教育，1999（5）：32—34.
[36] 陈玉琨，李如海. 我国教育评价发展的世纪回顾与未来展望[J]. 华东师范大学学报（教育科学版），2000（1）：1—12.
[37] 刘桔，林梦泉，侯富民，等. 从首届全国优秀博士学位论文评选看我国博士学位论文质量[J]. 学位与研究生教育，2000（2）：28—32.
[38] 石中英. 我国学位与研究生教育50年回顾与展望[J]. 学位与研究生教育，2000（4）：67—72.
[39] 赵沁平. 继往开来续新篇——纪念《中华人民共和国学位条例》实施20周年[J]. 学位与研究生教育，2001（1）：1—5.
[40] 宋筱平，陆叔云. 研究生学科专业目录的发展轨迹及其走向[J]. 黑龙江高教研究，2002（2）：76—79.
[41] 王战军，林梦泉，李恒金. 评选全国优秀博士学位论文是提高博士生培养质量的有效措施[J]. 中国高教研究，2002（4）：33—34.
[42] 中国教育与人力资源问题报告课题组. 从人口大国迈向人力资源强国——中国教育与人力资源问题报告[J]. 教育发展研究，2003（3）：22—26.
[43] 中国教育与人力资源问题报告课题组. 从人口大国迈向人力资源强国——中国教育与人力资源问题报告[J]. 教育发展研究，2003（3）：22—26.
[44] 评估所. 学科评估综述[J]. 中国研究生. 2004（增刊）：4—7.
[45] 菲利普·阿尔特巴赫. 跨越国界的高等教育[J]. 郭勉成，译. 比较教育研究，2005（1）：5—10.
[46] 吴本厦. 我国建立学位制度的决策和立法过程[J]. 学位与研究生教育，2007（4）：1—4.
[47] 郑晓梅，龚桢梽. 2005年博士学位授权点定期评估通讯评议结果浅析及思考[J]. 学位与研究生教育，2007（7）：18—21.
[48] 许德雅. 国民政府时期学位制度"中国化"的历史演变[J]. 学位与研究生教育，2008（1）：58—62.
[49] 谢桂华. 改革开放30年我国学位与研究生教育的历史性跨越[J]. 中国

高教研究，2008（12）：6—10.

［50］谢安邦，朱宇波．我国学位与研究生教育发展 30 年：回顾与展望［J］．教育研究，2008（11）：19—29.

［51］段丽萍，侯卉，王晓军，等．临床医学博士专业学位培养模式及质量监控体系的建立［J］．学位与研究生教育，2008（5）：17—19.

［52］郑刚，兰军．留学教育与近代中国学位制度的嬗变．学位与研究生教育［J］．2009（10）：59—63.

［53］罗丽英．论大众化趋势下研究生教育质量观的内涵与构建［J］．当代教育论坛，2010（2）：71—72.

［54］张淑林，裴旭，方俊，等．我国研究生导师聘任制的历史沿革和未来走向——以中国科学技术大学博士生导师聘任制改革探索为例［J］．学位与研究生教育，2010（11）：17—21.

［55］程希，苗丹国．出国留学六十年若干问题的回顾与思考（1949—2009）［J］．东南亚研究，2010（1）：79—87.

［56］黄宝印．我国专业学位研究生教育发展的新时代［J］．学位与研究生教育，2010（10）：1—7.

［57］刘延东．在纪念《中华人民共和国学位条例》实施三十周年纪念大会上的讲话［J］．学位与研究生教育，2011（3）：1—5.

［58］都光珍．高校校院两级管理体制改革的对策思考［J］．国家教育行政学院学报，2011（12）：16—20.

［59］刘元芳．我经历的“中国学位 30 年”二三事［J］．学位与研究生教育，2011（2）：5—8.

［60］翟亚军，王战军．省级政府学位与研究生教育管理职能的历史演进及未来走向［J］．学位与研究生教育，2012（4）：64—67.

［61］方黑虎，丁毅信，万绚．中国第一所研究生院的筹备与成立［J］．研究生教育研究，2012（2）：25.

［62］谢丹，马永红，张循哲．我国研究生暑期学校建设绩效调查［J］．研究生教育研究，2012（2）：45—48.

[63] 程家福，陈松林，赵金坡. 新中国来华研究生教育历史研究［J］. 学位与研究生教育，2012（10）：64—71.
[64] 黄海军，李立国. 我国研究生教育对经济增长的贡献率——基于1996—2009年省际面板数据的实证研究［J］. 高等教育研究，2012（1）：57—64.
[65] 樊文强，雷庆，冯厚植. 从他组织到自组织：我国学位授权体系发展的转向［J］. 学位与研究生教育，2013（4）：50—53.
[66] 黄宝印，徐维清，张艳，等. 加快建立健全我国学位与研究生教育质量保证和监督体系［J］. 学位与研究生教育，2014（3）：1—9.
[67] 谢丹，马永红，王悦. 中国高校研究生创新基地建设效果研究与建议［J］. 北京航空航天大学学报（社会科学版），2014（1）：108—112.
[68] 梁传杰，吴晶晶. 我国专业学位研究生教育发展历程回顾与前瞻［J］. 研究生教育研究，2014（3）：23—27+31.
[69] 孙伟，张彦通，赵世奎. 1999—2013年全国优秀博士学位论文统计分析［J］. 学位与研究生教育，2015（6）：65—71.
[70] 吴蔚，何昌清，古继宝. 我国研究生分类培养的理念、实践与困惑［J］. 研究生教育研究，2015（1）：48—52.
[71] 陈洪捷，沈文钦，高耀，等. 学位授权审核机制改革与我国研究生教育治理路径的调整［J］. 研究生教育研究，2016（1）：17—25.
[72] 李金龙，万明，裴旭，等. 我国研究生联合培养政策变革及实践发展历程、特征与趋势［J］. 研究生教育研究，2016（6）：8—12.
[73] 李福华，姚云，钟秉林. 中国研究生学位授权审核法制化35年的回顾与发展展望［J］. 高等教育研究，2017（9）：50—55.
[74] 廖湘阳，周文辉. 中国专业学位硕士研究生教育发展反思［J］. 清华大学教育研究，2017（2）：102—110.
[75] 黄宝印，唐继卫，郝彤亮. 我国专业学位研究生教育的发展历程［J］. 中国高等教育，2017（2）：18—24.
[76] 王传毅，乔刚. 省域研究生教育质量评价指标体系构建研究［J］. 研究

生教育研究，2017（1）：58—65.

[77] 黄宝印，唐继卫，郝彤亮. 我国专业学位研究生教育的发展历程[J]. 中国高等教育，2017（2）：18—24.

[78] 谭光兴，冯钰平. 新时代的学位制度变迁——基于我国高校转型发展的视角[J]. 中国高教研究，2018（5）：104—110.

[79] 廖湘阳. 2017年中国学位与研究生教育改革热点评述[J]. 学位与研究生教育，2018（4）：1—9.

[80] 郭晓琳. 探析高等学校研究生院设置现状与发展挑战[J]. 上海研究生教育，2018（3）：17—21.

[81] 熊中洲. 浅议招收委托培养研究生中的问题[J]. 学位与研究生教育，1988（3）：49—53.

[82] 白丽新，江莹，张立迁，等. 我国硕士研究生"招考分离"制度改革研究[J]. 国家教育行政学院学报，2018（4）：30—35+72.

[83] 吴东姣，包艳华，马永红. 改革开放以来我国博士研究生招生制度变迁的逻辑分析——基于历史制度主义视角[J]. 中国高教研究，2018（6）：37—43.

[84] 查吉德. 改革开放40年教育发展战略变迁[J]. 河北师范大学学报（教育科学版），2018（3）：13—18.

[85] 张建平，沈博. 改革开放40年中国经济发展成就及其对世界的影响[J]. 当代世界，2018（5）：13—16.

[86] 秦惠民. 学位与研究生教育大辞典[M]. 北京：北京理工大学，1994：78.

[87] 王战军. 加强评估 保证质量[N]. 中国教育报. 1999-01-21.

[88] 丰捷. 60年波澜壮阔：教育奠基中国[N]. 光明日报，2009-09-01.

[89] 尹蔚民. 总结十六大以来人社工作成就和经验[N]. 中国劳动保障报，2012-10-24.

[90] 柴葳. 学位点评估将成教育质量监测常态——国务院学位办有关负责人解读2014年学位授权点专项评估结果[N]. 中国教育报，2016-04-01.

[91] 郭永发. 高校“对口支援”创造出什么经验[N]. 光明日报，2016-4-19.
[92] 中华人民共和国国家教育委员会计划财务司. 中国教育成就（1980—1985）[M]. 北京：人民教育出版社，1986.
[93] 刘晖，侯春山. 中国研究生教育和学位制度[M]. 北京：教育科学出版社，1988.
[94] 郭玉贵. 美国和苏联学位制度比较——兼论中国学位制度[M]. 上海：复旦大学出版社，1991.
[95] 吴本夏. 略论中国学位与研究生教育[M]. 西安：西安交通大学出版社，1993.
[96] 曲士培. 中国大学教育发展史[M]. 太原：山西教育出版社，1993.
[97] 国务院学位委员会办公室，国家教委研究生工作办公室. 研究生教育和学位制度研究[M]. 北京：人民教育出版社，1994.
[98] 李盛兵. 研究生教育模式嬗变[M]. 北京：教育科学出版社，1997.
[99] 季明明. 中国教育行政全书[M]. 北京：经济日报出版社，1997.
[100] 王忠烈. 学位与研究生教育比较研究[M]. 北京：中国人民大学出版社，1999.
[101] 刘晖. 中国研究生教育和学位制度[M]. 北京：教育科学出版社，1999.
[102] 国务院学位委员会办公室，教育部研究生工作办公室. 学位与研究生教育文件选编[M]. 北京：高等教育出版社，1999.
[103] [美]工程与公共政策委员会，国家科学院，国家工程院，医学研究院. 重塑科学家和工程师的研究生教育[M]. 徐远超，等，译. 北京：科学技术文献出版社，1999.
[104] 吴本夏. 学位与研究生教育文集[M]. 西安：西安交通大学出版社，2000.
[105] 王战军. 学位与研究生教育评估技术与实践[M]. 北京：高等教育出版社，2000.
[106] 吴镇柔，陆叔云，汪太辅. 中华人民共和国研究生教育和学位制度史

［M］．北京：北京理工大学出版社，2001．
［107］潘懋元．中国高等教育百年［M］．广州：广东教育出版社，2003．
［108］田玲．中国高等教育对外交流现象研究［M］．北京：民族出版社，2003．
［109］李岚清．李岚清教育访谈录［M］．北京：人民教育出版社，2003．
［110］周洪宇．学位与研究生教育史［M］．北京：高等教育出版社，2004．
［111］孙绵涛．中国教育体制论［M］．沈阳：辽宁人民出版社，2004．
［112］薛天祥．研究生教育管理学［M］．桂林：广西师范人学出版社，2004．
［113］刘海藩．历史的丰碑：中华人民共和国国史全鉴（9 教育卷）［M］．北京：中共中央文献出版社，2004．
［114］教育部高校学生司．“十五”期间研究生招生政策与实践［M］．北京：北京师范大学出版社，2006．
［115］中国学位与研究生教育发展报告课题组．中国学位与研究生教育发展报告（1978—2003）［M］．北京：高等教育出版社，2006．
［116］林荣日．制度变迁中的权力博弈——以转型期中国高等教育制度为研究重点［M］．上海：复旦大学出版社，2007．
［117］“211工程”部际协调小组办公室．“211工程”发展报告（1995—2005）［M］．北京：高等教育出版社，2007．
［118］改革开放30年中国教育改革与发展课题组．教育大国的崛起1978—2008［M］．北京：教育科学出版社，2008．
［119］梁传杰．学科建设理论与实务［M］．武汉：武汉理工大学出版社，2009．
［120］周光礼．中国博士质量调查——基于U/H大学的案例分析［M］．北京：社会科学文献出版社，2010．
［121］林金辉，刘志平．高等教育中外合作办学研究［M］．广州：广东高等教育出版社，2010．
［122］苗丹国．出国留学六十年［M］．北京：中央文献出版社，2010．
［123］中国学位与研究生教育发展年度报告课题组．中国学位与研究生教育发

展年度报告（2011）[M]. 北京：中国人民大学出版社，2011.
[124] 翟亚军. 大学学科建设模式研究 [M]. 北京：科学出版社，2011.
[125] 谢桂华. 高等学校学科建设论 [M]. 北京：高等教育出版社，2011.
[126] "985 工程"建设报告编研组. "985 工程"建设报告 [M]. 北京：高等教育出版社，2011.
[127] 郭新立. 中国高水平大学建设之路—从 211 工程到 2011 计划 [M]. 北京：高等教育出版社，2012.
[128] 中国学位与研究生教育发展年度报告课题组. 中国学位与研究生教育发展年度报告（2012）[M]. 北京：中国人民大学出版社，2012.
[129] 王战军. 学位与研究生教育评价理论与方法 [M]. 北京：高等教育出版社，2012.
[130] 王战军，廖湘阳，周文辉，等. 中国研究生教育质量保障体系理论与实践 [M]. 北京：高等教育出版社，2012.
[131] 国务院学位委员会第六届学科评议组. 学位授予和人才培养一级学科简介 [M]. 北京：高等教育出版社，2013.
[132] 国务院学位委员会第六届学科评议组. 一级学科博士、硕士学位基本要求 [M]. 北京：高等教育出版社，2014.
[133] 研究生质量报告编研组. 中国研究生教育质量年度报告（2014）[M]. 北京：中国科学技术出版社，2014.
[134] 王战军. 中国研究生教育质量报告（2018）[M]. 北京：中国科学技术出版社，2018.
[135] 国务院学位委员会. 关于授予国外有关人士名誉博士学位暂行规定 [EB/OL]. [2018-07-23]. http://www.moe.gov.cn/s78/A02/zfs__left/s5911/moe_621/tnull_2751.html.
[136] 中华人民共和国教育部. 教育部关于全面落实研究生导师立德树人职责的意见 [EB/OL]. [2018-07-23]. http://www.moe.gov.cn/srcsite/A22/s7065/201802/t20180209_327164.html.
[137] 中华人民共和国教育部，中华人民共和国人力资源社会保障部. 教育部

人力资源社会保障部关于深入推进专业学位研究生培养模式改革的意见［EB/OL］.［2018-07-23］. http://www.moe.gov.cn/srcsite/A22/moe_826/201311/t20131113_159870.html.

［138］中华人民共和国教育部. 教育部关于加强专业学位研究生案例教学和联合培养基地建设的意见［EB/OL］.［2018-07-23］. http://www.moe.gov.cn/srcsite/A22/moe_826/201505/t20150511_189480.html.

［139］中华人民共和国教育部办公厅. 教育部办公厅关于进一步做好研究生培养机制改革试点工作的通知［EB/OL］.［2018-07-23］. http://www.moe.gov.cn/srcsite/A22/moe_826/200909/t20090904_82758.html.

［140］中华人民共和国教育部办公厅. 教育部办公厅关于统筹全日制和非全日制研究生管理工作的通知［EB/OL］.［2018-07-23］. http://www.moe.gov.cn/srcsite/A22/moe_826/201609/t20160914_281117.html.

［141］中华人民共和国教育部. 教育部　国务院学位委员会关于印发《学位与研究生教育发展“十三五”规划》的通知［EB/OL］.［2018-07-23］. http://www.moe.gov.cn/srcsite/A22/s7065/201701/t20170120_295344.html.

［142］中华人民共和国教育部学位管理与研究生教育司. 关于开展博士研究生教育综合改革试点工作的通知［EB/OL］.［2018-07-23］. http://www.moe.gov.cn/s78/A22/xwb_left/moe_826/201708/t20170804_310685.html.

［143］中华人民共和国教育部. 教育部全面部署2001年全国研究生招生工作［EB/OL］.［2018-07-23］. http://www.people.com.cn/GB/channel1/12/20000927/252199.html.

［144］国务院学位委员会历届委员及会议［EB/OL］.［2018-07-23］. http://www.cdgdc.edu.cn/xwyyjsjyxx/xw30/hssn/gwyxwwyh/.

［145］张伯林. 在纪念《家公务员暂行条例》颁布10周年座谈会上的发言［EB/OL］.（2003-08-14）［2018-08-16］www.china.org.cn/chinese/PI-c/385102.htm.

［146］国务院学位委员会. 国务院学位委员会关于下达2017年审核增列的博士、硕士学位授予单位及其学位授权点名单的通知［EB/OL］.［2018-

07-23]. http://www.moe.gov.cn/srcsite/A22/yjss_xwgl/moe_818/201805/t20180509_335457.html.

[147] 国务院学位委员会办公室. 关于加强专业学位教育指导委员会秘书处建设的意见[EB/OL].[2018-08-13]. http://www.moe.gov.cn/s78/A22/xwb_left/moe_826/tnull_1299.html.

[148] 刘延东. 加快发展中国特色学位与研究生教育[EB/OL].[2018-09-09]. http://www.gov.cn/ldhd/2011-02/12/content_1802499.htm.

[149] 中华人民共和国中央人民政府. 国家学生资助政策体系：高校学生资助政策[EB/OL].[2014-02-13]http://www.gov.cn/banshi/2012-11/20/content_2270862.htm.

[150] 中华人民共和国教育部. 与46个国家和地区签订学历学位互认协议[EB/OL].[2018-08-17]. http://edu.people.com.cn/n1/2017/0419/c1053-29222686.html.

[151] 张秀琴. 教育对外开放30年成就显著[EB/OL].[2018-08-17]. http://cafsa.ciss.org.cn/new/show-956.html.

[152] 北京方迪经济发展研究院，中关村创新发展研究院. 中关村指数2017分析报告[EB/OL].(2017-12-20)[2018-08-20]. http://www.zgc.gov.cn/zgc/tjxx/sjbg/index.html.

[153] 中关村科技园区管理委员会. 中关村科技园区2004年经济发展综述[EB/OL].(2010-06-08)[2018-08-20]. http://www.zgc.gov.cn/zgc/tjxx/sjbg/index.html.

[154] 全国哲学社会科学规划办公室. 2018年国家社科基金年度项目和青年项目立项结果公布[EB/OL].(2018-06-21)[2018-08-19]. http://www.npopss-cn.gov.cn/n1/2018/0621/c219469-30073601.html.

[155] 吴启迪. 在对口支援西部地区高等学校工作情况新闻发布会上的讲话[EB/OL].(2005-02-25)[2018-08-19]. http://www.moe.gov.cn/s78/A08/gjs_left/s5174/moe_744/tnull_8173.html.

[156] 唐景莉. 对口支援西部高校工作10周年总结大会召开[EB/OL].

（2011-12-05）[2018-08-19] http://paper.jyb.cn/zgjyb/html/2011-12/05/content_56361.htm.

[157] 教育部社会科学研究与思想政治工作司. 我国高校人文社会科学研究为实施科教兴国战略做出重要贡献 [C]// 中华人民共和国教育部. 跨世纪中国教育，北京：高等教育出版社，2002.

后　　记

2018 年，是中国改革开放的第四个十年。这 40 年，是中国经济社会快速发展的 40 年，是中国科技不断进步的 40 年，是中国国防实力不断提高的 40 年，是中国人民生活水平不断改善 40 年，更是中国学位与研究生教育改革与发展的 40 年，也是中国国际地位和影响力不断提高的 40 年。中国学位与研究生教育改革与发展 40 年的风雨历程，应该着重写上一笔。站住改革开放 40 周年的时间节点，系统回顾和总结改革开放以来中国学位与研究生教育的改革与发展，是每位关心、热爱、从事学位与研究生教育研究人员的应有的责任。北京理工大学研究生教育研究中心、北京航空航天大学研究生教育研究中心、学位与研究生教育杂志社专门组织国内一流的专家、学者以及部分博士生编写了这本书。

2018 年 1 月，编写组正式启动《中国学位与研究生教育 40 年（1978—2018）》的编写工作，并多次召开课题组研讨会，反复征求有关专家和学者的意见和建议，确定了以“历史为主线，改革为重点，特色为凸显”的基本编写思想，进而形成了本书的整体框架和主要内容。为全面反映中国改革开放以来中国学位与研究生教育取得的巨大成就。本书从学位制度、研究生教育管理、研究生教育质量保障体系、研究生培养模式、大学学科建设、国际交流与合作以及研究生教育对社会和经济发展做出的贡献，七个方面进行了聚焦，并最终形成了《中国学位与研究生教育 40 年（1978—2018）》。

本书的编写成员来自北京理工大学、北京航空航天大学、学位与研究生教育杂志社等 5 家单位。各章分工为：第一章，周文辉、曹镇玺；第二章，李明磊；第三章，王战军、唐广军；第四章，马永红、谢丹、张颖、吴东娇、杨雨萌、任政；第五章，王茹；第六章，邢清清、杨旭婷；第七章，王战军、乔刚、邢清清。本书的策划、整体框架设计、全书统稿均由王战军负责，中国科学技术出版社王晓义主任参与本书的策划与研讨活动，邢清清负责有关英文翻译工作，王俊超担任编写组秘书。

本书的编写工作得到了来自各方的支持和帮助，在此一并感谢。感谢本书全体编写成员及工作人员付出的智慧和汗水！感谢所有参考文献的作者。感谢中国科学技术出版社王晓义主任为本书的编写所做的工作。

由于编写组成员水平有限，再加上时间仓促，对书中内容的整体把握和精雕细刻都留下许多遗憾，本书中难免存在一些疏漏和不当之处，恳请专家、学者、读者给予批评指正。

王战军

2018 年 9 月